李白大诗传

金涛声 著

JIN TAO SHENG

巴蜀书社

图书在版编目（CIP）数据

李太白诗传 / 金涛声著. —修订本. —成都：巴蜀书社，2023.8

ISBN 978-7-5531-2049-2

Ⅰ.①李… Ⅱ.①金… Ⅲ.①李白（701-762）—传记②李白（701-762）—唐诗—诗歌欣赏 Ⅳ.①K825.6 ②I207.22

中国国家版本馆 CIP 数据核字（2023）第 139639 号

李太白诗传

金涛声 著

责任编辑	康丽华
封面设计	冀帅吉
出　　版	巴蜀书社
	成都市锦江区三色路 238 号新华之星 A 座 36 层
	邮编：610023
	总编室电话：(028)86361843
网　　址	www.bsbook.com
发　　行	巴蜀书社
	发行科电话：(028)86361852
经　　销	新华书店
照　　排	四川胜翔数码印务设计有限公司
印　　刷	成都蜀通印务有限责任公司
版　　次	2023 年 9 月第 1 版
印　　次	2023 年 9 月第 1 次印刷
成品尺寸	148mm×210mm
印　　张	10.25
字　　数	280 千
书　　号	ISBN 978-7-5531-2049-2
定　　价	48.00 元

本书若有印装质量问题，请与工厂调换

目 录

一、蜀中修业	1
二、东游吴越	23
三、安陆明志	38
四、长安追梦	48
五、漫漫求索	64
六、东鲁寻路	94
七、待诏翰林	108
八、迷惘苏醒	133
九、北上幽州	165
十、三入长安	175
十一、南下宣城	185
十二、奔亡避乱	207
十三、志扫胡尘	221
十四、长流夜郎	239
十五、老骥伏枥	249
十六、天夺壮心	264
十七、千载独步	276
十八、继往开来	292
参考文献	312
后　记	317
修订后记	323

一、蜀中修业

> 晓峰如画参差碧，藤影风摇拂槛垂。野径来多将犬伴，人间晚归带樵随。看云客倚啼猿树，洗钵僧临失鹤池。莫怪无心恋清境，已将书剑许明时。
>
> ——《别匡山》

李白（701—763），字太白，号青莲居士，排行十二。一千多年来人们习惯以字敬称他。

匡山，是李太白青少年时代读书修业的地方。在太白故乡四川省江油市有小匡山和大匡山。小匡山位于离江油市十二里的让水河边，在让水乡境内。大匡山距江油市三十多里，在大康镇境内，又名大康山，那是北宋时为避赵匡胤讳而改的名称。太白小时候先在小匡山读书，稍长后转到大匡山修业。小匡山、大匡山都有太白读书台。太白在大匡山大明寺读书修业前后有十年之久。匡山，是哺育太白成长的摇篮。

关于太白小时候读书的情况，在当地流传着一些故事传说。太白开始读书的时候，曾因贪玩好耍而逃学。他到小溪边玩耍，碰到一位老婆婆在一块石头上磨一根铁杵，惊奇地问："磨铁杵干什么呀？"老婆婆说："我要把它磨成一根针。"太白不解："这么粗的铁杵，怎么能磨成针？"老婆婆自信地说："只要功夫深，铁杵也能磨成针。"听了老婆婆的话，太白一琢磨，感到很有道理：做什么只要有恒心，总有一天会成功。于是他赶快回去读书，不再贪玩逃学。这个传说流传至今，在如今江油市的青莲镇，还有一条小溪叫作磨针溪。又有一个传说：太白家住在阴平古道旁，商旅往来，人声嘈杂，影响太白静心读书。他的父亲就把他送到离家十多里的小匡山上，让他安心读书。太白进山之后，不仅白天读书，而且夜晚还要点灯学习，灯火常通宵不灭。每到夜晚，人们都能在山周围几十里地内望见山上的灯光。因此，小匡山当地人又称为"点灯山"。

这些都是故事传说，然而故事传说能够代代流传，想必不是平白无故，而是事出有因的。

关于青少年时代读书的真实情况，太白在自己的诗文中多有记述。他在《上安州裴长史书》中说：

五岁诵六甲，十岁观百家，轩辕以来，颇得闻矣。常横经籍书，制作不倦。

太白五岁这一年，是唐中宗神龙元年（705），他随父亲从西域来到蜀中，定居于剑南道绵州昌隆县（唐玄宗时改名昌明县，五代时又改名彰明县）青廉乡（今江油市青莲镇）。太白祖籍陇西成纪（今甘肃秦安县），他自称"本家陇西人，先为汉边将"（《赠张相镐二首》其二），是西汉飞将军李广的后裔。他出生在西域碎叶城（今吉尔吉斯斯坦的托克马克附近）。碎叶城是一个各族商人杂居的地方，当时属于唐陇右道安西都护府管辖，是安西四镇中最西的一个城镇，也是古代丝绸之路上的一座重要城市。太白的祖先在隋朝末年大乱时迁徙到西域，在碎叶城一带世代以经商为业。太白幼年就是在碎叶这个地方度过了五个年头，从小领略了边塞风光，学会了少数民族语言。直到神龙初年，他父亲因为避难避仇携家入蜀，才

一、蜀中修业

回到内地定居。李白家在蜀中定居的昌隆县青廉乡,坐落在群山环绕的平坝之中,为涪江与盘江的交汇之处,是个水环山抱的好地方。太白就在这里接受教育,长大成人,这里是他终身眷恋的故乡。他父亲的真正名字史籍上没有记载,因为他是从西域逃归于蜀之后才恢复李姓的外乡人,蜀中人就称他为"李客"。到蜀中定居之后,李客一直过着不求闻达的隐居生活。但李白有条件长期漫游,轻财好施,不少研究者因而推测其父李客为家底丰厚的富商。他的母亲大抵是西域胡人,因此当地百姓将她在河边洗衣处称之为"蛮婆渡"。《四川总志》记载:"蛮婆渡,在江油青莲坝,相传李白母浣沙于此。"太白待诏翰林时能起草《和番书》,光靠五岁前学到的语言是难以办到的,这自然与她母亲在语言文字方面持续不断的言传身教分不开。

李白父亲李客,虽长期生活在异域他乡,但他所处的环境仍然是一个中国移民集中、汉文化传承不息的地方(颇似中国移民在国外城中所建的"唐人街"),他又长期在古丝绸之路上经商,奔走于西域与中原内陆之间,因此有一定的汉文化修养。他带着家人回到蜀中定居以后,首先想到的是让儿子接受汉族传统的教育。"五岁诵六甲",是说太白五岁时开始启蒙识字,学习用天干地支相配计算时日的方法,接受中国传统文化教育。

太白从十岁起,就阅读先秦诸子百家的文化典籍,初步了解黄帝以来的华夏历史文化,广泛汲取百家的思想养料。他经常沉溺于经典书籍之中,不断练习写作诗赋,从小养成了勤奋读书、写作的良好习惯。

太白从小开始学习作诗。他少时的诗作,文集中不见收录,在其他一些书中可偶见一二。

> 危楼高百尺,手可摘星辰。不敢高声语,恐惊天上人。
>
> ——《上楼诗》

雨打灯难灭，风吹色更明。若飞天上去，定作月边星。
——《萤火》

这两首诗，语浅意新，意落天外，初显了太白少时不同凡响的才思。《上楼诗》，见于宋人周紫芝《太仓稊米集》与《竹坡诗话》、邵博《邵氏闻见后录》、赵德麟《侯鲭录》记载。《萤火》，见于〔英〕翟里斯教授（1845—1935）《英译中国诗歌选》（1898年版），诗下注云："十岁即席之作。"关于这两首诗的真伪，已经无法考证。就其诗的风貌来看，倒近似太白少作。

关于太白诗歌少作，《唐诗纪事》卷十八引北宋杨天惠《彰明逸事》云："时太白齿方少，英气溢发，诸为诗文甚多，微类《宫中行乐词》体。今邑人所藏百篇，大体皆格律也。虽颇体弱，然短羽褵褷，已有雏凤态。淳化中，县令杨遂为之引，谓为少作是也。"太白的百篇少作，今日可见者只有王琦《李太白全集》卷三十"诗文拾遗"据《文苑英华》所收的《初月》《雨后望月》《对雨》《晓晴》《望夫石》共五首。这五首诗，都是描写家乡自然风光的习作，其特色确如杨天惠所言，虽体尚柔弱而已具雏凤之态，稚嫩的习作中已显示出非凡的才华。

太白小时候还开始学习写作辞赋。他在《秋于敬亭送从侄专游庐山序》中说："余小时，大人令诵《子虚赋》，私心慕之。"太白父亲从小让他诵读司马相如的辞赋，他非常崇敬这位前辈乡贤，把其人看作自己的偶像，把他的赋作为学习写作的榜样。他学习写作辞赋就是从模仿做起。他以《昭明文选》为范本，对一篇辞赋一次又一次模仿写作，不如意的都付之一炬，只留下《恨赋》《别赋》。在流传的《李太白文集》中，尚存《恨赋》一篇。清代王琦注释《李太白文集》时，批评太白《恨赋》段落句法，完全模拟江淹《恨赋》，似乎有些苛求。学习写作从模仿起步是人皆如此的，像太白这样的天才也不例外。但是，经过一段时间刻苦的学习和训练，太白到十五岁时，就自豪地宣称"作赋凌相如"了，这说明此时他的写作开始进入创新阶段，有了敢与一流文豪比拼的底气。

太白十五岁这一年的春夏，应聘到昌明县衙当了半年小吏，大抵是个侍奉县令、铺纸研墨、洒扫庭院之类的少年差役。后因心高气傲、不甘心为人跑腿打杂，无所作为，又由于说话吟诗，不懂得谦让，得罪了县令，就弃职而去，上大匡山修业。

太白上大匡山修业以后，开始有了比较明确的自我意识和人生追求。他在县衙看到县令这一类小官碌碌无为，不屑为之，因此想凭一己之才走非常之路，成就大业。于是他发奋努力，从各方面修炼自己，学习范围大为扩张，不仅读书写作，还开始求仙学道、任侠习武。

十五观奇书，作赋凌相如。
——《赠张相镐二首》其二

十五游神仙，仙游未曾歇。
——《感兴八首》其五

十五好剑术，遍干诸侯。
——《与韩荆州书》

十五岁以后，太白对阅读写作不再循规蹈矩，而是有了自己的爱好与追求。他广泛涉猎，爱看奇书，写作上从模仿步入创新，以辞赋大家司马相如作为自己的赶超目标。

十五岁以后，他开始热衷于求仙学道，经常出入道观，与道士交游。《访戴天山道士不遇》是太白现存的最早诗篇之一，记叙他到戴天山访问道士的一次经历：

犬吠水声中，桃花带露浓。树深时见鹿，溪午不闻钟。野竹分青霭，飞泉挂碧峰。无人知所去，愁倚两三松。

戴天山是与大匡山同一山脉的一座高山，位于大匡山后面，其峰顶密林深处有一座道观。太白清晨缘溪穿林入山时，桃花上还带着雨露，晶莹欲滴。步入深山茂林，竟与麋鹿不期而遇，临近道观已是正午时分，却听不见道观的午钟声，说明道院中无人。他只好徘徊左右，放目游观，远近的飞泉、野竹虽然清幽宜人，而时间渐近傍晚，也打听不到道士去了哪里。他茫然不知所措，只有倚靠着松树惆怅叹惋。倚松再三，不愿离去，可见他访道不遇焦急不安和失望不舍的心情。太白花一整天时间拜访这位道士，直到傍晚还在苦苦等待，说明这次造访道士，不是一般的随便串门，而是一次有目的的寻师问道，登门求教。

太白生活在道教盛行的时代。李唐王朝的统治者为了抬高皇族李氏的地位，自称是老子李耳的后裔，因此以老子为教主的道教，受到格外的尊崇和提倡。唐高宗乾封元年（666）二月，正式追封李耳为"太上玄元皇帝"，道教成了国教。唐玄宗更是真心信奉道教，采取一系列的崇道措施，有名的道士常常可以得到他的召见和厚待。因而社会上道风鼎盛。太白所在的巴蜀地区，是道教的发源地，青城山、峨眉山都有著名的道场。太白家乡一带的紫云山、大匡山也都有道观，民间的道风兴盛。太白生活在这样的环境氛围中，少年时代就用心读老庄经典，接受道风熏染，向往道教神仙，开始求仙问道，把交游道士视为修身进取的重要门径。在当时通过修道进身也是为人向往的一种时尚。

十五岁以后，太白开始尚武学剑，企慕游侠行为，对游侠之士的豪气纵横、恩怨分明、重然诺、轻生死，十分倾慕，热心追随和仿效。这方面，他在后来的诗作中多有追忆。

忆昔作少年，结交赵与燕。金羁络骏马，锦带横龙泉。寸心无疑事，所向非徒然。

——《留别广陵诸公》（节录）

一、蜀中修业

太白说自己少年时代，结交的尽是燕赵豪侠之士。身跨黄金笼头的骏马，腰间锦带上横插着龙泉宝剑。朋友间坦诚相许，必信无疑，从来不说空话。

> 结发未识事，所交尽豪雄。却秦不受赏，击晋宁为功？托身白刃里，杀人红尘中。当朝揖高义，举世钦英风。
>
> ——《赠从兄襄阳少府皓》（节录）

太白回忆自己少时不懂世事，所结交的尽是豪侠之士。所作所为，仗义任侠，不求回报，如同鲁仲连为赵却秦而不受赏，朱亥击晋救赵而不居功。甚至托身于白刃，仗义杀人于红尘，都敢作敢为。那是因为当世都敬仰高义之士，钦佩英雄豪杰。可见追随任侠尚武之风，使他养成了一种狂放不羁、豪纵无忌的习气。

太白这两首诗中回忆自己青少年时代任侠尚武的往事，当然不限于蜀中时期，但他的习武行侠的确是从蜀中起步的。巴蜀西接吐蕃，南邻南诏，地处边陲，胡汉杂居，自古民风强悍，社会上任侠习武风气很盛，侠义之士辈出。太白少以侠自任，学剑习武，受地域风俗熏染，也与时代风气有关。盛唐时代，人才的出路是多元的，既可以科举登第，求取功名，也可边塞立功，马上封侯。因此一般人年少时都学文学剑，亦文亦武，做两手准备。太白这时期既饱读诗书，又学剑任侠，正是走这样一条书剑并举的成才之路。

太白到十八九岁的时候，开始往来旁郡，出游附近的一些州县。他先后到过龙州、剑阁和梓州等地。在梓州，他拜访著名学者赵蕤，在那里从师修业一年有余。

赵蕤，梓州盐亭人氏，当时隐居在梓州郪县长平山安昌岩（在今四川省三台县长平山琴泉寺旁），修身养性，著书立说。他任侠有气，学识丰富，精通王霸大略，长于纵横之术。他为巩固国家根基，改革时弊，编著《长短经》一书，广泛收集历史典故、百家学说,探讨历代兴亡治乱的原因,研究帝王为政、治国、用兵的谋略。此书是一本经世致用的政治教科书,多为关于审时度势、因时制变、谈王说霸的游说之辞,颇似策士游说诸侯的《战国策》。赵蕤根据此书内容,给太白传道授业,纵论古今兴衰治乱,阐发称王称霸、治国安邦之道,品评历史人物的成功方略。他所称道的人物如傅说、姜太公、苏秦、张仪、鲁仲连、张良、韩信、诸葛亮、谢安等,大多是通过游说人主而致身卿相,在治国安邦上创建奇功伟业的谋臣策士。太白对赵蕤和他的著作《长短经》佩服得五体投地,对他所传授的王霸之道、治国之策深信不疑,对他所标举历史人物的业绩及其入仕途径倾心仰慕。听了赵蕤讲学以后他感到眼前的世界海阔天空,人生大有用武的天地。李白得到先生所著的《长短经》如获至宝,视为开辟人生事业的锦囊妙计。他后来到处自许有王霸大略、怀经世之才,就是因为他手有奇书、胸有成竹。

太白跟从赵蕤学习的时期,正是他开始思索人生道路的时期。赵蕤的学说和传授,给了他建功立业的理想抱负和一飞冲天的成功榜样,也教给他一套从政治国、出谋划策的经世致用之道,使他开始有了成就人生事业的自信。赵蕤是太白人生道路上的第一位导航者,对他以后思想的形成和人生道路方向的确定,都有着举足轻重的作用。太白出蜀后交游干谒不见成效,奔波劳累,淮南卧病,在困境中所思蜀中的唯一亲友就是赵蕤,他专门写了《淮南卧病书怀寄蜀中赵征君蕤》一诗。由此可见,这位授他经世之术的老师是多么令他难以忘怀。

二十岁时,太白辞别赵蕤,迈开脚步,游历巴蜀大地,南到成都、峨眉,东到渝州(今重庆市),试图探寻人生的道路。

日照锦城头,朝光散花楼。金窗夹绣户,珠箔悬银钩。飞梯绿云中,极目散我忧。暮雨向三峡,春江绕双流。今来一登望，如上九天游。

——《登锦城散花楼》

唐代的成都，是益州（蜀郡）的首府，也是剑南道都督府所在地，历史上以盛产锦缎闻名天下，三国蜀汉时管理织锦之官驻此，因而成都也称为锦官城。锦城，是锦官城的简称。散花楼，在城东摩诃池上，为隋代蜀王杨秀所建。

太白初到向往已久的成都，首先想看一看这座名城的风貌，于是立即登临城东北隅的散花楼。时当早春二月的清晨，朝阳普照锦城，散花楼更是光彩夺目。城楼装饰异常华丽，金碧辉煌的窗子和雕绘秀美的门户挂满珠帘和银钩。攀登高楼如上云梯，极目远眺令人心旷神怡。在高楼放眼游观，远处长江三峡隐没于暮雨般云雾之中，近处郫江、流江环抱着双流县城。此时此刻，诗人感到登高远望美不胜收，好像在九天仙界游览一样畅快无比。"今来一登望，如上九天游"，道出了太白初到成都顿觉天外有天、耳目一新的喜悦心情。

在成都期间，太白先后游览了司马相如的抚琴台、扬子云的草玄堂、诸葛亮的武侯祠，蜀中先贤的事迹给他留下了深刻的印象。他们的成功像是一盏盏明灯，指引他人生道路的前进方向。太白特别为司马相如传奇般的故事所吸引：司马相如因杨得意推荐《子虚赋》为汉武帝激赏，入京为郎官。他为汉武帝所看重，仍卓尔不群。又曾奉命安抚西南夷，衣锦还乡。这种以献赋入仕而后建功立业的终南捷径，正符合太白的人生梦想。他对司马相如与卓文君浪漫而曲折的爱情故事也很有兴趣，有感而发，写了乐府歌辞《白头吟》，赞颂坚贞不渝的爱情，谴责喜新厌旧的行径，表达了自己鲜明的是非爱憎。这首诗具有浓厚的民歌风味，留下了诗人早年刻意学习乐府的实录。

太白漫游成都街头，人生地不熟，走投无路，难免有一种孤独无依之感。

> 茫茫南与北，道直事难谐。榆荚钱生树，杨花玉糁街。尘萦游子面，蝶弄美人钗。却忆青山上，云门掩竹斋。
>
> ——《春感》

太白这首诗，抒写在成都街头的所见所感：南北大道纵横，条条笔直延伸，而世事往往曲折坎坷，难以随人意愿。眼看街道两旁榆钱已结满榆枝，杨花如玉屑撒满街头。初春风光虽美，但游子灰尘满面，美人头钗引蝶，人的命运各有不同。仔细想想还不如回老家去，继续闭门读书。

在成都，最令太白难以忘怀的是谒见苏颋的事。后来他在《上安州裴长史书》中曾记述此事：

> 前礼部尚书苏公出为益州长史，白于路中投刺，待以布衣之礼，因谓群僚曰："此子天才英丽，下笔不休，虽风力未成，且见专车之骨，若广之以学，可以相如比肩也。"四海明识，具知此谈。

苏颋是朝廷大员，又是当代文章大家，开元八年（702）出任益州大都督府长史，次年二三月来到成都。待到苏颋出行时，太白带着自己写的诗赋，在路途递上名片请求谒见。苏颋平易近人地接见了他。看了太白递上的卷子，对其中的《春感》等诗赋，苏颋颇为赞赏，对左右的僚属说："这个青年很有才气，下笔千言，洋洋洒洒，虽然风骨还未老练，但文章气象宏大，不同凡响，只要继续努力学习，将来必能成就大器，可以与司马相如并驾齐驱。"太白听了这样的评价十分开心，顿时信心倍增，只是不知能否因此得到苏颋大人的举荐，他心中充满着期待。

苏颋对太白的评价虽然很快被传播出去，在当地几乎尽人皆知,然而举荐之事却杳无音信,太白不由得有些失望,初次领略到世事的艰难。

太白离开成都,东行前往渝州(今重庆市)。因为他听说另一位朝廷大臣、文学名家李邕已经出任渝州刺史,很想再去看看机遇。

太白到了渝州,马上登门拜访李邕,却意想不到地受到了冷遇。他面对李邕,自陈心志,侃侃而谈,李邕却不屑一顾,在场人还发出嗤笑声。面对这样的挫折,太白不以为然,立刻写了一首诗,毫不客气地予以回敬。

大鹏一日同风起,抟摇直上九万里。假令风歇时下来,犹能簸却沧溟水。世人见我恒殊调,见余大言皆冷笑。宣父犹能畏后生,丈夫未可轻年少。

——《上李邕》

面对别人的轻蔑和冷笑,太白年少气盛,毫不畏缩,而是理直气壮,充满自信。他以壮志凌云的大鹏自喻,告诉对方:你们别小看我,有朝一日时来运转,我会乘风扶摇直上,鹏程万里。即使风停了从万里云天掉落下来,仍然会激起大海的滔天巨浪,产生惊天动地的影响。他宣言自己此生无论得志与否,都不会默默无闻,无所作为,显示出对前途的坚强自信。他接着对轻蔑冷笑者予以正面回应:世人见我为人的格调与众不同,听了我的放言高论都报以冷笑,这又何妨?孔夫子犹言"后生可畏",身为大丈夫岂可轻视年轻人?他公然搬出孔夫子的教导,劝告李邕正确对待前途无量的年轻人,在大人物面前显示出不亢不卑、有理有节的姿态。在这首诗中,太白第一次以大鹏自喻,大鹏展翅,初上蓝天,标示着他人生理想和豪放个性的初步成型。

成渝之行的两次拜见名流没有成效,太白甚感失意。于是,他用宇文少府赠送给他的桃竹书筒,"中藏宝诀峨眉去"(《酬宇文少府见赠桃竹书筒》),装满道书,上峨眉山修道。

  蜀国多仙山,峨眉邈难匹。周流试登览,绝怪安可悉?青冥倚天开,彩错疑画出。泠然紫霞赏,果得锦囊术。云间吟琼箫,石上弄宝瑟。平生有微尚,欢笑自此毕。烟容如在颜,尘累忽相失。倘逢骑羊子,携手凌白日。

——《登峨眉山》

  峨眉山,在今四川省峨眉山市西南,蜀中名胜,在唐代是道教名山。在蜀中众多仙山中,峨眉山一派仙风道气,最为缥缈神秘,无可匹敌。太白试图周游山头的林泉胜景,但山势如此奇绝险怪,一时如何能够游遍!只见峰峦耸立,仿佛倚天挺出,景色斑斓错杂,仿佛巧工所画。身处这种远绝尘嚣的境地,有望参悟天地的奥秘,得到成仙的妙术。此刻诗人神清气爽,欢天喜地,弄玉箫于云霄,弹宝瑟于石山,平生游仙之趣如愿以偿,世俗欢笑也就自此而尽。诗人感到烟霞之容若在我颜,尘世之累顿时消失。假如遇到骑羊成仙的葛由,那就跟他携手飞升,登白日入仙界。

  太白初游峨眉山,探幽访胜,享受山川美景,追求神仙境界,有一种快慰平生的感受。他和同时代许多人一样沉湎于道风之中,相信道教,追求长生,希望遇到神仙,相信自己也许会成仙。他这种对神仙境界的向往,既是对道教的倾心信仰,也是一种精神寄托和人生追求。同时也希望通过求仙访道建立自己的社会关系网,从中提高声望,开辟一条实现人生抱负的进身之路。这在以道教为国教的李唐时代,也是一种社会时尚。

  在峨眉山学道时,李白结识了一位从随州来的年轻道士元林宗。元林宗,字丹丘,是随州苦竹院胡紫阳道长的弟子,受师父之命来峨眉山学道。李白和他一起学道养性,谈诗论文,十分情投意

一、蜀中修业

合,后来成为一生中最好的朋友之一。李白称其为"异姓天伦":"吾将元夫子,异姓为天伦。"(《颍阳别元丹丘之淮阳》)又说:"弱龄接光景,矫翼攀鸿鸾。投分三十载,荣枯同所欢。"(《秋日炼药院镊白发赠元六兄林宗》)就是说,自己在二十岁左右与元丹丘结识,就想攀着鸿鸾展翅高飞。三十年来意气相投,共同经历了痛苦和欢乐。可见李白从青年时代开始就受到元丹丘的影响,企图通过修道开辟一条进身之路。

太白到成渝干谒求荐没有成功,到峨眉山求仙问道也不可能很快有什么结果,想想还是苏颋大人"广之以学"的话有道理,于是决定回到匡山努力读书,修业养性。等他回到匡山大明寺,已是隆冬季节。

> 未洗染尘缨,归来芳草平。一条藤径绿,万点雪峰晴。地冷叶先尽,谷寒云不行。嫩篁侵舍密,古树倒江横。白犬离村吠,苍苔上壁生。穿厨孤雉过,临屋旧猿鸣。木落禽巢在,篱疏兽路成。拂床苍鼠走,倒箧素鱼惊。洗砚修良策,敲松拟素贞。此时重一去,去合到三清。
>
> ——《冬日归旧山》

太白到梓州跟赵蕤学习一年多,蜀中游历也有十来个月,他风尘仆仆回到匡山芳草坪,呈现在眼前的是一片荒凉狼藉的景象:一条路径上长满杂草藤萝,远处雪山在晴日下闪烁白光。山中地气寒冷,树叶已经落尽,云气滞留山谷。新竹密集丛生几乎要侵占屋舍,古树倒下横躺在江面上。白犬离村在远处吠叫,青苔长上了墙壁。厨房有孤雉乱窜,临屋有旧猿啼叫。枯树上禽巢可见,疏篱边兽路分明。太白不顾环境荒芜如此,还是打扫清理屋舍家什住了下来。他擦拭床椅,整理书箧,清洗砚台,制订修业计划,以松树坚忍不拔、不畏风寒的节操自励,发愤读书,修炼品性,以图来日奋起。"此时重一去，去合到三清"，他坚信待到修业成功，再远走高飞，一定能够达到理想的境地。太白心中的"三清"，明指道教的天庭仙界，也暗喻帝京的朝廷圣地。

太白这个时期在大匡山修业养性的生活情况，后来在《上安州裴长史书》中有过记述：

> 昔与逸人东岩子隐于岷山之阳，白巢居数年，不迹城市，养奇禽千计，呼皆就掌取食，了无惊猜。广汉太守闻而异之，诣庐亲睹，因举二人以有道，并不起。此则白养高忘机不屈之迹也。

东岩子是什么人？真实姓名难以考定，有些学者认为就是赵蕤。大概因为他隐居在岷山之阳的岩壑之地，所以号称东岩子。太白跟东岩子隐居于这一带，在闭门读书修业之余，还跟东岩子修炼道术，喂养了上千只奇鸟，训导有方，只要一呼，鸟儿就会到掌上来啄食，毫不惊怕。道家以为能与鸟兽群处的人为得道者，东岩子和太白的所作所为也就声名在外。绵州太守听说此事感到惊异，到他们的隐居之地亲自察看，觉得东岩子与太白确实有道术，是难得的人才，推荐他们去参加有道科考试，但都被他们婉言谢绝了。太白用此事来说明自己气节高尚，淡泊名利，其实他心里有着更为高远的追求，他不想按部就班走科举进身之路。

太白一生与道教结下不解之缘，跟他隐居大匡山这几年的生活关系很大。可以说，东岩子是太白人生道路上的又一位导航者。

经过数年修业养性，太白感到自己充实、成熟了许多，要想干一番人生大业，必须离开蜀地，到更为广阔的天地中去闯荡，去寻求出路。开元十二年（724），他决心离开匡山，去蜀远游，临别时写下《别匡山》一诗，抒写情怀。

匡山几年的生活，一页页都清晰可忆：清晨打开窗户，远处的高低峰峦青翠如画，窗前的藤萝倩影随风摇曳。空闲时带着家犬在山间小路上往来，傍晚常常碰到背着柴草回家的山民。山中的生活别有一种闲适的情趣，背靠大树观看天上云霞的变幻，树上不时传来猿猴啼叫，池塘里的白鹤不知道哪里去了，只见僧侣到池边洗刷饭盆。匡山的山光景色是美丽的，匡山的闲适生活是令人留恋的。但今天我不能不离去，因为我有更为重要的人生追求。"莫怪无心恋清境，已将书剑许明时。"作者满怀豪情地说：匡山啊，不要怪没有心思留恋这样清幽美好的境地，只是因为我已决心把自己的文才武艺献给当今清明的时代。

太白心目中的清明时代，是指唐玄宗开元盛世。唐王朝经过近百年的休养生息，励精图治，到玄宗开元前期，正处于开元盛世，政治清明，经济繁荣，社会安定，文化昌盛，对外贸易和文化交流也出现前所未有的开放局面，表现出泱泱大国的魄力和气度。太白《大猎赋》与《明堂赋》中对这个时代有过这样的描述：

　　海晏天空，万方来同，虽秦皇与汉武兮，复何足以争雄？

　　　　　　　　　　　　　　　　——《大猎赋》

　　镇八荒，通九垓，四门启兮万国来，考休征兮进贤才。

　　　　　　　　　　　　　　　　——《明堂赋》

展示在太白面前的是一个四海风平、天地开阔的太平盛世，因而万方友邦，都结好于大唐。即使秦皇汉武，又怎能与如今皇上争雄！国家既然是威镇八荒，上通九天，四方大门敞开，万国宾朋来朝，贤能之士的进身之路，又岂不是吉星高照，大路朝天！清明的时代给诗人带来了无限的希望，因而他决心凭着自己的文才武艺，去闯荡天下，成就一番人生事业，无愧于时代的期望。关于这次离蜀远游的动机，他后来在《上安州裴长史书》中说得十分清楚："以为士生则桑弧蓬矢，射乎四方，故知大丈夫必有四方之志。乃仗剑去国，辞亲远游。"他认为男子成人之后，应有四方之志，以天下为己任。可见是儒家积极入世、有所作为的思想，促使他决意仗剑去国，辞亲远游，担当男儿的人生使命。

太白离开匡山、告别家人之后，便登上了出蜀的旅程。他沿途再游成都，重登峨眉山，在蜀中流连了数月，至秋，才在嘉州犍为县清溪驿，买船东下渝州。在清溪下船之际，他唱出了《峨眉山月歌》：

峨眉山月半轮秋，影入平羌江水流。夜发清溪向三峡，思君不见下渝州。

太白在清溪乘船东下的时刻，回头西望乡国，高高的峨眉山上空，悬挂着半轮秋月，低头俯视江中，月影映入平羌江水，一直在随波逐流，仿佛在追随游子依依送别。如今夜发清溪东去，目标是向三峡，出巴蜀，从此就要远离故乡了。"思君不见下渝州"，上弦月到深夜时分已隐没不见，峨眉山月啊，思念你，却看不到你了，我的行舟直奔渝州。诗人怀着惜别故乡之情远去，留恋而不伤感，因为他心中有一份对前景的欣然期待。

船行自渝州而向三峡，因为水涨船高，顺流而下，船行如飞，太白第一次经历这样的行程，惊喜异常，脱口吟出一首《巴女词》：

巴水急如箭，巴船去若飞。十月三千里，郎行几岁归？

诗人平日喜爱巴蜀民歌，耳濡目染，写作中也就不知不觉接受其影响。这首《巴女词》，就是以巴地妇女的口吻，巴蜀民歌的情调，抒发自己离别故乡，渐行渐远的心情。时已十月，游子远行，水流如箭，舟行如飞，感觉固然畅快，然而此次出蜀千里远游，不知何日是归期？"郎行几岁归"，借用巴女期盼郎君的情语，道出了诗人初次离乡远行的心声。

太白乘舟顺江而下，经奉节，过瞿塘峡，至巫山下（即巫峡），曾用一天时间登上巫山最高峰，还曾经"寻古登阳台"（《古风》其五十八），寻访因宋玉《高唐赋》而驰名的楚王游踪，写下题词："山高水长，物象千万，非有老笔，清壮何穷？十八日上阳台书，太白。"（此题词为唯一可证实的太白手迹，现藏于北京的故宫博物院）接着他又登临神女峰，去观看这位闻名遐迩的巫山神女。太白当日在巫山胜境周游向晚，下山之后写下《自巴东舟行经瞿峡登巫山最高峰晚还题壁》《宿巫山下》两首诗，如实记叙了自己出蜀的一段途程和游览巫山的见闻。

船出三峡，驶过荆门山，顿时豁然开朗，诗人随即写下一首记行诗。

渡远荆门外，来从楚国游。山随平野尽，江入大荒流。月下飞天镜，云生结海楼。仍怜故乡水，万里送行舟。

——《渡荆门送别》

荆门，即荆门山，在今湖北省宜都市西北长江南岸，山势上合下开，形状似门。与长江北岸虎牙山相对峙，是巴蜀与古楚的分界之处。太白乘船过了荆门山，巴蜀遮天蔽日的夹岸高山全都甩在了身后，眼前顿时展开江汉平原的一望平川；江流也挣脱了山峡的约束，在广袤的原野上平缓地流向苍茫的远方。这种豁然开朗的境界，是江行纪实，也是即景抒怀，宣泄了诗人刚进入一个广大新天地时难以抑制的兴奋心情。夜幕降临时江行所见的景象，更令诗人心驰神往：一轮明月映入江中，好像天镜从高空飞下，远处舒卷变幻的白云，好像是夜空中筑起的琼楼玉宇。那云影天光中的海市蜃楼，是不是就是我所向往的吴越胜地？是不是就是金陵、扬州的亭台楼阁？展望前程，憧憬未来，他心情无比激动。然而诗人毕竟是初次离乡远行的游子，在即将步入新生活的时刻，内心的感情还是复杂矛盾的，他思念亲友，回望故土，又难免依依不舍。面对滚滚向前的长江流水，他深情地吟出了"仍怜故乡水，万里送行舟"的诗句，感念故乡的水载着扁舟把他送到了万里之外，送上了人生的崭新征途。

> 春水月峡来，浮舟望安极？正是桃花流，依然锦江色。江色绿且明，茫茫与天平。逶迤巴山尽，摇曳楚云行。雪照聚沙雁，花飞出谷莺。芳洲却已转，碧树森森迎。流目浦烟夕，扬帆海月生。江陵识遥火，应是渚宫城。
>
> ——《荆门浮舟望蜀江》

此诗描绘泛舟长江所见景色，作者借景抒情，表达刚出蜀时对故乡的留恋与对前景的展望：行舟将到江陵，诗人在船上转身向上游遥望，一江春水，从明月峡流来，正是桃花水流，依然是蜀中锦江的色彩。然而环顾四周，却不见逶迤的巴山，只见一派楚地的风光。雁聚于沙而光照如雪，莺出自谷而绕花飞舞，舟转芳洲而行，碧树茂密相迎。游目观望江畔已夕烟弥漫，扬帆而行天边见海月升空，远方顿时亮起一片灯火，那应该就是江陵城了。

故乡是应该感念的，也是值得留恋的。太白在蜀中生活了近二十年，从孩提到长大成人。巴山蜀水哺育了他，巴蜀文化滋养了他，还有司马相如、扬雄、陈子昂、赵蕤等乡贤前辈为他引路导航，使他有了今日的独立意识、宏大抱负、豪放气概和浪漫情怀，只身远行万里，闯荡天下，追逐人生梦想。

太白出峡之后，在江陵（湖北省荆州市）有短暂停留。江陵是一座古城，原是楚国的国都，此后一直是长江中游的繁华都会。他周游江陵，了解当地的风土人情，学习当地流行的乐府西曲民歌，写下了《荆州歌》等作品。

> 白帝城边足风波，瞿塘五月谁敢过？荆州麦熟茧成蛾，缲丝忆君头绪多，拨谷飞鸣奈妾何。
>
> ——《荆州歌》

一、蜀中修业

这首诗虽说是效仿《江陵乐》"纪城南里望朝云,雉飞麦熟妾思君",却写得很有当地的乡土气息和民歌风味。它抒写思妇的情怀更加真切动人:她担心到蜀中经商的丈夫归途过瞿塘峡有危险,嘱咐五月峡江涨水时,千万不要回来。而自己在家缫丝时,思君之心又如所缫之丝一样头绪纷繁,再听那布谷鸟的鸣叫声,好像在说"行不得也哥哥",真是心烦意乱,无可奈何!短短几句近乎民歌的诗,就把江陵一带思妇的那种思君心切又担心出事的矛盾复杂心情刻画得惟妙惟肖。可见诗人每到一地都注意体察民情,用心学习当地民歌,使自己眼界更加开阔,诗歌艺术更加清新活泼。

在江陵时,他听说道教大师司马承祯正在江陵紫极宫,欣喜不已。司马承祯曾多次奉召入京,先后受到武后、睿宗、玄宗的隆重召见,玄宗和他的妹妹玉真公玉还拜他为师。太白早闻其名,敬仰已久,因此立即前往紫极宫登门拜见。司马大师眼力非凡,素善风鉴,一见太白形貌,很欣赏太白卓尔不群、超凡脱俗的气质和神采飞扬、器宇轩昂的风度,夸他"有仙风道骨,可与神游八极之表"(《大鹏赋序》)。太白对司马大师称赞他有神仙的风采和道人的骨相,十分得意,备受鼓舞,增强了他修道进身的信心。他顿时意气风发,浮想联翩,挥笔写下《大鹏遇希有鸟赋》(后来改为《大鹏赋》),以神话中的希有鸟比喻司马承祯,而以大鹏自况,用大鹏遇见希有鸟并一起升天畅游的故事,反映自己与司马承祯的幸遇,借以宣扬自己的非同凡俗,以求得世人的注意。接着又写了古风"北溟有巨鱼"咏物言志。

北溟有巨鱼,身长数千里。仰喷三山雪,横吞百川水。凭陵随海运,焞赫因风起。吾观摩天飞,九万方未已。

——《古风》其三十三

大鹏是太白的图腾,在他的作品中出现大鹏的意象达十数次,而《大鹏赋》和古风"北溟有巨鱼"以集中的笔墨托鲲鹏言志，更加令人瞩目。

太白从小爱读《庄子》，开篇《逍遥游》给他印象最深。他十分欣赏鲲鱼化鹏高飞九万里的故事：北极有一条大鱼，叫作鲲，它变成一只大鸟，叫作鹏。这只鹏的背脊大的也有几千里长，它展开翅膀，奋力高飞，翱翔升空，就像一片大云垂挂中天。这种鸟不飞则已，一飞就飞向南极的天池。它迁飞南极的时候，海水被它的翅膀扇动得三千里内都震荡起来，卷起风暴，直冲到九万里以外。

鲲鱼化大鹏，水击三千里，扶摇直上九万里的宏图壮举，给了太白巨大的启示：大丈夫就应该有鲲鹏之志，干一番惊天动地的大事业。只要如鲲一般深蓄厚养，具有超群才力，就可以化而为鹏，远举高飞，展开万里鹏程，到达理想彼岸。于是他在辞亲远游，开始追求功业的时刻，写下《大鹏赋》和古风"北溟有巨鱼"，借咏庄子《逍遥游》鲲鱼化鹏的故事，申述自己驰骋四海、一飞冲天的雄心壮志。

太白在《大鹏赋》中将司马承祯比作羽翼覆盖东王公、西王母，双足踩在天地中枢的希有鸟上，希望它引领大鹏鸟作周天之游，登上天宇广场，寄托着自己对司马氏的期望。他在赋序中说"因著《大鹏希鸟赋》以自广"，也就是说写赋的动机是为了自我张扬，自我推广。因此赋中的大鹏形象实际上就是诗人的自我形象。

> 尔乃蹶厚地，揭太清，亘层霄，突重溟。激三千以崛起，向九万而迅征。背嶪太山之崔嵬，翼举长云之纵横。左回右旋，倏阴忽明。历汗漫以夭矫，羾阊阖之峥嵘。簸鸿蒙，扇雷霆。斗转而天动，山摇而海倾。怒无所搏，雄无所争，固可想像其势，仿佛其形。
>
> ——《大鹏赋》（节录）

一、蜀中修业

　　大鹏脚蹬大地，腾飞太空，横贯九天，冲击大海。它展翅水击三千里，勃然冲天而起，向九万里高空迅疾奋飞。其背负高耸崔嵬的大山，其翼拍纵横苍穹的长云。它在万里长空中左右盘旋，穿云破雾时忽明忽暗，经历漫长曲折的飞程，到达高峻巍峨的天门。它摇动太空元气，扇起万钧雷霆，其气势使斗转天动，山摇海倾。其奋发无物可与之相搏，其雄力无物可与之争衡。那气势令人可想而知。

　　诗人赋中所描写的大鹏，有着非凡的气概，巨大的能量。它水激三千，远征九万，能够直上九天，煽动雷霆，令天地为之摇动。

　　古风中的北溟巨鱼，有气吞山河的气概，喷水时水柱如山，水珠如雪，吞水时可以横吸百川。它凭借海潮汹涌前行，依靠风力气势冲天。巨鱼化为大鹏之后，可以上凌苍天，一飞九万里仍不止息。

　　诗赋中的鲲鹏形象，寄寓着诗人驰骋天下，一飞冲天的凌云壮志，赋予了诗人自命不凡、豪放不羁的鲜明个性，是青年时代诗人的自我写照。从中可见其自视之高和志趣之大。

　　"大鹏在李白的诗文中反复出现，成为诗人精神气质的标志意象，表现出挣脱与冲决一切束缚的勇猛，也负荷了巨大的一举成功的奢望。"（王志清《唐诗十家精讲》，第151页）

　　太白青少年时代正处于开元盛世的前期，时代激发了诗人的远大理想，也给了他追求理想的信心和力量。他在巴蜀地域文化中孕育成长，"其非凡的自负与自信，狂傲的独立人格，豪迈洒脱的气度和自由创造的浪漫情怀，自然也体现了蜀中士人的时代性格和精神风貌。"［陈明彬、资建民《李白青少年时期文化心理个性（人格）特征》］因此，太白亦一直以蜀人自称，始终对哺育自己成人的巴蜀大地怀着眷恋之情。峨眉山、剑门关，子规鸟、杜鹃花，司马相如琴台、扬雄故居，这些蜀中的风物，经常萦绕在他的脑际，出现在他的诗中，成为他挥之不去的乡愁。

　　蜀中时期，李白在文学创作上已经初步显露了非凡的才华，有一定的文名。苏颋的《荐西蜀人才疏》中说："赵蕤术数，李白文章"，可见赵蕤和李白当时已为时人所重，说明李白诗文当时在蜀地已经出类拔萃。他从小学习《昭明文选》，打下扎实的基础。他能够运用古近体诗的各种形式写作，才思敏捷，挥洒自如，时有脱口而出的佳作。如七言古诗《上李邕》，表现出年少气盛、壮志凌云的鲜明个性，写作上也具有七言古诗通畅流利、用韵转折自然的特色。五言律诗《访戴天山道士不遇》，写景清幽优美，抒情婉转含蓄，属对工丽精致，而无斧凿之痕，明代周挺称赞说："通为秀骨玉映，丰神绝胜。"（《唐诗选脉会通评林》）七言绝句《峨眉山月歌》，犹如行云流水，浑然天成，而"思入清空，响流虚远，灵机逸韵，相辏而来"（《删补唐诗选脉笺释会通评林·盛七绝中》引）。由此可见，李白出蜀之时，文学创作的才艺已经羽翼丰满，可以在广阔天地随意展翅高飞了。出了三峡，到了江陵，他就开始鲲鹏展翅了。

二、东游吴越

霜落荆门江树空，布帆无恙挂秋风。此行不为鲈鱼鲙，自爱名山入剡中。

——《秋下荆门》

太白离开江陵后，便与蜀中友人吴指南一起游洞庭湖，并溯湘江至零陵、苍梧，登临九疑山，完成了"南穷苍梧"（《上安州裴长史书》）的第一阶段游历。在旅途中，吴指南在洞庭湖畔突然暴病去世，太白不胜悲痛。他如丧兄弟，伏尸痛哭，路人听了都为之伤心。他素服守灵，夜间猛虎前临，仍然坚守不动。因天气炎热，尸体不便搬运，只有将吴指南暂时殡葬在洞庭湖边树林下。随后，他便决定买舟东下，开启"东涉溟海"（同上）之旅。

开元十三年（725）秋，他从荆门（今湖北枝城西北长江南岸）坐船前往金陵（今江苏南京市），东游吴越。扬帆启程时，写下《秋下荆门》一诗。

太白离开荆门东下的时候，已是霜降大地、草木凋零、秋风萧瑟的深秋，但他前去向往已久的吴越胜地，兴致勃勃，因而并不觉得天气清寒，唯觉天高气爽，布帆挂秋风，相信船行会一帆风顺。"此行不为鲈鱼鲙，自爱名山入剡中"，即兴抒怀，道出了此行经吴向越的路向和探访剡中名山的目标，表达了诗人高尚的志趣。诗人这次到吴越去，并不是为了追求吴中的鲈鱼美味，而是向往剡中，喜爱那里的名山。剡中，在今浙江省东北部嵊州市和新昌县一带。这一带有天台山、天姥山、剡溪等，汉、晋以来一直是高人名士隐居之地。天台山是一座道源名山，晋代葛洪、本朝司马承祯都曾在这里隐居炼丹。南朝谢灵运曾在剡中一带隐居游览，模山范水，写下许多山水诗篇，使这里的山川名扬天下。太白急切想造访剡中，既出于对吴越山水形胜的热爱向往，又企图追随魏晋名士的高尚志趣，结交当朝时下的高人逸士。

太白乘船路过江夏（今湖北武昌），那里有大名鼎鼎的黄鹤楼，他自然要登临一览。当他登上长江边黄鹤矶上的黄鹤楼时，有感于雄伟壮丽的江面景观，正欲吟诗一首，突见墙上一首崔颢的题诗：

昔人已乘黄鹤去，此地空余黄鹤楼。黄鹤一去不复返，白云千载空悠悠。晴川历历汉阳树，芳草萋萋鹦鹉洲。日暮乡关何处是？烟波江上使人愁。

——崔颢《黄鹤楼》

太白看来看去，崔颢的诗写得很好，笔到意随，情景得体，意境超逸高远，令人叹为观止，自己再怎么写也无法超越这首诗，他于是放弃在此题诗的打算："眼前有景道不得，崔颢题诗在上头。"（见李畋《该闻录》）可见太白虽年少气盛，但并不狂妄自大，他还是有自知之明的。

太白乘船路过寻阳（今江西九江），上岸前去登临遐迩闻名的庐山。庐山北临长江，叠嶂九层，崇岩万仞，山势雄伟奇特，其中有许多风景名胜。太白初游庐山，最让他惊叹的是瀑布的壮观。他"西登香炉峰，南见瀑布水"，写下记游诗《望庐山瀑布二首》，从不同角度描写庐山瀑布奇观。第一首五言古诗是在香炉峰上远望瀑布,详写庐山瀑布的外观形态及其雄壮气势,其中"海风吹不断,江月照还空"两句,创造了历来写瀑布的诗中从未有过的境界,壮美飞动,新颖清奇,为后世诗评家所称赏。第二首七言绝句是站在山下仰望香炉峰和黄龙瀑布,化实景为虚境,不仅传瀑布之神情,而且显诗人之志趣,被后人称为描写庐山瀑布的千古绝唱。

日照香炉生紫烟,遥看瀑布挂前川。飞流直下三千尺,疑是银河落九天。

诗人乍入庐山,站在山下,环视林立的群峰,首先吸引他目光的是奇妙的香炉峰:山峰如同一座顶天立地的香炉,冉冉升起团团白烟,在日光的照射下,形成紫色氤氲、湮灭变幻的烟雾。平视前方,望见了瀑布悬空飞泻而下,就像一条巨大的白练高挂于山前。瀑布从两峰中间喷涌而出,一泻到底,如飞流三千尺从高空直落在眼前。此刻诗人发出了"疑是银河落九天"的神奇惊叹。在恍惚中,他觉得眼前那从云端直泻而下的瀑布,仿佛是一条从九天之上落下的银河。这首绝句,诗人以似真似幻的独特感受,异想天开的神奇笔墨,写出了庐山瀑布雄奇壮观的气势,不仅传庐山瀑布之神,更展示出自己兴高志远的情怀。山川气势与诗人神思的妙合,初显了其诗歌"想落天外"的风格。

太白沿着长江继续东下,来到安徽当涂县境内。当涂县东南的天门山,地处吴头楚尾,两岸高山夹江对峙,如一座天设的门户,是通向吴地的最后一处天险。诗人舟行过天门山,写下《望天门山》绝句一首:

天门中断楚江开,碧水东流至此回。两岸青山相对出,孤帆一片日边来。

诗人的船顺着江流而下,远望天门山,东西两峰夹岸对峙,距离险窄,仿佛楚江(长江流经战国楚旧地的一段)汹涌的巨浪把天然一体的山从中断开，而江流就从这罅隙中奔腾而过。由于两岸高山夹峙，浩荡的江流到此也不得不在悬崖峭壁前回旋转向，形成波澜壮观的场景。诗人舟行由远而近，夹岸对峙的青山势如涌出，似乎正迎面向自己走来，表示对江上孤舟来客的欢迎。自己乘一叶孤舟，背映西天日光，乘风破浪，越来越靠近天门山了。此刻诗人目睹名山胜景，兴奋喜悦之感油然而生。"它似乎包含着这样的潜台词：雄伟险要的天门山啊！我这乘一片孤帆的远方来客，今日终于见到了你。试比陈子昂的《渡荆门望楚》尾联'今日狂歌客，谁知入楚来'，其兴奋之情自见。由于末句在叙事中饱含诗人的激情，这首诗便在描绘出天门山雄伟景观的同时突出了诗人的自我形象。"（刘学锴撰《唐诗选注评鉴》三，第334页）

开元十三年（725）暮秋，太白到了金陵（今江苏南京市），开始了吴越之游。

金陵是个历史名城，从孙吴、东晋到南朝的宋、齐、梁、陈六个王朝都是帝都所在地。唐时的金陵虽然只是江南东道润州（江宁郡）的州治江宁县，但因地理上的优势，仍然是一个东南大都会。太白一到金陵，首先想一览这座历史名城的风采，于是就登上高处于凤凰台上的瓦官寺。

  晨登瓦官阁，极眺金陵城。钟山对北户，淮水入南荣。漫漫雨花落，嘈嘈天乐鸣。两廊振法鼓，四角吟风筝。杳出霄汉上，仰攀日月行。山空霸气灭，地古寒阴生。寥廓云海晚，苍茫宫观平。门余阊阖字，楼识凤凰名。雷作百山动，神扶万栱倾。灵光何足贵，长此镇吴京。

           ——《登瓦官阁》

太白清晨登上凤凰台瓦官寺阁，整个金陵一览无余。钟山耸立于楼阁之北，秦淮河萦回于楼阁之南。楼阁上雨花漫漫散落，天乐

二、东游吴越

嘈嘈乱鸣。法鼓振动于两廊，风铃吟响于四檐。楼阁高耸直上云霄，似可仰攀日月而行。瓦官寺楼阁风光依旧，而作为六朝故都金陵老城却呈现一派衰落景象：六朝霸业已经烟消云散，故都旧地一片凄凉阴寒。放眼唯见云海茫茫，朝廷宫观已经夷为平地。外朝大门空余闾阖字迹，台上楼阁仅存凤凰名称。字未没而门不存，名虽存而楼已亡。昔日的辉煌殿宇都成了丘墟，只有这瓦官阁长镇于吴地京都。

诗人在凤凰台上游观之际，有感于古今变迁、国家兴亡，即景抒怀，又写了一首《金陵望汉江》：

    汉江回万里，派作九龙盘。横溃豁中国，崔嵬飞迅湍。六帝沦亡后，三吴不足观。我君混区宇，垂拱众流安。今日任公子，沧浪罢钓竿。

诗人面对万里长江，支流纵横交错，想到一旦河水决堤，泛滥成灾，就会伤国害民。六朝的频繁战乱，不就是泛滥成灾的洪水猛兽？此时此刻，他深感如今的太平盛世来之不易：六朝帝王沦亡之后，三吴一带就无昔日之盛，不足观赏。而今我大唐君主一统天下，无为而治，才使众水安流，万民安乐。当此圣明时代，即便是闲居东海垂钓的任公子，也会放下钓竿出来为国效力。诗人在金陵城头抚今思昔，歌颂开元盛世，并以今日任公子自喻，表示自己决心有所作，为国担当。

太白为了实现自己的抱负，在金陵广交朋友，四处拜访地方官吏和社会名流，虽然取得了一些诗名，却未见有什么实际效果。一个秋月皎洁的夜晚，他独自登临城西北覆舟山上的孙楚楼，面对云水烟光的金陵夜景，不禁生发一种知音难求的空茫之感，写下《金陵城西楼月下吟》一诗：

    金陵夜寂凉风发，独上高楼望吴越。白云映水摇空城，白露垂珠滴秋月。月下沉吟久不归,古来相接眼中稀。解道澄江净如练,令人长忆谢玄晖。

诗人在寂静风凉的夜晚,独自登上高楼,眺望向往已久的吴越,但是吴越不可见,只见浩浩长江云水相映,金陵城的倒影在云水烟光中摇荡,眼前枝叶上的露珠晶莹透亮,好像从秋月滴下来似的。诗人在月光下沉思默想,久久不归,感慨自古人生知音难求。面对长江景色,他更加懂得"澄江净如练"这句诗的高妙,感到与谢朓能够心心相印,因而深深地怀念这位南齐诗人。太白向来仰慕谢朓,后来他在《谢公亭》中云"古今一相接,长歌怀旧游",更明白地说自己与谢朓是古今相接、千载一遇的知音。

开元十四年(726)春天,太白要离开金陵前往广陵(今江苏扬州市),当地一群青年朋友赶到旅店来送别,临别时太白即兴写下了《金陵酒肆留别》:

风吹柳花满店香,吴姬压酒唤客尝。金陵子弟来相送,欲行不行各尽觞。请君试问东流水,别意与之谁短长?

在暮春三月柳花纷飞的时节,酒店里飘散着扑鼻的香气。一群近年结识的金陵子弟赶来为太白饯行,相逢意气,沉醉东风。吴姬特地亲自压榨取酒,殷勤地劝客品尝。在这种热烈而亲切的情景氛围中,欲行的诗人与送行的金陵子弟,宾主频频举杯,总是一饮而尽,尽兴尽情。朋友的热情深深打动了诗人,临别时有人问:你这次走,离开我们会不会难过?诗人回答:请各位问一问前面那滔滔东流的江水,这离情别意与它相比究竟是谁短谁长?诗人的巧妙回答意味深长,既表明了对金陵朋友送别的感念之意,也道出了对金陵风物人情的难舍之情。这首留别之作,抒写别意而无半点离愁,洋溢着欢乐昂扬的情绪,显示了太白刚步入人生时期洒脱开朗的胸怀,顾盼自如的风姿。

二、东游吴越

太白于当日傍晚下船，出发前往广陵（今江苏扬州市），有《夜下征虏亭》记其事：

> 船下广陵去，月明征虏亭。山花如绣颊，江火似流萤。

征虏亭在石头城上，为东晋征虏将军谢石所建，是金陵的一大名胜。太白从这里下城登舟前往广陵。船开动之后，他回头仰望，征虏亭在月光的照耀下显得轮廓分明，清晰可见。江岸边簇簇山花红艳，似少女的脸面一样楚楚动人，江面上点点渔火，如飞动的流萤一样星星闪亮。多么美丽的江山夜景，多么惬意的月夜旅行！

太白到了广陵。广陵是淮南道大都督府所在地，也是四通八达的水陆交通枢纽，工商发达，城市繁华，人文荟萃，当时是富甲天下的城市。太白在这繁华都会，仗义任侠，广事交游，成天与一些朋友一起游山玩水，饮酒赋诗。他轻财好施，慷慨大方，挥金如土，"东游维扬，不逾一年，散金三十余万，有落魄公子，悉皆济之"（《上安州裴长史书》）。他认为"人生贵相知，何必金与钱？"（《赠友人》）一心想通过各种交际活动，广交朋友，寻求知音，尽快提高名声，扩大影响，为自己的政治生涯打开途径。《广陵赠别》就是这期间的一首交游话别之作。

> 玉瓶沽美酒，数里送君还。系马垂杨下，衔杯大道间。天边看绿水，海上见青山。兴罢各分袂，何须醉别颜？

诗人在广陵送别友人，手持玉壶买了美酒，饯别送行走出数里之外。把马匹系在垂杨树下，就在大道边频频举杯话别。醉意蒙眬间，绿水好像到了天边，青山似乎浮现海上。兴尽分手时，没有一点儿女情长，只有一股慷慨豪爽之气。太白的性格与诗风，在这样的诗篇中已经开始显山露水。

当年盛夏，太白就从广陵出发去剡中。有《别储邕之剡中》诗：

>借问剡中道，东南指越乡。舟从广陵去，水入会稽长。竹色溪下绿，荷花镜里香。辞君向天姥，拂石卧秋霜。

剡中，古地名，属唐越州会稽郡（今浙江省嵊州市和新昌县一带）。太白要到越乡去，向友人储邕告别，陈说了自己计划的行程。他打算从扬州乘船南下，沿着运河入会稽，进剡溪，上天姥山。

太白这次越中之游，不仅饱览了越乡风光，探访了名胜古迹，还写下《越女词》《越中览古》等作品。

>越王勾践破吴归，义士还家尽锦衣。宫女如花满宫殿，只今唯有鹧鸪飞。
>
>——《越中览古》

越中，指会稽（今浙江绍兴），春秋时越国国都。越王勾践曾被吴王夫差打败，屈服求和，成了阶下囚。后来回到国内卧薪尝胆，经过十年生聚，十年教训，终于转弱为强，消灭吴国。接着大会诸侯，成为霸主。诗人来到越宫故址之前，看到一片荒凉寂寞的景象，使他想到越国也曾强盛一时，有过自己的辉煌时代：越王勾践灭亡吴国，率领大军凯旋，踌躇满志，有功将士尽得封赏，衣锦还乡，是何等的荣耀。越王还宫也荒淫逸乐起来，宫中美女如花，春意醉人，热闹欢乐非凡。可是时过境迁，越国后来也被楚国所灭，往事已如烟云消散，令人慨叹。而今只见几只鹧鸪在越宫故址上面飞来飞去。诗人以越宫昔日之繁华与今日之荒凉相对照，抒发了王朝兴亡、盛衰不常的感慨。

太白对晋代大书法家王羲之的名作《兰亭集序》十分佩服，他特地到山阴县西南的兰渚山寻访兰亭，写下《王右军》一诗，表达对书圣的怀念之情。

>右军本清真，潇洒在风尘。山阴遇羽客，要此好鹅宾。扫素写道经，笔精妙入神。书罢笼鹅去，何曾别主人？

二、东游吴越

王羲之曾为右军将军，故世称王右军。诗人到访兰亭时，只见山野茫茫，曲折的溪流仍在流淌，走近"鹅池"，令他想起王羲之写道经向道士换鹅的故事，书圣的儒雅举止，宛然在目，立即吟咏成诗，借以称颂书圣为人清真质朴，书法精妙入神，诗的最后两句说他写好道经后马上笼鹅而归，不向主人道别，更突出其潇洒风度。

太白登天台山、观沧海，实现了"东涉溟海"的夙愿，兴奋地写下《天台晓望》一诗：

> 天台邻四明，华顶高百越。门标赤城霞，楼栖沧岛月。凭高远登览，直下见溟渤。云垂大鹏翻，波动巨鳌没。风潮争汹涌，神怪何翕忽。观奇迹无倪，好道心不歇。攀条摘朱实，服药炼金骨。安得生羽毛，千春卧蓬阙？

天台山，是浙江东部的一条山脉，界于今余姚、慈溪、新昌、嵊州、天台和宁海之间的位置，周围八百里，高一万八千丈。峰如天台，东濒大海。其主峰华顶，高于百越之山，是登临观海的好地方。太白在红霞穿石、日月更替之时登上华顶峰，可见附近的四明山和越中众山都在脚下。凭高远眺，波澜壮阔的大海就在山下，看到天上大鹏展翅如同垂天之云，海中巨鳌出没鼓动三山之浪，风涛汹涌澎湃，神怪变幻无踪，真是前所未见的天下奇观。他身处天台圣地，遥望烟波中的海上仙山，更生求仙访道的志趣，甚至设想如何攀摘仙果，炼服仙药，羽化而成仙。他心想求仙访道也未尝不是人生的一条出路，司马承祯、吴筠不就是在这里修道有成而受到君王的召见嘛！道学大师司马承祯、吴筠是李白心中的偶像，对他们所说的话坚信不疑：修道学神仙与入世建功业并不相悖；神仙人人可学，并非神秘难及。

太白前往新昌，登临了天姥山，见到了"半壁见海日，空中闻天鸡"的奇观，十分惊喜。正因为有了这一次实地登临的深刻印象，才有以后《梦游天姥吟留别》一诗中梦天姥的生动描写，其行进路线并非虚构。林东海《李白游踪考察记》说："诗写天姥之高大以及梦游的路线，这都是实写。其路线与我们此行的路线正同，即从会稽镜湖，而后自上虞溯流而上至嵊州剡溪，而后登上今新昌天姥山。接着便具体描写登天姥山的情景，渐入虚幻；往后的所谓龙虎风云便纯然是仙境了。我们的实地考察证实了这一点。"（第406—407页）

开元十五年（727）春，太白由越州返吴，来到苏州，游览了当地的名胜古迹，了解吴国兴亡的历史，写下了《苏台览古》等诗作。

> 旧苑荒台杨柳新，菱歌清唱不胜春。只今惟有西江月，曾照吴王宫里人。
>
> ——《苏台览古》

苏州是春秋时期吴国的都城。当年吴越争雄，吴王夫差为了洗雪父亲战败身亡的耻辱，曾经励精图治，奋发图强，而在击败越国以后却沉迷声色，与越王勾践献上的美女西施在姑苏台日夜寻欢作乐，最后导致国破家亡。诗人来到吴王夫差的游乐之地，看到昔日吴宫已沦为旧苑荒台，成为村姑唱歌采菱的地方，洋溢着一派春天的生气。抬头仰望，今日的西江明月，仍是往年的西江明月，而吴王宫殿中的美人已经无影无踪，当年吴王与西施狂欢终宵之景，今天只有亘古常在的西江明月是历史的见证，而今人却永远见不到了。诗人访古览胜，抒发了人间繁华短暂、自然景物永恒的感慨，但整个情调并不伤感低回，而是表现出一种对今昔沧桑、人事变化的从容洒脱的态度。

太白的吴越之行，不仅热衷访古探胜，而且也注意民情风俗。

二、东游吴越

吴越少女秀美可爱的形象,吴越民歌清新活泼的风格,都逗引他的兴致,给他留下深刻的印象。于是,他尝试运用民歌的手法,描写吴越各地的少女,评头品足,勾画点染,结果就产生了《越女词五首》《采莲曲》等动人的诗篇。

　　长干吴儿女,眉目艳星月。屐上足如霜,不着鸦头袜。(其一)

　　吴儿多白皙,好为荡舟剧。卖眼掷春心,折花调行客。(其二)

　　耶溪采莲女,见客棹歌回。笑入荷花去,佯羞不出来。(其三)

　　东阳素足女,会稽素舸郎。相看月未堕,白地断肝肠。(其四)

　　镜湖水如月,耶溪女如雪。新妆荡新波,光景两奇绝。(其五)

　　　　　　　　　　——《越女词五首》

这五首诗描写吴越地区各种少女的形象,她们美丽的相貌、白皙的皮肤、活泼的举止、绰约的风姿,都写得生动传神,秀色可餐。特别是第三首描写耶溪采莲女,那见客佯羞躲藏的情态,更加令人难忘。诗人似乎对采莲女情有独钟,短歌意犹未尽,又写了一首《采莲曲》:

　　若耶溪旁采莲女,笑隔荷花共人语。日照新妆水底明,风飘香袂空中举。岸上谁家游冶郎,三三五五映垂杨。紫骝嘶入落花去,见此踟蹰空断肠。

这首诗,诗人首先将采莲女置于荷叶莲花丛中来烘托渲染:若耶溪畔的采莲女,隔着荷花与伙伴在笑语。阳光照得水中的倩影更加美丽,清风吹起她的衣袖在空中飘举。接着,又用浪游青年搔首踟蹰来反衬采莲女的娇美：岸上不知哪家的风流少年，三五成群来到垂杨下偷偷观看。紫骝马的嘶鸣使采莲女躲进荷花深处，风流少年只好徘徊搔首空自断肠。这首诗，诗人采用民歌的体裁和手法，又比一般民歌有着更加细致生动的细节描写，因而显得更加委婉传神，可见诗人在学习民歌方面已经青出于蓝而胜于蓝。王安石云："诗人各有所得，'清水出芙蓉，天然去雕饰'，此李白所得也。于此亦可见之。"（《唐宋诗醇》卷三引）

当年秋天，太白回到扬州。一年多的吴越漫游，使他大长见识。然而旅途的奔波劳顿，交游干谒的不见成效，使他身心有些疲惫，结果回扬州后大病了一场。在病中，他躺在床上，常常辗转反侧，思前想后，愈加思念故乡，怀念蜀中的亲友。

  床前明月光，疑是地上霜。举头望明月，低头思故乡。

——《静夜思》

在一个夜阑人静的月夜，诗人夜不成寐，一种独在异乡的清冷孤寂之感挥之不去。他恍惚中看见床前的光亮，白皑皑一片，好像是地上铺了一层秋霜。疑似秋霜终究不是秋霜，而是天上明月照射进来的光亮。他感受到秋宵月色如霜般的清冷，更加无法入睡，起来走到窗前，抬头仰望天空中那一轮普照天下的明月，一缕乡思油然而生，大匡山月、峨眉山月、家里的亲人、蜀中的师友，一下子都浮现在眼前，他便低下头来，陷入思乡怀人的愁绪之中。于是诗人脱口成吟，写出了《静夜思》，语言浅近而情意深长，成为抒写乡愁的绝唱。

  吴会一浮云，飘如远行客。功业莫从就，岁光屡奔迫。良图俄弃捐，衰疾乃绵剧。古琴藏虚匣，长剑挂空壁。楚怀奏钟仪，越吟比庄舄。国门遥天外，乡路远山隔。朝忆相如台，夜梦子云宅。旅情初结缉，秋气方寂历。风入松下清，露出草间

二、东游吴越

白。故人不可见,幽梦谁与适?寄书西飞鸿,赠尔慰离析。
——《淮南卧病书怀寄蜀中赵征君蕤》

太白卧病扬州(扬州为淮南道治所),其时黄金散尽,功业无成,贫病交迫,因而分外想念蜀中的导师和朋友赵蕤,以诗代书,向他陈述自己目前的境遇,倾诉思乡念友的情怀。他说自己出蜀两年来,如同一朵浮云,在吴越飘来飘去,浪费了大好光阴,在功业方面一无所成。原先美好的计划都落空了,自己的身体却越来越差。琴书剑艺也荒废了,个人才能无从施展。而岁月匆匆流逝,心中十分着急。接着,他向朋友诉说乡路远隔,思乡心切,只身旅途,饱受风霜的悲凉处境:我身在他乡,而心里却像钟仪、庄舄那样深切地怀念着故乡。蜀地远在天外,回乡的道路被重重远山阻断。我朝朝暮暮在怀念蜀地的风情人物,那相如台、子云宅都让我魂牵梦萦。我只身在旅途,心中的羁旅情怀无法化解,更那堪正当冷落清秋时节。秋风穿过松林带来清冷之气,露水沾满凋败的秋草到处闪烁白光,秋风雨露的萧瑟愈加令人感到凄凉。最后他深情地对朋友表白:我思念故人而故人不能相见,还有谁能与我同处幽梦,共商人生大计?只有托西飞的鸿雁传书蜀中,带去问候,借以宽慰彼此的千里思念之情。这首诗,诗人和盘托出了自己在病中思前想后、忧心如焚的复杂情怀,第一次发出"功业莫从就"的感叹,后悔自己忘记了初心。这表明心高志远的诗人经过两年多的奔波,已经开始体会到人生道路的艰难,感到不能再任性放浪,虚度年华,必须提高人生自觉。他通过"黄金散尽交不成"的教训后,基本上结束了任侠生活,为实现"已将书剑报明时"(《别匡山》)的夙愿,准备开始新的奋斗。

初游吴越对太白在功业的开拓方面虽然没有什么帮助,但秀美的吴越山水、旖旎的吴越风情和独特的吴越文化却给他留下深刻难忘的印象，令他终身心驰神往，魂牵梦萦。从此他与吴越结下了不解之缘。他一生中曾多次漫游吴越，梦游吴越，并曾长时间留居金陵。吴越的山水风情和吴越的文化意蕴，开拓了他的眼界，陶冶了他的情操，丰富了他的思维和想象，对他清新自然诗风的形成有着不可忽略的影响。"他正是在吴越自然风光的陶冶和乐府民歌的哺育下，发扬了吴越民歌清新自然的艺术特色，达到了'清水出芙蓉，天然去雕饰'的崇高境界。"（蒋志《李白与地域文化》，第208页）这时期创作的乐府诗《长干行》，是一篇在这方面具有标志意义的作品。

妾发初覆额，折花门前剧。郎骑竹马来，绕床弄青梅。同居长干里，两小无嫌猜。十四为君妇，羞颜未尝开。低头向暗壁，千唤不一回。十五始展眉，愿同尘与灰。常存抱柱信，岂上望夫台。十六君远行，瞿塘滟滪堆。五月不可触，猿声天上哀。门前迟行迹，一一生绿苔。苔深不能扫，落叶秋风早。八月胡蝶来，双飞西园草。感此伤妾心，坐愁红颜老。早晚下三巴，预将书报家。相迎不道远，直至长风沙。

——《长干行二首》其一

作品以秦淮河畔一位少妇自述的口吻，抒写对远出经商夫婿的深长思念。诗的前段，运用民歌中常用的年龄序数写法，叙写女主人公自己从童年时代与玩伴同居长干里，青梅竹马、两小无猜，到新婚时的羞涩矜持、娇柔妩媚，再到婚后的炽热爱恋、誓同尘灰，希望彼此坚守信约，永不离弃，展现了她的爱情从萌芽到发展、到成熟的过程，以显示两人的亲密无间，难分难舍。在此基础上，诗的后段，采用民歌中类似四季相思的抒情手法，抒写女主人公在丈夫远出经商，迟迟未归的长期等待中的怀远相思、期盼重逢的急切心情：从丈夫出发远行，关切丈夫行程中过瞿塘峡的安危，到眼看

二、东游吴越

丈夫留下的行迹都长满绿苔，再到八月秋风落叶、西园蝴蝶双飞，伤感红颜易老，引出对丈夫归期的切盼，因而寄语远方的丈夫，希望预告归期，准备千里迎归，决不嫌远。作品在时序的变换中抒写人物的心理活动，徐徐道来，真挚的感情如同清泉从胸臆中汩汩流出，委婉而自然，既有南朝民歌的天真纯朴，又有文人描写的细腻深厚，二者水乳交融，浑然一体，犹如初夏荷塘的出水芙蓉，亭亭玉立，自然天成，标志着诗人一副笔墨的娴熟，一种风格的形成。

三、安陆明志

问余何意栖碧山,笑而不答心自闲。桃花流水窅然去,别有天地非人间。

——《山中问答》

开元十五年(727)春,太白在扬州病愈之后,为了实现游览云梦古泽的夙愿,打算返回楚地住一段时间。但为了寻求友人的帮助,他先北上汝海(汝州,今河南临汝)去拜访元丹丘,途经襄阳,结识了诗人孟浩然。孟浩然比太白年长十二岁,诗名也很大,以山水田园诗著称于世。孟浩然是个很有政治抱负的人,但一直没有施展的机会,长期隐居鹿门山,性格耿介不俗,情操清白高尚,所以和李白一见如故,情趣投合。太白告别孟浩然后,前往汝海,在元丹丘颍阳山居小住。他对元丹丘谈起了回楚的打算,正好元丹丘有个老相识马世会在安州中督府任都督,立刻决定陪同太白到安州首府安陆,一同拜见马都督,以便有个照应。两人到了安陆,受到马都督的热情接待。马都督是个爱才之人,看了太白呈送的诗文,十分欣赏,称赞他是个奇才,对在旁就座的长史李京之说:一般人的文章,就像山上没有飞烟流霞,春天没有青草绿树,看起来觉得索然无味。而"李白之文,清雄奔放,名章俊语,络绎间起,光明洞彻,句句动人"(《与安州裴长史书》)。在座的人个个点头称是。座中有一位世家乡绅许员外,对这个西蜀才子也表示赞赏。

在马都督的关照下,太白就在安陆西北六十里的风景胜地寿山暂住下来。

安州寿山,是一个生态环境优雅宜人的好地方。相传附近山民有些人能活到一百岁,因此将这座山称为寿山。这里峰峦秀美,绿树成荫,空气清新。太白来这里,觉得这是一个隐居的好地方。他经过卧病扬州的反思,对出蜀后漫游经历做了认真的总结,认识到单恁仗义任侠,广结豪杰,是不可能使自己踏上建功立业之路的,必须另寻出路。他感到自身的条件不适宜走科举取士的道路,通过隐居入仕在当代不乏成功的先例,"终南捷径"倒是一条理想的可行之路。于是他决定隐居山林,养望待时,等待获得君王赏识,有朝一日下诏征召,自己就可以一飞冲天了。

太白在寿山住了一段时间之后,身体明显比先前好了许多。他十分喜爱这个地方,还在写给朋友的书信中得意地称赞寿山多奇多秀,充满溢美之辞。正当他陶醉于寿山的旖旎风光时,收到了远在扬州的朋友孟少府给寿山的移文(即檄文之类),指责寿山是一座无德无名的小山,让李白这样的人隐居于此,是藏贤埋宝。实则指责太白安然自得隐居于无名小山,不肯外出见世面,闯天下。于是太白写了《代寿山答孟少府移文书》,以寿山的名义,回答了孟少府的种种指责,用诗一般语言,表白了自己的人生志趣和崇高理想。

这封书信,针对孟少府的种种指责,用摆事实、讲道理的方法,一一予以回应。自诩寿山地理位置优越,蕴藏奇珍异宝,虽然小而无名,同样可以与三山五岳并美。天不秘宝,地不藏珍,岩穴历来为养贤之域,只要王道圣明,英贤都会出山供职,并以姜太公、傅说为例，姜太公原是渭水之滨的一个垂钓者，后被启用，出山辅佐周文王；傅说原是傅岩的一个泥瓦工，后被启用，出山辅佐商武丁，他们原都隐居于寻常的山水之间，而后成为辅君济世的贤相，可见天地不会隐匿珍宝，寿山也不会藏宝隐贤，有负于国家。在这样一番申辩的基础上，引出李白登场，通过与寿山的对话，直接让他抒怀言志。

  近者逸人李白自峨眉而来，尔其天为容，道为貌，不屈己，不干人，巢、由以来，一人而已。乃虬蟠龟息，遁乎此山。仆尝弄之以绿绮，卧之以碧云，嗽之以琼液，饵之以金砂。既而童颜益春，真气愈茂。将欲倚剑天外，挂弓扶桑，浮四海，横八荒，出宇宙之寥廓，登云天之渺茫。俄而李公仰天长吁，谓其友人曰：吾未可去也。吾与尔，达则兼济天下，穷则独善一身。安能餐君紫霞，荫君青松，乘君鸾鹤，驾君虬龙，一朝飞腾，为方丈蓬莱之人耳？此则未可也。乃相与卷其丹书，匣其瑶瑟。申管、晏之谈，谋帝王之术，奋其智能，愿为辅弼，使寰区大定，海县清一。事君之道成，荣亲之义毕，然后与陶朱、留侯，浮五湖，戏沧洲，不足为难矣。

——《代寿山答孟少府移文书》（节录）

这一席寿山与李白的对话，告白天下自己经过深思熟虑确立的政治理想与人生道路。寿山原本以为，太白长着一副天容道貌，不屈己节，不求于人，是巢父、许由以来唯一的高人逸士，隐居静息于此山，于是为他提供各种修道养生的优越条件，准备跟他一起云游四海八极。此刻太白忽然仰天长吁，对友人说：我不能去了！我与你显达了就去接济天下众生，潦倒失意就保洁自身。怎能食了人间烟火，一朝飞腾，就成仙而去？那是不能这样做的。于是他们一起收卷起炼丹的书籍，把瑶瑟收藏到匣子里。决心学习管仲、晏婴

三、安陆明志

的主张，研究称王图霸的谋略，发挥自己的聪明才智，直接辅佐君主，使国家统一，天下太平。等到辅佐君主的事业完成，光耀家族的心愿实现，然后再像范蠡、张良那样功成身退，悠游天下。

太白处于昂扬进取的开元盛世，有着以天下为己任的宏大志向，懂得士大夫济世拯民的责任担当，他吸取儒家积极用世、兼济天下的思想与道家"知足""知止""功遂身退"的思想，将二者融合为一体，采纳纵横家游说君主、"谋帝王之术"的路线，为自己设计了一条理想的人生道路：他要奋发有为，出谋划策，以自己的聪明才智辅佐君主治国安邦，成就一番大业，功成之后他不求封赏，不得私利，就飘然引退，回归自然，悠游五湖四海。这是太白的立世宣言。为了践行这个宣言，他仗义任侠、求仙访道、隐居养望、干谒求荐，多方面求索，百折而不回，孜孜不倦地奋斗了一辈子。他入长安，上幽州，参加永王东征，晚年请缨从军，都是为了一展人生抱负。他在三十年后写的《赠韦秘书子春》一诗中说："苟无济代心，独善亦何益？……终与安社稷，功成去五湖。"可见当年的立世宣言是他终生锲而不舍的理想追求。

太白暂住寿山，并不是消极隐居，而是养望待时，等待君王赏识，期望有朝一日下诏征召，一飞冲天，以布衣一举而为卿相，实现辅君济世的人生理想。为此，他不断写诗作文，外出交游，扩大影响，提高自己的声望。

开元十六年（728）春，太白出游江夏（武昌）。他先到洞庭湖边吴指南草葬之地，挖出吴指南的尸体，看到筋骨尚在，他泪水盈眶，拿起刀把尸骨一根根洗削干净，用一块布包裹起来，然后背着它徒步走了几天几夜，赶到江夏。向别人借了一笔钱，把吴指南安葬在江夏城东。他在《上安州裴长史书》中说："故乡路遥，魂魄无主，礼以迁窆，式昭朋情。"按照当时风俗，迁葬一次可以让客死他乡回不了故里的灵魂得以安息。太白存交重义，对朋友真是做到了仁至义尽。

太白来江夏以后，天天忙于结交朋友，探幽访胜。这时孟浩然从鹿门来到江夏，太白见了老朋友，格外高兴。两人在江夏快意盘桓了一些时日。孟浩然此行要东下广陵（今江苏扬州市），临走那天，太白到黄鹤楼为他送行。

> 故人西辞黄鹤楼，烟花三月下扬州。孤帆远影碧空尽，唯见长江天际流。
> ——《黄鹤楼送孟浩然之广陵》

烟花三月，春色迷人，老朋友孟浩然在西边的黄鹤楼辞别，扬帆东下扬州。孟浩然坐的船解缆启程了。太白站在岸上挥手告别之后，还一直伫立在那里不动，目送着那艘船顺流东去，渐行渐远，化为一片模糊的帆影，直到消失在远处碧空的尽头。帆影消失了，太白还站在那里凝神远望，此刻只有一江春水奔腾流向天际。诗人送别友人目注神驰、伫立不动的情状，以及不见友人踪影之后那种失落的怅惘，都包含在"孤帆远影碧空尽，唯见长江天际流"的景物描写之中，显示他对这位心怀敬慕的年长友人的情谊如同江水长流。

送走孟浩然以后，太白立即返回安陆寿山隐居。

这时候，太白在社会上有了一定的名声，不少人也高看他一眼。一个意想不到的收获便是"许相公家见招，妻以孙女"（《上安州裴长史书》）。许相公即许圉师，曾任唐高宗时的宰相，家在安州。尽管此时许家的鼎盛时期已过，但在安州当地仍是名门望族，许家子孙还有不少人在各地做官。许圉师有五个儿子，其中许自然因行猎时误杀人命而被免官，在家乡安陆闲居，有女待嫁，在当地难择合适对象。这位许相公，那天在马都督府上见了太白，印象很

三、安陆明志

好,觉得这是一个难得的才子,与自家女儿还是挺般配的。因太白家远在蜀中,他自己孑然一身漫游在外,尚无定居之所,征得太白同意,干脆招为上门女婿。许家相中太白,招他为婿,自然是看上他的才名。在唐代,高门招才俊之士为婿以提高门户声望,已成为世族特有的婚姻习俗。太白甘愿入赘许府,除了看中许家小姐的花容月貌之外,也难免有一种以就婚相府为荣的心理,有一种寒士入高门的心满意足之感,从实际方面考虑,以许家作后盾,自然有利于日后在仕途上的进取。这其中,婚姻的利益驱动作用肯定不小。

太白决定接受许家的这门婚姻,就打算从此安定心灵,好好居家过日子。于是他毅然决定跟前情人告别。

清水本不动,桃花发岸旁。桃花弄水色,波荡摇春光。我悦子容艳,子倾我文章。风吹绿琴去,曲度《紫鸳鸯》。昔作一水鱼,今成两枝鸟。哀哀长鸡鸣,夜夜达五晓。起折相思树,归赠知寸心。覆水不可收,行云难重寻。天涯有度鸟,莫绝瑶华音。

——《代别情人》

像太白这样的风流才子,有过情人在当时是不足为怪的。他一旦决定结婚成家,就正式告别以往的情人,在当时也算是难能可贵的。《代别情人》,这首诗的标题显然是个幌子,因为他不便公开承认这首诗就是写给自己的昔日情人。诗却写得私密缠绵,情真意切,句句是与情人伤别时抚今思昔的肺腑之言:先以桃花流水起兴,回顾往昔相互爱慕,彼此恩爱之情,然后抒写两人分离相思之苦,诉说内心万般纠结,最后以覆水难收、行云不再做比喻,宣告情况有了变化,从此只好分道扬镳,但仍希望能够互通音讯。"诗中说话的男主人公抒发了与情人旧情未断,但不得不从此相隔一方的遗憾;尽管分手了,他还牵挂着她,希望听到她的消息。然而,这位男性本身也是一位作家——'子倾我文章',那他为什么需要代笔呢?真是欲盖弥彰。这个'我'一定就是李白自己。"(哈金著《通天之路:李白传》,第83页)

  太白同许圉师孙女结婚以后,不愿过寄人篱下的生活,就移居五里外的白兆山桃花岩,"入远构石室,选幽开山田"(《安陆白兆山桃花岩寄刘侍御绾》),建房开田,过起渔樵耕读的隐居生活,继续养望待时,以隐为进,并没有忘怀自己的初心夙志。此期间太白与夫人在这个小天地里生活安定,关系和谐,所谓"蓬壶虽冥绝,鸾凤心悠然"(同上),夫妻鸾凤和鸣,心情十分舒畅,以致忘却了求仙访道。许夫人是大家闺秀,才貌双全,学识修养良好。他们的家庭生活充满温情雅趣。有一天,太白写了《长相思》乐府一章,最后四句为:"昔日横波目,今作流泪泉。不信妾断肠,归来看取明镜前。"许夫人在旁看了,觉得这几句诗有偷人之嫌,随口问道:"你没有听说武后有诗'不信比来常落泪,开箱验取石榴裙'吗?"太白听了有点震惊,不禁为自己有这样一位贤淑夫人而感到欣慰。

  一年以后,许氏生了一个女儿。太白初为人父,喜不自胜,给女儿取名平阳。夫妻唱和,娇女可人,家庭生活十分和美。他无事就在家中读书,博览经史,以求通天人之际,等待时机的到来。

  太白本想在安陆隐居一段时间,期望马都督有机会荐举自己。可是马都督不久就离任而去了。自从马都督离任之后,太白在安陆所处的社会舆论环境日渐有了变化。人们对他入赘许府不以为然,对他隐居白兆山也很不理解,议论纷纷,有的甚至直接前来探问:为什么要隐居在青翠碧绿的小山中?《山中问答》一诗,就是为"答俗人问"而作的:

    问余何意栖碧山,笑而不答心自闲。桃花流水窅然去,别有天地非人间。

诗的前两句，诗人对于不理解自己隐居行为前来探问的俗人，笑而不答，持一种淡定自若的态度。他心闲神定，我行我素，不为外界风雨所动。诗的后两句，诗人以眼前桃花流水窅然远去的景致，寄托自己潇洒自在、志存高远的心境，并且告诉人们，我心中别有天地，自有经略，不是世俗之人所能理解的。诗人幽默风趣的回答，既表现对山水自然的热爱，亦表现对隐居道路的自信。

在这期间，太白还写了一首《南轩松》，正面托物寄情，表达自己的志向。

  南轩有孤松，柯叶自绵幂。清风无闲时，萧洒终日夕。阴生古苔绿，色染秋烟碧。何当凌云霄？直上数千尺。

南窗外的一棵青松，亭亭玉立，枝繁叶茂，婀娜多姿。它沐浴着山野的清风雨露，潇洒生长，树荫下长满绿苔，秋烟中染成碧色。只希望有朝一日直上云霄，身高数千尺。诗人咏松明志，寄托了自己高远的志向和奋发向上的精神。"何当凌云霄？直上数千尺"，是诗人从心灵深处发出的呼声，他多么希望平地青云，一飞冲天！

然而太白的现实处境却不尽如人意。社会上一些人看不惯他那种孤高自傲、我行我素的性格，常常磨擦不断，麻烦丛生，给他增添了不少烦恼。有一天，他刚从外地回到安陆，碰见老朋友，兴奋之下，开怀畅饮，酒酣人醉，以致第二天早晨头昏目眩，误把远处过来的安州李长史当作友人魏洽，只管打马前行，没有回避，竟闯了李长史的道，惹怒了长史大人。李长史以为李白故意戏弄他，便大声呵斥李白。太白感到本来自己在这里的处境就不好，再得罪了长史大人那还了得，连忙鞠躬道歉，请求原谅。事后还写了《上安州李长史书》，再次解释醉后失礼的原委，表示谢罪。信中说，自己事后想到这一次放荡的过失，心情如冰炭在交战，不知如何是好。以至日夜愧疚，局促不安，感到无地自容。就这么一件事情，弄得太白如此战战兢兢，寝食不安，可见他当时的处境的确不好。

李长史到了任期，一个姓裴的官员接任安州长史。两人交接时，李长史对裴长史说了太白许多坏话。裴长史上任后，太白的日子更加不好过。太白诗名日振，才冠一方，加上入赘许府，便招致地方上一些人的轻慢和毁谤，乃至谣言四起。裴长史不明原委，不辨是非，统统信以为真，对太白自然另有看法。这样一来，关于太白的流言蜚语更加不翼而飞，弄得满城风雨。有说太白家世不明的，有说太白行为不轨的，也有说太白才能平庸的。太白听了无法容忍，感到自己的人格受到了侮辱，人身遭到了攻击，对这些问题不能不辩白清楚。于是他毅然给裴长史写了一封长信：《上安州裴长史书》。太白在这封信中，首先自叙家世，说明自己家本金陵（指陇西金城），世为大族，是西凉武昭王李暠的后代，因为李暠之子被沮渠蒙逊所灭，其子孙流落各地，屡经转徙，西魏时先祖到了咸秦（长安）为官，表明自己家世来历之清白。接着自述学习经历，说自己在江汉（巴蜀地区）长大，从小努力修学，博览群书，对诸子百家、经、史著作刻苦学习，广泛涉猎，并不断创作诗赋文章，直到今天已经三十年了，表明自己向来勤奋好学，具有真才实学。然后陈述自己成人后秉承古训大丈夫志在四方，于是辞亲远游，南穷苍梧，东涉溟海，遍历长江中下游地区。为观云梦古泽来到安陆，被许相国之家招亲为婿，在安州已住三年。说明本人行迹可考，历史清白。信中接着陈述自己的交游经历，列举自己轻财好施、存交重义、养高忘机、天才英丽等高洁品质和过人才华，以具体事例加以说明，并引用当代名人的评价，表明自己为人仗义、人品高尚、才华出众，均实实在在，不是徒有虚名，力排种种诽谤和谣言。他说自己是无辜的，希望裴长史大人能够主持正义，查清事

三、安陆明志

实,为自己雪谤。太白在信的最后写道:

> 愿君侯惠以大遇,洞开心颜,终乎前恩,再辱英盼。白必能使精诚动天,长虹贯日,直度易水,不以为寒。若赫然作威,加以大怒,不许门下,逐之长途,白即膝行于前,再拜而去,西入秦海,一观国风,永辞君侯,黄鹄举矣。何王公大人之门,不可以弹长剑乎?

在这里,太白对裴长史说:希望大人能够像过去那样以礼遇接待我,我会无上感激,必将竭诚相报。如果得不到大人的开解,赫然施展威风,拒之门外,对我下逐客令,我将拜别大人而去,西入长安,一观京城风采。难道不可以到王公大人门前去弹剑,以求慧眼识拔吗?太白在权贵面前这种不卑不亢的态度,显示了诗人傲岸不屈的人格。

太白给裴长史的信发出以后,一直没有得到回音。雪谤无门,令他十分失望。他与许夫人商量后,决定马上抽身外出,"西入秦海,一观国风",到京城长安去寻求实现人生梦想的机遇。

四、长安追梦

> 游子东南来,自宛适京国。飘然无心云,倏忽复西北。访戴昔未偶,寻嵇此相得。愁颜发新欢,终宴叙前识。阎公汉庭旧,沉郁富才力。价重铜龙楼,声高重门侧。宁期此相遇?华馆陪游息。积雪明远峰,寒城锁春色。主人苍生望,假我青云翼。风水如见资,投竿佐皇极。
> ——《酬坊州王司马与阎正字对雪见赠》

开元十八年(730)春夏之交,太白离开安陆,奔赴长安。上面这首在京畿求人引荐的诗,开头四句记述他初入长安的行踪,说自己从东南的安陆出发,经由南阳(秦汉时称宛县)来到长安。像随风飘动的浮云,很快又从长安来到了西北的邠州、坊州。诗人匆匆奔波究竟为什么呢?此诗最后四句把他奔波长安的目的也已表明。他希望那些力能荐士举贤的人士,给他一副直上青云的羽翼,让他高飞远举,实现辅佐君王、治国安邦的抱负。

太白来到京城长安。长安是唐朝政治、经济、文化的中心。京城的宏伟壮观、繁荣富丽让他大开眼界,目不暇接。长安方圆面积很大,名胜古迹很多,他都暂时顾不上去游览。长安城里进京赶考的士子很多,他并不想与他们为伍,去苦读应试,走科举入仕的道

四、长安追梦

路。他急于要寻找闻达于诸侯的门路,寻求能够荐士举贤,让他直接为朝廷所重用的人。在当时,"除了科举入仕之外,通过有社会地位的人士举荐,便是绝大多数唐代文人实现入仕梦想的另一重要途径。荐举在唐代是一种选官制度,也是一种社会风气"。"追求功名仕禄者若须得到他人荐举的机会,除去自我宣扬和鼓噪声名,以吸引他人举荐之外,主动自觉地行干谒之事,则是获取他人荐举奥援不可或缺的行为,否则,许多荐举与被荐举的关系是无从建立的。"(王佺《唐代干谒与文学》,第 27 页)太白所走的正是这样一条干谒求仕的道路,并且他还期盼很高,想一步登天,成为君王的谋臣策士,实现自己辅君济世的宏愿。因此,自诩"不干人,不屈己"(《代寿山答孟少府移文书》)的太白,也不得不四处求人援引,以致"遍干诸侯""历抵卿相"(《与韩荆州书》)。

  太白此时虽是高宗时许相的孙女婿,但时过境迁,朝中并无卿相王公之类的显要人物可以依附,求取功名还要靠自身的努力。他四处奔走,开展社交活动,寻求引荐人物。经过亲友的指点门径和联络帮助,太白首先给唐玄宗妹妹玉真公主呈献了《玉真公主词》,但是很不巧,当时玉真公主正出游华山、嵩山等地,没有能够见到她。他又去求见朝廷左相张说,但这时张说重病在身,由他的次子张垍出面接待了他。张垍是玄宗女婿,娶了宁亲公主,拜驸马都尉,时官卫尉卿,是个嫉贤妒能的人,并不想真心实意帮助太白这样的才子。为了对左相有个交待,凭借与玉真的裙带关系,就把太白安置到终南山北麓的玉真公主别馆。太白以为到终南山隐居,可以像卢藏用一样走终南捷径,在山中养望待举,这正符合自己的意愿。于是,他雇用了一辆马车,快马加鞭赶到了终南山,几经打听,终于找到了位于松龙的玉真公主别馆。周围草茂山幽,林木葱郁,还有几棵参天古松遮阳蔽日,空气清新宜人。可是踏进别馆实地一看，原来是久无人居的一座别墅，破败荒凉，连基本的生活条件都不具备。太白好不容易做了一番清理，总算住了下来。从此，他天天坐等，而张垍那边再无消息，让他备受冷落。不久，天又下起雨来，而且秋雨连绵不断，在馆中生活更为艰难。于是他写了《玉真公主别馆苦雨赠卫尉张卿二首》，向张垍陈情和求助。

秋坐金张馆，繁阴昼不开。空烟迷雨色，萧飒望中来。翳翳昏垫苦，沉沉忧恨催。清秋何以慰，白酒盈吾杯。吟咏思管、乐，此人已成灰。独酌聊自勉，谁贵经纶才。弹剑谢公子，无鱼良可哀。（其一）

苦雨思白日，浮云何由卷？稷髙和天人，阴阳乃骄蹇。秋霖剧倒井，昏雾横绝巘。欲往咫尺途，遂成山川限。潀潀奔溜闻，浩浩惊波转。泥沙塞中途，牛马不可辨。饥从漂母食，闲缀羽陵简。园家逢秋蔬，藜藿不满眼。蠨蛸结思幽，蟋蟀伤褊浅。厨灶无青烟，刀机生绿藓。投箸解鹔鹴，换酒醉北堂。丹徒布衣者，慷慨未可量。何时黄金盘，一斛荐槟榔。功成拂衣去，摇曳沧洲傍。（其二）

太白在这两首诗中陈述了自己在玉真公主别馆的困顿处境：秋日闲坐别馆之中，阴云蔽日，秋雨绵绵不停，而且雨越下越大，水流纵横，泥沙塞道，咫天之间已成山川之隔，外出十分困难。室内日见蜘蛛结网，夜间闻蟋蟀长鸣。田家园蔬秋凉，野菜都已很少。厨灶断烟，刀机生锈，只得从附近农家求食。开始还有杯淡酒解愁，到后来只好脱下身上的裘衣换酒，方得一醉。在这样穷困的情况下，诗人向张垍求助，不是乞求补给食物，改善生活，而是希望得到援引，施展抱负。在第一首诗中，他以管仲、乐毅自比，说自己虽然以管、乐自勉，而今又有谁会赏识治理国家的才能？所以只能像当年冯驩那样在孟尝君门前弹剑求助。在第二首诗中，他又以

四、长安追梦

南朝刘穆之自喻,说自己现在虽然是个穷困的布衣,但像当年刘穆之一样前途不可限量。你不要像当年江氏兄弟那样嘲笑我,我有朝一日发迹得志,也会像刘穆之那样以黄金盘装上槟榔相报,然后再功成身退,隐居沧洲。在这一番话语中,可见太白在穷困潦倒、求人援引时,也还有一种不肯摧眉折腰的自负和骨气。

太白给张垍的求援诗送出后,如石沉大海,毫无反响,看来此路已经不通,必须另找出路。雨过天晴之后,他常下终南山,出入长安城,结交朋友,拜谒王公贵族、朝廷命官,继续寻求能够识拔自己并举荐于朝廷的人。他为了求得长安县尉崔叔封的帮助,颇费一番心计,以读《诸葛亮传》为由头,把崔叔封比作推许诸葛亮的崔州平。

> 汉道昔云季,群雄方战争。霸图各未立,割据资豪英。赤伏起颓运,卧龙得孔明。当其南阳时,陇亩躬自耕。鱼水三顾合,风云四海生。武侯立岷蜀,壮志吞咸京。何人先见许?但有崔州平。余亦草间人,颇怀拯物情。晚途值子玉,华发同衰荣。托意在经济,结交为弟兄。无令管与鲍,千载独知名。
> ——《读诸葛武侯传书怀赠长安崔少府叔封昆季》

诸葛亮是太白最崇敬的历史人物之一,诗中常以诸葛亮自许。他读《诸葛亮传》,着眼点在于君臣遇合,臣子方能有所作为,借以寄托自己的仕途期望。此诗先写诗人"读《诸葛武侯传》"的感受,吟咏诸葛亮的丰功伟绩:汉末群雄割据,军阀混战,霸主尚未确立,由乱至治需要依靠英雄豪杰。诸葛亮原是一介布衣,躬耕于南阳田野。由于刘备三顾茅庐,君臣相得,便叱咤风云,有了建功立业的机会。他虽立足蜀中,却志在吞灭关中,一统天下。而当初刘备请诸葛亮出山,那是因为崔州平的称许推荐。诗人用"何人先见许?但有崔州平"两句收转,自然而然转入"书怀赠崔少府叔封昆季"。从"余亦草间人,颇怀拯物情"开始,诗人自比当初在野的诸葛亮,虽然隐居草野之间,但怀抱着拯救苍生的宏愿。当我在日暮穷途的时刻,而有幸结识崔少府,但愿能够情谊长存,命运与共。我们都有经世济民的志向,因而志同道合结交为弟兄。诗人希望崔少府能像崔州平识荐诸葛亮、鲍叔牙推举管仲一样推荐自己,不要让管、鲍独享盛名。太白为什么如此恳切求助于崔少府?不仅由于县一级有权举荐贤能,而且因为崔叔封所属博陵崔氏是当时有名的望族之一。他希望崔少府能向族中有权势的人推介自己,扩大自己的影响。

诗人闲居终南山,日望长安,夜思君主。早日晋见圣明君主,辅佐君主治国安邦,是他一心追求的梦想。而对梦想成真的急切期盼,也就成了他忧思成疾的心结。

长相思,在长安。络纬秋啼金井阑,微霜凄凄簟色寒。孤灯不明思欲绝,卷帷望月空长叹。美人如花隔云端。上有青冥之高天,下有渌水之波澜。天长路远魂飞苦,梦魂不到关山难。长相思,摧心肝。

——《长相思》

太白来到长安已有多日,干谒求荐尚无眉目,一直徘徊在魏阙之下,不得其门而入。君门九重,和他如天人相隔。太白渴望见到的君主,虽近在咫尺,却仍远在天涯,可望而不可即,使他心急如焚,夜不成寐。屈原诗篇中以"求女"比喻思君的情节,使他茅塞顿开。于是乎他沿用乐府旧题《长相思》,以男女相思为喻托,一吐思君心切而无缘相见的凄苦:

我在长安相思,我相思的人也在长安。在此深秋长夜,井栏边莎鸡声声啼鸣,如霜月色照在竹席上,分外寒凉,让人难以成眠。我独对摇曳欲灭的孤灯,愁思欲绝,只有卷起窗帷遥望明月,空自长叹。如花似玉的美人,高居于天上宫阙,远隔云端,与明月一样,可望而不可即。我梦魂飞扬,前往苦苦寻访,然而上有苍茫无边的

四、长安追梦

青天，下有波澜动荡的渌水，天长路远，关山迢递，阻隔重重，连梦魂也难以飞达您的身边。这种长夜相思之痛啊，令人心肝欲碎！

"长安宫阙九天上"（《单父东楼秋夜送族弟沈之秦》），这首诗所思念的高居云端的"美人"，喻指当朝君主唐玄宗。诗中以"青冥高天""渌水波澜""天长路远""关山不到"比喻君王难见。这种倾心仰慕"美人"而求之不得的相思之苦，是诗人此时此刻期盼君臣遇合而不得的苦闷心理的真实写照。太白深深感到，没有君臣遇合，自己匡君济世的理想就无从实现。这种追求，决不能轻言放弃。

诗人久居终南山而无所作为，心中很烦闷。有一天傍晚，他下山去拜访一位叫斛斯的隐士。

  暮从碧山下，山月随人归。却顾所来径，苍苍横翠微。相携及田家，童稚开荆扉。绿竹入幽径，青萝拂行衣。欢言得所憩，美酒聊共挥。长歌吟松风，曲尽河星稀。我醉君复乐，陶然共忘机。

——《下终南山过斛斯山人宿置酒》

诗人傍晚下山，踏着山月之光前行。当他在山下回头看所来之路径，只见青翠的山峦笼罩在一抹苍茫的暮霭之中。见到了斛斯山人，两人携手回到他所住的田家，家中的孩子大概早知有客到来，赶紧打开柴门迎接。农家的庭院绿竹丛生，侵入到幽径之中，树上垂挂的丝丝青萝，轻拂行人的衣裳，环境十分幽静宜人。主人留宿置酒，两人一起说说笑笑，举杯畅饮。酒酣兴浓，就放声长歌，直到银河横斜，星斗稀落。这一夜两人陶然自乐，无忧无虑，全然忘却了世俗的得失荣辱，机智巧诈。这首诗从表面看，以一副恬淡清旷的笔墨，抒写一段与山人歌酒取乐的闲情逸致，但正如前人所说的，"清旷"中而有"英气"（王夫之《唐诗评选》卷二）。诗人月夜访友欢谈，饮酒长歌，以致陶然忘机，都是企图摆脱人生苦闷的一种排遣。

"弹剑作歌奏苦声，曳裾王门不称情。"(《行路难三首》其二)太白在长安苦苦奔走，弹剑求助、曳裾王门，皆不称心如意，始终没有找到可以通天的门径，于是决定西游邠州、坊州一带，看看能否找到地方官吏的荐引。开元十八年（730）暮秋，他离开长安开始西游，临行时写下《赠裴十四》一诗：

> 朝见裴叔则，朗如行玉山。黄河落天走东海，万里写入胸怀间。身骑白鼋不敢度，金高南山买君顾。徘徊六合无相知，飘若浮云且西去。

裴十四是一位朝中高官，也是太白的干谒对象。太白称颂他有名士仪容，江海胸怀，未敢造次高攀，只希望得到大人青睐。他以珍贵的南金自喻，颇为自信，却求一顾而不得。于是感叹自己徘徊天地四方找不到知音，只好像天上之浮云暂且飘然西游。诗人对裴十四海口夸赞，多溢美之辞，但绵里藏针，美中寓刺，流露出一股干谒无成的不平之气。

西游途中，太白登览了太白山，在大自然的怀抱里寻找慰藉。

> 西上太白峰，夕阳穷登攀。太白与我语，为我开天关。愿乘泠风去，直出浮云间。举手可近月，前行若无山。一别武功去，何时复更还？

——《登太白峰》

太白峰，即太白山，秦岭主峰，在今陕西眉县南，与武功山相连，诗人对"武功太白，去天三百"早有所闻，这次顺道，自然要一览真容。太白山山高峰峻，果然名不虚传，诗人从早晨到傍晚爬了一整天，才登上太白峰。太白金星欢迎他的到来，为他打开通向天宫的门户。于是他幻想神游天界：乘着习习和风，飘然高举，穿过层层浮云，向着明月飞升。此刻他仿佛感觉举手可以近月，前行若无山峰阻挡。诗人的这种观感，固然是由于太白峰山势之高峻凌

四、长安追梦

空,更主要的是个人胸怀和情绪的一种宣泄。诗人在这里找到了知音,找到了通天之路,得到了一种精神上的宽慰。然而他并不甘心抛弃人世,一去而不复返。"一别武功去,何时复更还?"正当他飞离太白峰,神游太空月境时,回头望见武功山,转念一想:一旦离别人间美好山川,何时才能够返回来呢?一种留恋人世、难忘功业的思绪油然而生。这种欲去还留的复杂心态,反映了诗人这个时期内心的矛盾和苦闷。在这首诗中,"太白"是一个核心意象,既是山名,也是星名,又是诗人的字,这种三位一体的巧合,具有耐人寻味的意义。

诗人到了邠州州治所在地新平县(今陕西彬县),随即开始交游活动。

> 去国登兹楼,怀归伤暮秋。天长落日远,水净寒波流。秦云起岭树,胡雁飞沙洲。苍苍几万里,目极令人愁。
>
> ——《登新平楼》

诗人在暮秋时节离开国都长安,登临新平城楼,不禁产生一种万里怀归之情。离长安远了,离故乡更是万里之遥。举目远望,只见长天落日,水流寒波,长安为层层岭树所遮,沙洲上只有胡雁纷飞。极目万里,前景苍茫,不禁令人愁绪万端。诗人借景抒怀,人生失意之感与万里怀归之情都凝聚在暮秋的苍茫景色之中。

诗人前去拜访邠州长史李粲,称其为族兄。虽然李粲与李白本非近族,但李白前来投奔,且知其诗名已著,还是热情接待了他。李粲身为一州之佐,生活豪奢,日夜欢宴,满堂美人歌舞。诗人虽也享受免费的吃喝玩乐,但看不惯这种醉生梦死的官场生活。对于举荐的请托,他又以"无能为力"相推辞。诗人在《豳歌行上新平长史兄粲》一诗中,难免有些微词:

> 吾兄行乐穷瞳旭,满堂有美颜如玉。赵女长歌入彩云,燕姬醉舞娇红烛。狐裘兽炭酌流霞,壮士悲吟宁见嗟?前荣后枯

相翻覆，何惜余光及棣华？

诗歌描写李粲昼夜行乐，美人满堂，白天赵女长歌音响入云天，夜间燕姬醉舞红烛前，身穿狐裘，兽炭烤火，不停地喝着美酒，难道你对一个壮士的嗟叹悲吟没有一点怜惜之情？草木总是荣枯交替，盛衰无常，你何必吝惜一点余光给予兄弟？李粲读了这首诗，心里五味杂陈，想自己如此招待此人，他竟这样不识抬举，天天好吃好喝，还要嗟叹悲吟，说话绵里藏针，"前荣后枯相翻覆"，不是以草木盛衰无常，说我荣光的好日子不会长久吗？还让我分余光给你，休想了！于是他借故打发了李白。

诗人在邠州的交游确实并不顺，离开李粲以后，他生活陷入困顿，写下《赠新平少年》一诗，叙写自己的境遇：

韩信在淮阴，少年相欺凌。屈体若无骨，壮心有所凭。一遭龙颜君，啸咤从此兴。千金答漂母，万古共嗟称。而我竟何为，寒苦坐相仍。长风入短袂，内手如怀冰。故友不相恤，新交宁见矜？摧残槛中虎，羁绁韝上鹰。何时腾风云，搏击申所能？

诗人在新平身陷困境之中，想起了汉代韩信也是少年时被人侮辱，屈身忍辱实怀壮志，后来遇到汉高祖之后才大有作为，佐成王业。富贵之后，他以千金酬谢漂母，以报答给饭之恩，万古被人赞赏。而如今自己的处境不比韩信少时好多少，苦寒相续，缺衣少食，长风灌袖，手如怀冰。故友不给周济，新交哪里会加怜悯？在这样的处境下，诗人并不悲观，也不屈服，他把自己比作被摧残的笼中之虎、被束缚的套上之鹰，期盼有朝一日能在风云中腾飞，一展自己的才能，实现人生的抱负。

诗人到了坊州，受到当地王司马和阎正字的热情接待，使他愁容顿散，欢笑颜开。他热切希望得到王司马的举荐，给他一个展翅

四、长安追梦

高飞的机会:"主人苍生望,假我青云翼。风水如见资,投竿佐皇极。"(《酬坊州王司马与阎正字对雪见赠》)就是说,为了寻找辅君济世的道路,很希望得到两位朋友的援引。然而王司马、阎正字由于官职卑微,实在爱莫能助。他在坊州盘桓了几个月,毫无收获,到第二年春天,只得怏怏而别。

鲁连卖谈笑,岂是顾千金?陶朱虽相越,本有五湖心。余亦南阳子,时为《梁甫吟》。苍山容偃蹇,白日惜颓侵。愿一佐明主,功成还旧林。西来何所为?孤剑托知音。鸟爱碧山远,鱼游沧海深。呼鹰过上蔡,卖畚向嵩岑。他日闲相访,丘中有素琴。

——《留别王司马嵩》

诗人告别王司马时,再次陈情述志,表白自己的心愿:鲁仲连谈笑却秦军,并非为平原君的千金之赏。范蠡辅佐越王图强灭吴,早就怀有功成身退归隐江湖之心。我四处奔走求助,也不是为谋求个人的功名富贵。我目前就像躬耕南阳的诸葛亮,时时吟唱《梁甫吟》,虽苍山田野可以容困顿之人生息,但岁月匆匆,时不我待。我只希望辅佐明主治国安邦,功成之后再回归山林隐居。我此次孤单一人西来,就想求托于知音的帮助。如无知音可托则当如鸟飞远山,鱼游深海,如李斯未遇时呼鹰于上蔡,王猛困窘时卖畚于嵩山。诗人这一番苦心表白,自然也不会有什么效果,只有离开坊州,回终南山继续隐居待时。

我来南山阳,事事不异昔。却寻溪中水,还望岩下石。蔷薇缘东窗,女萝绕北壁。别来能几日,草木长数尺。且复命酒樽,独酌陶永夕。

——《春归终南山松龛旧隐》

太白于开元十九年(731)暮春时节回到了终南山,终南山还是依然如故。一路上,他寻看溪中的流水,眺望岩下的山石。回到住处，东窗的蔷薇、北墙的女萝都不异往日，只是草木又长了几尺。于是开始独酌自娱，准备陶醉通宵。在诗人看来，唯酒可以解忧愁。

太白在终南山天天无所事事，心中十分苦闷，于是又到长安城里活动。可是长安的上层社会对他总是关门闭户，无路进入。于是他与长安市井少年开始交往，结交了一些斗鸡徒、五陵豪。在当时的长安，这是一批春风得意的人物。由于唐玄宗喜好斗鸡之戏，擅长斗鸡者可以受到恩宠，于是社会上斗鸡成风，出现了一批以此为业的斗鸡徒，民间还流行着"生儿不用识文字，斗鸡走马胜读书"的歌谣。所谓五陵豪杰，是指一批集聚活动于五陵一带的豪门子弟，这些人或以擅长斗鸡取悦于贵戚，或以曾立军功获宠于朝廷，或供职于军中，或混迹于游侠，往往有恃无恐，横行街市，不可一世。太白从少年时代就开始习武行侠，企慕豪侠之士，因此和这班人初交的时候，只看表面现象，很欣赏他们的游侠作风和过人武艺。深入交往之后，才认清这班人的真面目，羞与他们为伍，结果便受到他们的欺凌。有一次，他们组成团伙，在北门对诗人进行围攻、折磨，他使出浑身解数，左突右冲，怎么也冲不出去，幸亏友人陆调前来相救，报告御史台紧急派人过来，才使他摆脱困境，免遭一难。这一次的教训，使太白终生难忘。他在一二十年后写的《叙旧赠江阳宰陆调》一诗中回忆了这一段往事：

我昔斗鸡徒，连延五陵豪。邀遮相组织，呵吓来煎熬。君开万人丛，鞍马皆辟易。告急清宪台，脱余北门厄。

诗人浪迹市井，在困顿中接触社会生活的方方面面，开始认识到开元盛世的某些阴影。唐玄宗后期，政治由开明转为腐败。他宠信高力士等宦官，使这些人凭借权势，穷奢极侈，在长安城里大肆占有高级住宅和园林，这些宦官和斗鸡徒恃宠横行，胡作非为，败

四、长安追梦

坏京城风气。李白目睹这些现象,深感愤懑不平。

　　大车扬飞尘,亭午暗阡陌。中贵多黄金,连云开甲宅。路逢斗鸡者,冠盖何辉赫。鼻息干虹蜺,行人皆怵惕。世无洗耳翁,谁知尧与跖?

　　　　　　　　　　　——《古风》其二十四

　　这首古风写诗人在长安街头所见的两个场景,勾画了两种得志者的嘴脸。一种是中贵人,也就是得势的宦官,他们的大车驰过,扬起满天飞尘,使正午的道路都昏暗不清,可见其显赫的声势。他们家藏黄金万两,占有丰厚的财富,广开甲宅,高耸连云,过着穷奢极侈的生活。另一种人是斗鸡者,也就是靠斗鸡而得到宠幸的人,他们恃宠骄纵,衣冠和车盖华贵显赫,光彩夺目,其气焰冲天,不可一世,令路上的行人避之犹恐不及。面对这种种场景,诗人不禁发出感慨:如今世上没有了像许由那样不慕荣利的高士,谁还能分得清圣贤与盗贼呢?世道不辨善恶,不分贤愚,不该得志者得志,该得志者却不得志。诗人对此大惑不解,深感不平。

　　诗人关切现实问题,更为自己的出路焦急。他到长安以来多方奔走呼号,摸爬滚打,但在人生道路上仍然看不到希望,找不到出路。

　　大道如青天,我独不得出。羞逐长安社中儿,赤鸡白狗赌梨栗。弹剑作歌奏苦声,曳裾王门不称情。淮阴市井笑韩信,汉朝公卿忌贾生。君不见昔时燕家重郭隗,拥篲折节无嫌猜。剧辛乐毅感恩分,输肝剖胆效英才。昭王白骨萦蔓草,谁人更扫黄金台?行路难,归去来。

　　　　　　　　　　　——《行路难三首》其二

　　诗人心怀匡君济世的梦想,以为生逢开元盛世,朝廷广开才路,自己以身许国,是可以大有作为的。他很自负也很自信。谁料来长安追梦以来,竟然处处碰壁,寸步难行。眼看别人一个个志得意满,飞黄腾达,唯独自己落得走投无路的境地,他大感不解,愤懑不平,于是在这首诗一开头即发出震天动地的呐喊:"大道如青天,我独不得出。"太白肯定开元盛世,大道像青天一样开阔无比,又抱怨唯独自己不得出行其上。诗人身处这种大道可以通天而自己无门可入的处境之中,内心有一种莫名的痛苦。接着,他一一历数自己到长安以来的遭遇,倾诉自己的甘苦。他说自己羞于和长安浮浪子弟为伍,干那些斗鸡走狗、游戏赌博的勾当,不想通过这种不光彩的手段邀宠求官。这方面他有过一段教训,使他有了清醒的认识,明确的是非。奔走权贵之门干谒求援的挫折与失败,更使他刻骨铭心。经历了困居玉真公主别馆、长安奔走求助和出游郊、坊,使他体会到了弹剑求援和寄人篱下的辛酸。诗人感到自己的遭遇就像当年韩信在淮阴受人嘲笑和贾谊在朝中遭人忌妒一样,一班势利小人看不起布衣,掌权的公卿又忌妒贤才。面对这种情况,诗人喊出了心中的不平,提出了自己的质疑,也有自己的思考。他依然怀有建功立业的渴望,因而深情称颂战国时期燕昭王求贤若渴、君臣互重的事迹,希望有"输肝剖胆效英才"的机缘。但是当今的现实令他失望,因而发出了燕昭王人死坟荒、黄金台无人打扫经营的悲叹,流露出对当代贤明君主的期盼。诗人感到在当今现实面前自己已经无能为力,长安无路可走,徒留无益,不如归去,于是在诗的结尾发出了"行路难,归去来"的长叹。这是太白在人生道路上第一次经历坎坷后发出的无奈叹息。这一声长叹,宣告了太白无忧无虑的青年时代的终结。

诗人这种"行路难,归去来"的思想情绪,在同时期所作的《蜀道难》中,有着更加淋漓尽致的发挥。

诗人送一位朋友从长安入蜀,写了一首赠别诗。

见说蚕丛路,崎岖不易行。山从人面起,云傍马头生。芳

四、长安追梦

树笼秦栈,春流绕蜀城。升沉应已定,不必问君平。

——《送友人入蜀》

这首诗诗人首先描写蜀道山逼人面、云傍马生的险峻景象,接着笔锋一转展示蜀地芳树笼罩秦栈、春水环绕蜀城的绮丽风光,在景致的迅速变化中,暗示友人入蜀求仕前途未卜,喜忧参半。然后告诉友人:个人的官爵地位,进退升沉都早有定局,不必再去询问善卜凶吉的严君平。诗人委婉地劝告友人不必沉迷于功名富贵,不妨顺其自然,以免自寻烦恼,这其中也吐露出自己的身世感慨。

写了这首赠别诗,诗人意犹未尽,心绪难平。阴铿《蜀道难》中的诗句"蜀道难如此,功名讵可要"一下触动了诗人的灵感,引发他的联想:自己这三年来在长安的经历,真真切切体验到追求功名确实像穿越蜀道一样,比登天还要艰难。于是,他浮想联翩,融合神话传说、现实情景和切身体会,洋洋洒洒写下了《蜀道难》一诗,尽情抒发几年来在追梦途中经受的酸甜苦辣。

噫吁嚱,危乎高哉!蜀道之难,难于上青天。蚕丛及鱼凫,开国何茫然。尔来四万八千岁,不与秦塞通人烟。西当太白有鸟道,可以横绝峨眉巅。地崩山摧壮士死,然后天梯石栈方钩连。上有六龙回日之高标,下有冲波逆折之回川。黄鹤之飞尚不得过,猿猱欲度愁攀援。青泥何盘盘,百步九折萦岩峦。扪参历井仰胁息,以手抚膺坐长叹。问君西游何时还?畏途巉岩不可攀。但见悲鸟号古木,雄飞雌从绕林间。又闻子规啼夜月,愁空山。蜀道之难,难于上青天,使人听此凋朱颜。连峰去天不盈尺,枯松倒挂倚绝壁。飞湍瀑流争喧豗,砯崖转石万壑雷。其险也若此,嗟尔远道之人胡为乎来哉?剑阁峥嵘而崔嵬,一夫当关,万夫莫开。所守或非亲,化为狼与豺。朝避猛虎,夕避长蛇。磨牙吮血,杀人如麻。锦城虽云乐,不如早还家。蜀道之难,难于上青天,侧身西望长咨嗟!

李白"此诗当是开元年间初入长安无成而归时,送友人寄意之作"(郁贤皓解读《李白集》,第84页)。作者描写蜀道的艰难没有采用模山范水的写法,具体地描绘山水的形貌、情状,而是着重抒写自己对蜀道高危奇险的主观感受,借惊心动魄的景物形象抒怀写意,突出主旨。诗的开头凌空起势,连用三个感叹词,将自己对蜀道险峻的惊奇感受强调出来,接着,用"危乎高哉"四个字,概括对蜀道的总体印象,用"难于上青天"这一极度夸张的比喻,形容蜀道难以攀登度越,为全诗定下了基调。接着,写蜀道开辟的艰难,通过对古蜀先王开国历史传说的追溯和五丁开山的神话传说的运用,有声有色地展现蜀道的诞生,使现实的蜀道带上了浓厚的传奇色彩。接着,具体描写秦蜀道路的难行,诗人按照由秦入蜀的路线,抓住沿途各处景色的特点,运用形容、夸张、比喻、赞叹等各种手法,极力渲染蜀道的高危奇险,层层递进地抒写世路艰难的感慨。"上有六龙回日之高标"以下八句,极写秦岭、青泥岭一带山高水险,道路曲折,难以度越。"问君西游何时还"以下六句,则从行人惊心动魄的感受描写进入蜀地之后道路的高峻难行。"蜀道之难,难于上青天,使人听此凋朱颜"三句,遥承篇首,开启对蜀道下一段峭峰飞瀑险恶情景的描写,并对西游者的安危表示关心。"剑阁峥嵘而崔嵬"以下至篇末,由剑门关的高峻奇险,引出形胜之地易于据险作乱的隐忧,从自然山水之险写到社会人事之险,发出"锦城虽云乐,不如早还家"的感叹。

太白在蜀中游览时到过剑阁,给他最深的印象是山势高险,路途艰难,出蜀后的数年奔波干谒,给他最深的人生体验是仕途艰辛,功名难成。诗人以自然印象抒写人生体验,以蜀道艰难借喻仕途坎坷,成就了《蜀道难》这么一首杰作。在诗中,他用笔的重点

四、长安追梦

都放在对蜀道奇难险峻的描绘渲染上：借神话传说渲染蜀道开辟的艰难，用鸟兽难以飞度形容蜀道山势的高险，用旅人愁苦惊惧来说明翻山越岭的艰辛，又用豺狼据险作乱来描述社会人事的险恶，隐喻盛世背后的危机。总而言之，在秦蜀道路上处处都是艰难险阻，令人望而生畏，举步维艰。在这样的环境氛围之中，诗人发出了"蜀道之难，难于上青天"的惊叹，重复再三，有力抒发了诗人求仕途中"行路难"的愤慨。"锦城虽云乐，不如早还家"，诗人又进一步通过自嗟自叹，吐露了"归去来"的无奈。

《蜀道难》是诗人长安追梦的遭遇及其心情的真实写照，是一首仕途失意的慷慨悲歌。

这首诗，诗人想落天外，挥洒自如，笔墨亦真亦幻，变化莫测，读来如海天风涛，大气磅礴，动人魂魄。他运用长短错综的诗句，极尽变化之能事，造成了纵横驰骤的气势，自由抒写自己热血沸腾的情怀，凸显自己豪放不羁的个性。这一首"奇之又奇"的作品，标示着诗人独树一帜的豪放飘逸的艺术风格，已经到了硕果飘香的成熟季节。诗人经过南北漫游，行踪遍及长江流域和黄河流域。"他将长江文化圈与黄河文化圈的南北文化，取长补短，相互融合，化为自己的血肉，既有南方文化的秀逸和浪漫，又有北方文化的浑厚和壮伟，才写出他那大气磅礴又奇纵飘逸的诗歌，成为盛唐诗歌最有代表性的诗人。"（葛景春《李白与唐代文化》，第83页）

五、漫漫求索

太白于开元十九年（731）初夏离开长安，从黄河泛舟而下，到大梁（今河南开封一带）和宋州（今河南商丘），在这一地区居住了一些日子，由于思想上一时苦闷无助，常常过着买醉遣愁的生活。

> 我浮黄河去京阙，挂席欲进波连山。天长水阔厌远涉，访古始及平台间。平台为客忧思多，对酒遂作《梁园歌》。却忆蓬池阮公咏，因吟渌水扬洪波。洪波浩荡迷旧国，路远西归安可得？人生达命岂暇愁？且饮美酒登高楼。平头奴子摇大扇，五月不热疑清秋。玉盘杨梅为君设，吴盐如花皎白雪。持盐把酒但饮之，莫学夷齐事高洁。昔人豪贵信陵君，今人耕种信陵坟。荒城虚照碧山月，古木尽入苍梧云。梁王宫阙今安在？枚马先归不相待。舞影歌声散渌池，空余汴水东流海。沉吟此事泪满衣，黄金买醉未能归。连呼五白行六博，分曹赌酒酣驰晖。歌且谣，意方远。东山高卧时起来，欲济苍生未应晚。
>
> ——《梁园吟》

这首《梁园吟》，诗人怀古慨今，抒写初入长安怀才不遇的感慨。他首先自述从长安抵达梁、宋的行踪：他离开长安，扬帆东

五、漫漫求索

下,黄河滔滔巨浪如群山连绵起伏。他原想挂云帆济苍海,又觉得天长水阔,路途太远,于是中途停下来访古探胜,便到了梁园、平台一带。梁园,即梁苑,是汉梁孝王刘武营造的离宫苑囿,为游赏与延宾之所,当时名士司马相如、枚乘、邹阳等均为座上客。故址在今河南开封东南。平台,相传为春秋时鲁襄公十七年宋皇国父所筑,汉梁孝王刘武在此建宫室,筑东苑,曾与名士司马相如、枚乘、邹阳等游此。故址在今河南商丘东北。诗人在叙写行程时,说"挂席欲进波连山""天长水阔厌远涉",明显融入了在求仕道路上风波险阻、途程遥远的感受。

诗人在梁园、平台一带游览名胜古迹,访古以排遣愁绪,抒发追求功名不得志的忧思。他首先想起晋代诗人阮籍当年在复杂的政治环境中饮酒放诞以保全自己,不禁吟起他的《咏怀》诗:"徘徊蓬池上,还顾望大梁。渌水扬洪波,旷野莽茫茫。……羁旅无俦匹,俯仰怀哀伤。"他嘴里吟诵"渌水扬洪波"的诗句,眼前便展现黄河的一片洪波巨浪,烟波迷茫,令人看不清长安在哪里?"路远西归安可得",一声慨叹道出了忧思纠结的根源:梁园离长安很远,再回京城求取功名已不可能。他心中念念不忘的还是有朝一日能够西归长安,实现梦想,可怎么能够达到目的呢?

太白登楼饮酒,面对梁园的荒凉景象,即景抒情,怀古慨今,情绪由低回忧思转为旷达豪纵:人生应该放达知命,尽可以登楼开怀饮酒,享受美酒佳果之美味,而不必像伯夷、叔齐那样苦守"高洁"。他甚至看破红尘,否定功名富贵:当年豪贵的信陵君,如今已经丘坟不保;梁孝王的华丽宫阙,如今只见荒城古木;昔日门下的宾客枚乘、司马相如也早已作古,不见踪影;平台雅集的轻歌曼舞,都烟消云散了,只剩下悠悠汴水,依然流向东海。功名无常,富贵难存,人生何必斤斤计较这些东西。

但是诗人内心的眷恋和痛苦,使他无法一味旷达:"沉吟此事泪满衣,黄金买醉未能归。"他一想起人生大事,就泪湿衣衫,如今功业无成,无颜回家,令人苦闷不堪,唯有狂歌痛饮、纵意博戏,方能稍得宣泄。在这种狂放不羁的行为中,我们窥见了诗人意欲入世建功而不得的极度痛苦。

诗人经历了一段离京去国的忧思、酣饮高楼的排遣、怀古慨今的抒愤和分曹赌酒的宣泄之后,终于清醒过来,振作起精神,唱出了昂扬奋发的强音:"歌且谣,意方远。东山高卧时起来,欲济苍生未应晚。"他没有因一时的挫折就消极悲观,而是将人生的道路看得很长远,坚信自己会像谢安一样,高卧东山,待时而起,实现济苍生、安社稷的宏愿,为时还不晚。他对自己的人生理想和从政才能有着高度自信,因而对未来的政治前途还是充满信心和期望。

由于太白离开安陆赴长安时曾大言放语"何王公大人之门,不可以弹长剑乎?"如今长安追梦一无所获,因此不好意思回安陆去。他离开宋州,先去中岳嵩山,遍游三十六峰,尽访嵩岳胜迹,然后应邀到元丹丘新修的别业颍阳山居,在那里住了一段时间。

> 仙游渡颍水,访隐同元君。忽遗苍生望,独与洪崖群。卜地初晦迹,兴言且成文。却顾北山断,前瞻南岭分。遥通汝海月,不隔嵩丘云。之子合逸趣,而我钦清芬。举迹倚松石,谈笑迷朝曛。终愿狎青鸟,拂衣栖江濆。
>
> ——《题元丹丘颍阳山居》

这首诗,诗人记叙了自己渡颍水、访元君的行迹和初到颍阳山居的感觉。他感到来此地以后,仿佛置身天外,一下子遗忘了"济苍生"的宏愿,与洪崖这样的仙人为伍了。他具体描述了颍阳山居的地理环境:回顾北山,前望南岭,遥通汝水,不隔嵩山。诗人觉得这样的环境符合元君的隐逸情趣,而自己则是重在钦慕元君的高洁德行。尽管两人一起游山玩水,倚松坐石,谈笑终日,不顾晨昏,生活非常愉快,自己还是另有打算。"终愿狎青鸟,拂衣栖江濆",说自己所好更在江湖,终愿与青鸟相戏,栖息于江海之滨。其实这是对元丹丘邀请他同隐嵩山的一种婉言谢绝,因为此时诗人还无心长期隐居,不能真正忘却济苍生的宏愿。这一点,后来在告别诗中说得更明白一些。

> 万事难并立,百年犹崇晨。别尔东南去,悠悠多悲辛。前志庶不易,远途期所遵。已矣归去来,白云飞天津。
> ——《颍阳别元丹丘之淮阳》(节录)

诗人告诉元丹丘,世间万事难于同时兼顾,人生百年如早晨一样短暂易逝。时不我待,当前我还是应该专心致志,追逐梦想。我这次别离你到东南一带去,前途漫长,肯定十分艰辛。我懂得实现夙志并不容易,但千里之途总要有所遵循。等了却夙愿,功成身退,就与你一起归隐游仙。

太白离开嵩山之后,并没有回家,而是经由汝海,到洛阳西南的龙门。

> 朝发汝海东,暮栖龙门中。水寒夕波急,木落秋山空。望极九霄迥,赏幽万壑通。目皓沙上月,心清松下风。玉斗横网户,银河耿花宫。
> ——《秋夜宿龙门香山寺奉寄王方城十七丈奉国莹上人从弟幼成令问》(节录)

太白于深秋时节到龙门,水寒波急,落叶纷纷,是一派萧瑟的景象。他夜宿香山寺,感到此地月华可以娱目,松风可以清心。龙门的山水形胜、十大寺院和丰富多彩的石刻艺术,对他都有很大的吸引力。他在这里一直滞留到隆冬。

> 醉来脱宝剑,旅憩高堂眠。中夜忽惊觉,起立明灯前。开

轩聊直望，晓雪河冰壮。哀哀歌《苦寒》，郁郁独惆怅。傅说板筑臣，李斯鹰犬人。欻起匡社稷，宁复长艰辛。而我胡为者？叹息龙门下。富贵未可期，殷忧向谁写？去去泪满襟，举声《梁甫吟》。青云当自致，何必求知音？

——《冬夜醉宿龙门觉起言志》

一个隆冬之夜，太白醉眠在龙门香山寺。半夜忽然惊醒过来，再也不能入睡。他索性起来，站立在明灯之前。推开窗子一望，晓雪覆盖大地，伊水变成了壮观的冰河。天寒地冻，吟唱《苦寒行》，更感到孤独无助而忧闷惆怅。他想起殷代傅说本是一个泥瓦匠，秦代李斯也本是一个牵犬臂鹰的猎人，都突然遇到明主，成为匡扶社稷的大臣，不至于长期艰辛跋涉寻求出路。而自己呢，虽心怀壮志，却进取无路，在龙门下叹息徘徊，一腔忧愤不知向谁倾诉。想到这里，不禁泪如雨下，放声唱起《梁甫吟》来。他一边自悲自叹，一边又自宽自励，振作起精神：要想平步青云，应当靠自己奋斗去实现，何必祈求知音援引？

《冬夜醉宿龙门觉起言志》这首诗所写的情景，就是太白《梁甫吟》的写作缘起。

长啸《梁甫吟》，何时见阳春？君不见朝歌屠叟辞棘津，八十西来钓渭滨。宁羞白发照清水，逢时壮气思经纶。广张三百六十钓，风期暗与文王亲。大贤虎变愚不测，当年颇似寻常人。君不见高阳酒徒起草中，长揖山东隆准公。入门不拜骋雄辩，两女辍洗来趋风。东下齐城七十二，指挥楚汉如旋蓬。狂客落魄尚如此，何况壮士当群雄。我欲攀龙见明主，雷公砰訇震天鼓，帝旁投壶多玉女。三时大笑开电光，倏烁晦冥起风雨。阊阖九门不可通，以额叩关阍者怒。白日不照吾精诚，杞国无事忧天倾。猰貐磨牙竞人肉，驺虞不折生草茎。手接飞猱

五、漫漫求索

搏雕虎，侧足焦原未言苦。智者可卷愚者豪，世人见我轻鸿毛。力排南山三壮士，齐相杀之费二桃。吴楚弄兵无剧孟，亚夫咍尔为徒劳。《梁甫吟》，声正悲。张公两龙剑，神物合有时。风云感会起屠钓，大人峴屼当安之。

——《梁甫吟》

诗人身处寒冬之夜，仰天长啸《梁甫吟》（相传为诸葛亮出山前所吟），昂首问天："何时见阳春？"声情激越，一抒怀才不遇的积愤。这"阳春"，既指自然界明媚的春天，也指自己仕途生涯的春天。太白所盼望的阳春，就是知遇明主，匡君济世，实现自己的抱负。诗人在激愤之余，想起两个历史人物，使他恍然大悟，看到了冬去春来、遇合明主的希望。一个是周代朝歌屠叟吕尚，年轻时长期埋没民间，五十岁在棘津当卖食小贩，七十岁在朝歌当宰牛屠夫，八十岁还垂钓于渭水之滨，钓了十年才遇周文王，得以伸展平生之志，从寻常之人一变而为治世之臣。另一个是高阳酒徒郦食其，起于草野之中，狂放不羁，初见刘邦时不被重视，凭着雄辩改变了刘邦的态度，启用后为刘邦出谋划策，后来游说齐王田广，率齐七十二城归于汉，成为楚汉相争中的风云人物。从这两个人物的命运中诗人得到了一个启示，有杰出才能的人在未遇时虽颇似寻常人而为愚者所不识，他们一旦逢时而施展经纶之才略，则如虎变而显荣于世，能够为国家建立不朽的事功。因此，壮士不必为暂时的落拓不遇而丧失自信，勉励自己只要奋发努力，安心待时，终有一天能够遇合明主，大展宏图。

诗人的自我宽慰，还是无法平息自身不遇的悲愤，他认为贤能之士无法接近君主，辅君济世，是因为君主身边小人的阻拦。当他想起初入长安的遭遇，想到张垍之流的妒贤行径，一阵痛苦的回忆使他如入梦幻：为了求见明主，依附飞龙来到天上，可是雷公用震耳欲聋的天鼓声来恐吓人，明主也只顾同一班女宠投壶作乐。天空一直电光闪烁，风雨交加，天宫的门户闭塞不通，他还是不顾一切以额叩关，冒死求见，不料竟触怒了天门的守卫者。这里诗人借助幻设的神话境界，以天国的遭遇反映自己在长安的挫折，倾诉了胸中的愤懑与不平。接着，诗人大呼"白日不照吾精诚"，直接抒发自己的忧虑和痛苦，抨击种种不合理现象：上天不体察自己对朝廷的一片精诚，人们还嘲笑我杞人忧天。权臣奸佞磨牙利齿残害人民，忠臣义士以仁爱之心治理天下。自己有接猱搏虎的才能，脚踩焦原也不会叹苦的心志，却无从施展。作为才智之士应该可舒可卷，不愿效仿愚人只逞一时之雄，因此世人就把我看得轻如鸿毛。如若贤能之士遭受迫害，或弃置不用，国家的前途令人忧虑：国家一旦遇上吴楚七国弄兵那样的危急局面，又怎能没有自己这种剧孟式的人才呢？

　　诗人不相信自己会长期沦落，无所作为，因此他最后从悲声歌唱中突然振起，唱出希望之歌："张公两龙剑，神物合有时。风云感会起屠钓，大人岘屼当安之。"他将自己比作神剑，坚信君臣遇合必当有时，自己也会像出身于屠钓的吕望一样，总能在时代的风云感会中得遇明君，施展才能，实现抱负。志存高远之士无须浮躁焦急，应该安守困境，等待时机到来。他就这样回答了开篇"何时见阳春"的设问。诗人这时期虽沉浸在失意的迷惘和痛苦之中，对现实政治怀有强烈的不满情绪，但尚能以自慰自解的方法，为自己鼓起重新上路的勇气，寄希望于未来，并没有放弃对理想的执着和对前途的自信。

　　随后太白就离开龙门到洛阳城，继续寻求出路。洛阳是大唐皇朝的东都，有着与长安相似的富丽与繁华，豪门权贵也很多。但是对太白来说，因为攀附无门，交游干谒也同样没有什么效果，唯一

五、漫漫求索

令他高兴的是结识了一位新朋友元演。元演大约是元丹丘的从兄弟辈,父亲为朝廷命官,家境富裕,为人慷慨。太白和他一见如故,情投意合,两人在洛阳过了一段快意生活。后来太白在《忆旧游寄谯郡元参军》一诗中曾这样回忆这一段生活:

> 忆昔洛阳董糟丘,为余天津桥南造酒楼。黄金白璧买歌笑,一醉累月轻王侯。海内贤豪青云客,就中与君心莫逆。回山转海不作难,倾情倒意无所惜。

太白与元演两人天天在洛阳酒楼痛饮欢歌,一醉累月,视王侯功名如同粪土,为朋友倾心竭力无所顾惜。生性的放诞和友谊的真诚,给诗人留下难忘的记忆。

白天的酒楼生活固然快意,但诗人晚上一个人在客舍中,还是感到有些孤清,难免勾起思乡之情。

> 谁家玉笛暗飞声,散入春风满洛城。此夜曲中闻折柳,何人不起故园情?
> ——《春夜洛城闻笛》

洛阳的春夜,夜阑人静,诗人披衣当户,尚未入眠。忽然间,不知谁家悠扬的笛声,从暗夜中传出,那笛声随着春风吹送,传向四面八方,很快弥漫了整个洛阳城。诗人侧耳细听,顿时感奋不已,因为那《折杨柳》乐曲所抒发的离情别绪,引发他的共鸣,勾起他思念故乡和亲人的感情。"何人不起故园情",好像是在说别人,说所有作客他乡的人,其实是推己及人,以一个反问句,突出诗人自己的思乡情绪难以自控,漫无涯际。

到开元二十年(732)冬天,诗人离开洛阳,途经南阳回到安陆去。在南阳(即邓州,今为河南省南阳市),遇见崔宗之,两人一见如故,一起度过了几天美好时光。他后来回忆说:"昔在南阳城,唯餐独山蕨。忆与崔宗之,白水弄素月。时过菊潭上,纵酒无休歇。"(《忆崔郎中宗之游南阳遗吾孔子琴抚之潸然感旧》)崔宗之当时有诗赠太白：

> 凉秋八九月，白露空园庭。耿耿意不畅，捎捎风叶声。思见雄俊士，共话今古情。李侯忽来仪，把袂苦不早。清论既抵掌，玄谈又绝倒。分明楚汉事，历历王霸道。担囊无俗物，访古千里余。袖有匕首剑，怀中茂陵书。双眸光照人，辞赋凌《子虚》。酌酒弦素琴，霜气正凝洁。平生心中事，今日为君说。我家有别业，寄在嵩之阳。明月出高岑，清溪澄素光。云散窗户静，风吹松桂香。子若同斯游，千载不相忘。
>
> ——崔宗之《赠李十二》

崔宗之初见李白，就有一种相见恨晚的感觉，此诗如实记录下太白给他的深刻印象：诗人双眼炯炯有神，不时发出照人的亮光；袖里揣一把匕首剑，怀中藏一本茂陵书；喜好清论玄谈，见解令人折服；谙熟楚汉历史，懂得王霸之道；写出辞赋堪比大家名作，喜爱一边开怀饮酒一边抚弦弹琴；访古探胜跋涉千里有余，浑身上下不带一点俗气。崔宗之的速写，为我们留下了一幅太白当年弥足珍贵的肖像。

太白在言谈中透露自己在追求功业途中很不如意，至今浪迹天涯，身无落脚之地，于是崔宗之就劝他到嵩山自家别业去隐居。对此，太白写了一首酬答诗《酬崔五郎中》：

> 朔云横高天，万里起秋色。壮士心飞扬，落日空叹息。长啸出原野，凛然寒风生。幸遭圣明时，功业犹未成。奈何怀良图，郁悒独愁坐。杖策寻英豪，立谈乃知我。崔公生民秀，缅邈青云姿。制作参造化，托讽含神祇。海岳尚可倾，吐诺终不移。是时霜飙寒，逸兴临华池。起舞拂长剑，四坐皆扬眉。因得穷欢情，赠我以新诗。又结汗漫期，九垓远相待。举身憩蓬

壶，濯足弄沧海。从此凌倒景，一去无时还。朝游明光宫，暮入阊阖关。但得长把袂，何必嵩丘山？

此诗一开篇，诗人即置身于一个悲壮的场景中：朔云横天，秋色万里。壮士心潮难平，面对落日空自长叹。而后长啸着奔向原野，带起一股冷凛的寒风。在这样的背景下，诗人向友人倾诉自己的心事：有幸身逢圣明天子在位的时代，却没有能成就一番功业。心怀美好的人生抱负，却没有找到实现的机遇，因此心情十分郁闷，经常独自坐着发愁。正在这时，崔宗之却"杖策寻英豪"前来找他，并且立谈即为知音，怎能不令他感激呢？接着，诗人盛赞崔宗之的人品才学，叙写两人拂剑起舞，尽其欢情的逸兴，并且相约入道游仙，飘然升天，作为人生的最终归宿。诗的最后，诗人婉言谢绝了崔宗之同隐嵩山的邀请，表明自己目前还不能归隐入道，而要入朝为官，辅君济世。来日方长，等到功成名就之后再去隐居也不为迟，何必现在就去嵩山！

经历几年的奔波浪游，使太白感到有些精疲力竭。回到安陆以后，他就和家人一起在白兆山桃花岩过起幽居生活。

> 云卧三十年，好闲复爱仙。蓬壶虽冥绝，鸾凤心悠然。归来桃花岩，得憩云窗眠。对岭人共语，饮潭猿相连。时升翠微上，邈若罗浮巅。两岑抱东壑，一嶂横西天。树杂日易隐，崖倾月难圆。芳草换野色，飞萝摇春烟。入远构石室，选幽开山田。独自林下意，杳无区中缘。永辞霜台客，千载方来旋。
>
> ——《安陆白兆山桃花岩寄刘侍御绾》

太白在白兆山桃花岩构筑石室，开辟山田，准备仙居，所以写信给在京城御史台做官的朋友刘绾，向他诉说自己的出世之想。他说自己云卧山林已经三十年，不但好闲适而且又爱仙道。蓬莱仙境虽然望尘莫及，乘鹤驾鸾的求仙生活也悠然自得。如今回到桃花岩，方得卧息云窗之间。他对自己所处的山林环境十分欣赏，描写得诗意盎然，美不胜收。因此他选择深远之处构筑石室，选择优胜之处开辟山田。他说从此只有林下隐居之心，而无尘世的俗缘。因此我要与你辞别，千年以后才能像丁零威那样化鹤归来。诗人说得轻轻松松，似乎飘飘欲仙，其实是遭受挫折之后内心极度痛苦的一种自我解脱和自我安慰。

诗人云卧山中，并没有像陶渊明那样种豆南山下，而是天天饮酒度日，有时找幽人对饮，经常是一个人独酌，借酒浇愁。

两人对酌山花开，一杯一杯复一杯。我醉欲眠卿且去，明朝有意抱琴来。

——《山中与幽人对酌》

三百六十日，日日醉如泥。虽为李白妇，何异太常妻？

——《赠内》

东风扇淑气，水木荣春晖。白日照绿草，落花散且飞。孤云还空山，众鸟各已归。彼物皆有托，吾生独无依。对此石上月，长醉歌芳菲。（其一）

我有紫霞想，缅怀沧洲间。且对一壶酒，澹然万事闲。横琴倚高松，把酒望远山。长空去鸟没，落日孤云还。但悲光景晚，宿昔成秋颜。（其二）

——《春日独酌二首》

这几首诗，勾画了太白的山中生活，也表露了他内心的一些真实想法。

《山中与幽人对酌》一首，显得比较洒脱。太白与山中志趣相投的友人对饮尽欢，一杯一杯复一杯，只求快意，不计后果，直至颓然醉倒。"我醉欲眠卿且去，明朝有意抱琴来"，诗人已醉得不拘礼节，说自己想睡觉了，打发友人先走，但不忘叫友人明日抱琴来，边弹琴边饮酒，将会更加畅快。"何以忘忧，唯有杜康"，诗人渴求欢聚畅饮，其醉翁之意还不是为了忘忧消愁。

《赠内》一首，好像是与其妻戏谑之词，说自己一年三百六十日天天醉如泥，这与当年周泽为太常时"三百五十九日斋，一日不斋醉如泥"相同。从中可见诗人天天喝得烂醉如泥的形态，其借酒浇愁愁更愁的心态也就不言而喻。

《春日独酌二首》，诗人处于较为清醒的状态，因此具体地写出了自己在山中的所思所想。

第一首诗，诗人春日独酌，感物伤怀：东风吹扬美好温和之气，水木花卉在春晖下欣欣向荣，白日照绿草，落花纷纷飞。傍晚则孤云还空山，众鸟归其所。"彼物皆有托，吾生独无依。"万物皆有所依托，唯独自己无所依靠，只能对月酌酒，长醉而歌，聊以自慰。诗人感到孤独无依，并非此时身边无亲无故，他需要的是明君的赏识重用，让自己辅君济世的理想有一个归宿。

第二首诗，诗人悲叹整天弹琴饮酒，光阴虚度无所作为：自己原有修炼升天之想，又欣羡隐居江湖生活。如今整天饮酒弹琴，怡情于飞鸟孤云之间，将世间万事完全抛却淡忘。"但悲光景晚，宿昔成秋颜"，诗人担心这样下去岁月蹉跎，容颜很快衰老，理想也就成为空想。这种时不我待的心情，使他难以平静，他感到不能再这样闲居下去了。

开元二十二年（734），朝廷初置十道采访使，荆州大都督府长史韩朝宗受命兼任山南道采访使，驻节襄阳。次年春，玄宗下诏要各地刺史推荐人才。太白听到这个消息，有些坐不住了。他久闻韩朝宗乐于识拔后进，士人争相投靠他，流传有"生不用封万户侯，但愿一识韩荆州"的口碑。襄阳离安陆又很近。于是太白立即决定出游襄阳，去拜谒韩朝宗，希望得到他的赏识和引荐。

> 昔为大堤客，曾上山公楼。开窗碧嶂满，拂镜沧江流。高冠佩雄剑，长揖韩荆州。
>
> ——《忆襄阳旧游赠马少府巨》（节录）

太白后来在此诗中忆述了到襄阳拜谒韩朝宗的情景：他头戴高冠，身佩长剑，向韩朝宗长揖不拜。何等气派！

当年三月初，太白到襄阳。在拜访韩朝宗之前，他怀着激动的心情写了一封陈情的书信。

> 白闻天下谈士相聚而言曰："生不用万户侯，但愿一识韩荆州。"何令人之景慕一至于此耶！岂不以有周公之风，躬吐握之事，使海内豪俊奔走而归之，一登龙门，则声誉十倍。所以龙盘凤逸之士，皆欲收名定价于君侯。愿君侯不以富贵而骄之，寒贱而忽之。则三千宾中有毛遂，使白得颖脱而出，即其人焉。
>
> 白陇西布衣，流落楚汉。十五好剑术，遍干诸侯；三十成文章，历抵卿相。虽长不满七尺，而心雄万夫。王公大人，许与气义。此畴曩心迹，安敢不尽于君侯哉？君侯制作侔神明，德行动天地，笔参造化，学究天人。幸愿开张心颜，不以长揖见拒。必若接之以高宴，纵之以清谈，请日试万言，倚马可待。今天下以君侯为文章之司命，人物之权衡，一经品题，便作佳士。而君侯何惜阶前盈尺之地，不使白扬眉吐气，激昂青云耶？
>
> 昔王子师为豫州，未下车即辟荀慈明，既下车又辟孔文举。山涛作冀州，甄拔三十余人，或为侍中尚书，先代所美。而君侯亦荐一严协律，入为秘书郎。中间崔宗之、房习祖、黎昕、许莹之徒，或以才名见知，或以清白见赏。白每观其衔恩抚躬，忠义奋发，以此感激，知君侯推赤心于诸贤腹中，所以

五、漫漫求索

不归他人而愿委身国士。倘急难有用，敢效微躯。

且人非尧舜，谁能尽善？白谟猷筹画，安能自矜？至于制作，积成卷轴，则欲尘秽视听，恐雕虫小技，不合大人。若赐观刍荛，请给纸墨，兼之书人。然后退扫闲轩，缮写呈上。庶青萍结绿，长价于薛、卞之门。幸惟下流，大开奖饰，惟君侯图之。

——《与韩荆州书》

太白此信向韩朝宗陈情自荐，殷切希望得到他的识拔与举荐。信一开始，诗人首先极力称颂韩朝宗奖掖后进的声望，希望他不要因富贵、贫贱而区别对待。这样，在众多的宾客中肯定有不少毛遂那样的贤士，而我李白就是那脱颖而出的毛遂。接下来，太白向韩朝宗正面介绍自己的传奇经历和非凡才学：我李白本是陇西布衣，流落楚汉一带。十五好剑术，三十成文章，曾四处拜谒地方长官和朝廷大臣。虽身高不满七尺，而心志比万夫都高。品行义气曾受到王公大人的称许。这些过往的心迹，怎么敢不向君侯倾诉？然后，歌颂韩朝宗的文学和德行超群绝伦，是掌握文章司命大权的人，希望他能心胸开阔地礼贤下士，不要因自己的长揖不恭而拒绝接见，如能设宴纵谈，则可以证明自己是个"日试万言，倚马可待"的人。希望掌握文章命运和品评人物优劣的韩朝宗能推荐自己，给自己一席之地，以便激昂奋发而直上青云。然后，他历数前代名人荐贤举能的事迹，世所称美；称赞韩朝宗也如古人，善于荐拔人才，使被荐之人感恩戴德，忠义奋发。表示自己也愿意投靠韩朝宗，敢效微躯。最后又说明自己不是圣人，不可能尽善尽美。说自己写的诗赋很多，想请韩朝宗过目，又怕不合适，故请求赐纸笔和书人，在静室中写新作呈上，价值如何，请善于识宝的韩朝宗品鉴，给以应有的奖掖。

太白这封求荐信，为了求人荐拔，对韩荆州的赞颂极为夸张，有吹捧奉承之意，自我推荐也极尽自我夸耀之能事，似乎没有把握好干谒的礼数分寸，而"作者冲动急切的性格，不顾一切的勇气，一蹴而就的决心，势在必得的抱负，所有这一切都纵横在尺幅之间"（张炜《也谈李白与杜甫》，第19页），诗人的自信心和豪迈不羁的狂士风采也就跃然纸上。

太白带着这封信，寻找机会去拜见韩朝宗。这一天，韩朝宗在襄阳城山公楼宴集当地人士，群贤毕至，宾客满堂。太白头戴高冠，腰佩长剑，昂首阔步走上前去，到韩朝宗面前，既没有跪，也没有拜，只是拱手弯腰深深一揖，就把书信呈了上去。太白这种只揖不拜、"平交王侯"（《冬夜于随州紫阳先生紫霞楼送烟子元演隐仙城山序》）的举动，引起四周一片惊讶的目光。韩朝宗接过信看了一下，感觉文辞有些刺眼，傲气甚为逼人，心里不大欣赏这种心高气傲的人，只请太白在席间坐下，就没有再理会他，直到宴集结束，扬长而去。韩朝宗的这种冷漠态度，等于给太白当头浇了一盆冷水。他怅然若失地坐在席位上，最后拿起酒杯将杯中酒一饮而尽，然后独自迎着傍晚的凉风走下山公楼，此刻他原先对韩朝宗的满怀希望都化成了泡影。

太白拜谒韩朝宗失意后，感叹"壮志恐蹉跎，功名若云浮"（《忆襄阳旧游赠马少府巨》），心情十分苦闷。于是他就在襄阳城里浪游狂饮，排遣愁闷。襄阳的名胜古迹、名人逸事很多，而此时最令太白触景生情的是西晋镇守襄阳的名宦山简和羊祜的事迹。山简镇守襄阳时，政声良好，只是喜欢饮酒，常到当地豪族家园游玩，饮酒必醉，称之为高阳池。当地儿童歌唱他："山公出何许，往至高阳池。日夕倒载归，酩酊无所知。复能骑骏马，倒着白接篱。"西晋名将羊祜镇守襄阳，对吴作战有功，平日常游岘山，饮酒吟诗，终日不倦。他曾对身边人感叹说：自古以来贤达胜士像我们这

五、漫漫求索

样登山远望的人很多,他们全都已经湮没无闻,使人悲伤。羊祜为政深得人心,他死后襄阳百姓在岘山建庙立碑纪念他,岁时节日都前往祭拜,见碑者无不流泪。后来继任者杜预因此将这庙碑命名为"堕泪碑"。太白行游襄阳,看到山公楼、堕泪碑,触物兴怀,借山简、羊祜事迹抒发自己的人生感慨,写下了《襄阳歌》:

> 落日欲没岘山西,倒着接䍦花下迷。襄阳小儿齐拍手,拦街争唱《白铜鞮》。傍人借问笑何事,笑杀山公醉似泥。鸬鹚杓,鹦鹉杯。百年三万六千日,一日须倾三百杯。遥看汉水鸭头绿,恰似葡萄初酦醅。此江若变作春酒,垒曲便筑糟丘台。千金骏马换小妾,笑坐雕鞍歌落梅。车旁侧挂一壶酒,凤笙龙管行相催。咸阳市中叹黄犬,何如月下倾金罍?君不见晋朝羊公一片石,龟头剥落生莓苔。泪亦不能为之堕,心亦不能为之哀。清风朗月不用一钱买,玉山自倒非人推。舒州杓,力士铛,李白与尔同死生。襄王云雨今安在?江水东流猿夜声。

这是一首太白醉酒歌。诗人首先描写襄阳历史上著名太守山简的醉态:时当日落岘山之西,太守大人头上倒戴着一顶白帽子,迷醉在花下不知路向,被襄阳儿童拦住拍手歌唱,引起满街喧笑。路上行人问儿童所笑何事,儿童回答:"笑杀山公醉似泥。"这好像是吟咏历史人物,其实是李白的自我写照,描写自己醉倒在襄阳街头的情景。接着诗人就直接抒写自己在醉意蒙眬中的所见所想:人活到百年也就三万六千日,每天都应当喝上三百杯。远看汉水鸭头一般碧绿色的江水,就好像是刚刚酿好的葡萄酒。如果这江水全都变成了春酒,那酒曲和酒糟就可以修筑一座糟丘台了。他洋洋得意自己骑骏马、歌《落梅》、奏凤笙的月下欢饮生活,以为历史上的王侯将相也莫能相比。秦相李斯一生辅始皇,成帝业,位三公,却不能功成身退,不是被秦二世杀掉了吗?这样的人生哪里赶得上月下饮酒来得浪漫？还有晋朝的羊祜镇守襄阳，很重视后世名。他死后，襄阳人在岘山立碑纪念他的功业。见碑的人往往流泪，名为"堕泪碑"。诗人高呼"君不见"，借此抒发人生感慨：当年为纪念羊公立的碑，碑刻已经剥落莓苔丛生，谁还记得他的功业为他哀悼落泪呢？人生功业不可能长存，只有清风朗月不用一钱买，可以尽情享用。陶然大醉之后身体像玉山一样颓然自倒，该是多么快意。"舒州杓，力士铛，李白与尔同死生。"他要永远与酒器为伴，终身以饮酒为乐。楚襄王与巫山神女幽会的传说亦属子虚乌有，一切的富贵尊荣、功名事业都会与时俱灭，只有滔滔江水带着猿声长流不息。

从表面上看，诗人是一个天真烂漫的醉汉，他高唱纵酒行乐，一醉方休，蔑视富贵，否定功名。而事实上，他的内心却是悲愤交加，痛苦不堪。他长安追梦，襄阳干谒，南来北往四处奔走，处处碰壁，意欲报国而无门可入，走投无路，焦急万分而又无可奈何，只好纵酒以自慰，狂放以自适。诚如有的学者所说："本诗之大醉实起于大悲。也正是这种潜在的悲愤使这首醉歌虽曰颓唐，却可见出沉厚，虽曰狂放，而不见轻浮。"（赵昌平《李白诗选评》，第77页）

太白离开襄阳前往江夏漫游。在江夏，与宋之悌不期而遇。宋之悌是初唐诗人宋之问的弟弟，由河东节度使贬官朱鸢（在今越南境内），途经江夏。太白十分同情宋之悌远谪边荒的遭遇，置酒赋诗为他送行。

> 楚水清若空，遥将碧海通。人分千里外，兴尽一杯中。谷鸟吟晴日，江猿啸晚风。平生不下泪，于此泣无穷。
>
> ——《江夏别宋之悌》

太白"此别宋之悌而甚言情之无已也。今我相别之地，楚水清空，远与碧海相通。人固分于千里之外，兴则尽于一杯之中。迁谷之鸟，遇晴日而催吟；江岸之猿，至晚风而哀啸：此时此景，有难为情者。平生于离别未曾下泪,于此则泣之无穷,而握手恋恋,何忍分哉!"(《李诗直解》卷五)诗人此时抒写自己涕泪纵横的伤别之痛,除了对友人贬谪天涯的悲悯和惜别之外,还融入了自己落拓不遇的身世之感。回想自己这些年来到处碰壁、壮志难酬的遭际,怎不令人泣涕!

太白这时期的心境,在《暮春江夏送张祖监丞之东都序》一文中表述得更为清楚:

> 吁咄哉,仆书室坐愁,亦已久矣。每思欲遐登蓬莱,极目四海,手弄白日,顶摩青穹,挥斥幽愤,不可得也。而金骨未变,玉颜已缁,何尝不扪松伤心,抚鹤叹息?误学书剑,薄游人间,紫微九重,碧山万里。有才无命,甘于后时。刘表不用于祢衡,暂来江夏;贺循喜逢于张翰,且乐船中。

> 达人张侯,大雅君子。统泛舟之役,在清川之湄。谈玄赋诗,连兴数月,醉尽花柳,赏穷江山。王命有程,告以行迈,烟景晚色,惨为愁容。系飞帆于半天,泛渌水于遥海。欲去不忍,更开芳樽。乐虽寰中,趣逸半天。平生酣畅,未若此筵。至于清谈浩歌,雄笔丽藻,笑饮醁酒,醉挥素琴,余实不愧于古人也。

> 扬袂远别,何时归来?想洛阳之秋风,将脍鱼以相待。诗可赠远,无乃阙乎!

在江夏,太白遇到张祖。张祖时任监丞,押运粮船路过江夏,碰到仰慕已久的太白,十分高兴。两人在江夏度过一段诗酒游乐的生活,谈玄赋诗,情投意合。无奈张祖公务在身,必须继续押粮远行。临别时,太白写序文为他送行。这篇序文,诗人敞开心扉,向友人倾诉自己有才无命、报国无门的苦闷与不平。

序文以强烈的咏叹开篇,说自己愁坐书房,一筹莫展已经很久了。每每想抽空登临蓬莱仙岛，放眼四海，手弄白日，头顶青天，逍遥遨游，借以排遣郁结于心中的怨愤，总是无法办到。求仙未成，而红颜已逝，为此常常扪松伤心，抚鹤叹息。习文学武都无从施展，只好漫游人间。天子宫阙，遥隔万里关山，难以企及。虽有才学而命运不济，只有甘落人后。恃才气傲的祢衡不为荆州太守刘表所用，只好暂时来到江夏；贺循赴命入洛途中遇到闲游的张翰，姑且在船上诗酒游乐。

诗人这一席肺腑之言，倾诉了自己"仙宫两无从，人间久摧藏"（《留别曹南群官之江南》）的坎坷际遇，抒发有才无命、报国无门的一腔悲愤。他第一次披露自己热衷求仙访道是为了"挥斥幽愤"，也就是说借助求仙访道排遣埋藏于内心深处的怨愤。他以三国时的狂士祢衡自比，而以气量狭小的荆州太守刘表借指韩朝宗，毫不掩饰对韩朝宗的不满与失望。

序文的后半部分回顾两人相聚江夏的快意生活，抒写了难分难舍的离情别绪。他声称自己谈吐、诗文、饮酒、弹琴，都不愧于古人，显示了诗人对自己才学的自信和恃才傲物的气概。

开元二十三年（735），太白应元演邀请，北游太原。关于北游太原的情况，他在天宝年间所作《忆旧游寄谯郡元参军》中有具体的忆述：

君家严君勇貔虎，作尹并州遏戎虏。五月相呼渡太行，摧轮不道羊肠苦。行来北京岁月深，感君贵义轻黄金。琼杯绮食青玉案，使我醉饱无归心。时时出向城西曲，晋祠流水如碧玉。浮舟弄水箫鼓鸣，微波龙鳞莎草绿。

太白与元演自去年在洛阳相识以后，成了莫逆之交。如今元演的父亲迁任太原府尹，负责北方的边防。元演邀请他同游太原，他感到也许可以得到元演父亲的帮助，不妨去碰碰运气。他于五月间北上，不顾旅途艰辛，越过太行山赴太原。太原是李唐王朝龙兴之地，时称北都（北京）。在这里，太白受到了太原府尹的盛情款待，天天与元演一起吃喝玩乐，尽情享受。他们访游晋祠，在清澈如碧玉的晋水泛舟弄水，箫鼓齐鸣，十分快意。

太白在太原期间，还结交了一些新朋友。

　　河东郭有道，于世若浮云。盛德无我位，清光独映君。耻将鸡并食，长与凤为群。一击九千仞，相期凌紫氛。

——《赠郭季鹰》

太白这首写给太原新交的一位友人的赠诗，以东汉太原人郭有道（郭泰）借喻郭季鹰，称赞他视功名如浮云，身处盛世而没有入仕，他耻与鸡鹜争食，愿与凤凰为群。诗人以凤凰奋翅凌空，翱翔于九千仞之上，勉励友人，也勉励自己，相期一起展翅高飞。可见诗人依然执着于鹏程之志。

太白在太原悠游度日，由夏入秋，北方早秋的肃杀之气，不禁使他产生思归之情。

　　岁落众芳歇，时当大火流。霜威出塞早，云色渡河秋。梦绕边城月，心怀故国楼。思归若汾水，无日不悠悠。

——《太原早秋》

诗人感秋而怀归：正当炎暑消退、群芳凋谢的时候，太原已经进入大火星西流的秋天。严霜之威，出塞独早，寒云之气，渡河成秋。梦绕边城，而心飞故里。思归之情若汾河之水，无日不悠悠而南流。诗人久游思归之情，跃然纸上。

太白并没有马上回安陆。他在元演的陪同下北游雁门关，造访五台山，直到第二年春天才回到东都洛阳，与峨眉山访道回来的元丹丘相逢。后在《闻元丹丘于城北山营石门幽居》一诗中曾言及："仆在雁门关，君为峨眉客。心悬万里外，影滞两乡隔。长剑复归来，相逢洛阳陌。"可见太白游览晋中足迹曾经到达雁门紫塞。也有学者认为："李白的年代，雁门关当指雁门郡的勾注山。"（林东海著《李白游踪考察记》，第 624 页）

近几年，洛阳的气氛如同长安，因为玄宗皇帝从开元二十二年（734）以来连续三年住在洛阳，唐朝的政治中心也随之移到了洛阳。玄宗不但在洛阳处理朝政事务，而且还进行了一些有影响的活动。他在洛阳亲耕籍田，大赦天下。下令三百里以内刺史、县令，率所属乐队至洛阳竞演。又命京师五品以上官员及地方刺史向朝廷荐举天下士人中有王霸、天人之才，以及能胜任将帅牧宰者一人。这些活动，都给太白以美好的印象，使他感受到盛世的清明。他在明堂前看到朝廷大臣上朝下朝的情景，写下了自己的观感。

> 天津三月时，千门桃与李。朝为断肠花，暮逐东流水。前水复后水，古今相续流。新人非旧人，年年桥上游。鸡鸣海色动，谒帝罗公侯。月落西上阳，余晖半城楼。衣冠照云日，朝下散皇州。鞍马如飞龙，黄金络马头。行人皆辟易，志气横嵩丘。入门上高堂，列鼎错珍羞。香风引赵舞，清管随齐讴。七十紫鸳鸯，双双戏庭幽。行乐争昼夜，自言度千秋。功成身不退，自古多愆尤。黄犬空叹息，绿珠成衅仇。何如鸱夷子，散发棹扁舟？
>
> ——《古风》其十八

诗人站在洛水天津桥上，观看两岸桃李盈门，其花艳丽动人。然而花虽好而不能耐久，朝荣夕落，随水东流而去。由此感叹流水古今相续，而天津桥上往来行人今日之人已非昔日之人。诗人即景感兴，引入描写朝廷大臣上朝下朝的情景：鸡鸣天晓之时，公侯大臣们就趋朝谒帝，罗列于朝堂之上。直到月照上阳宫，文武衣冠才罢朝而回，一路上马若飞龙，行人都为之退避，个个趾高气扬，骄

五、漫漫求索

横得意。这些权贵们回到家中,就过起奢侈行乐的生活:吃的是山珍海味,玩的是赵舞齐讴,香风阵阵,管乐清奏,就像许多鸳鸯在幽庭戏游。他们自以为这种昼夜行乐的生活可以千年享受。面对这种情景,诗人对这些沉迷于荣华富贵而不知足的权贵们,发出了"功成身不退,自古多愆尤"的箴言。他认为富贵不可能永存,不懂得功成身退的道理,难免会像历史上的李斯、石崇一样招致罪祸降临。这中间包含着诗人对历史经验教训的一种体认。

明堂的雄伟建筑,更使诗人难忘。明堂是帝王宣明政教、举行大典的地方。它坐落在洛阳城的制高点,是一座高近三百尺的壮伟宫殿,也是洛阳最高的建筑物。它始建于高宗武后朝,到中宗时才建成。玄宗登基后,改名乾元殿,开元十年(722),又复为明堂。太白心里想:这倒是个好题目,何不写一篇《明堂赋》献给皇上?于是,他回到住所,经过一番思考之后,就濡墨挥毫写了一篇《明堂赋》:首先陈述明堂的建造始末和雄伟体制,然后铺写天子登明堂享祀、布政的作用,歌颂玄宗励精图治的精神和治理天下的功绩,提出使天下大治、皇权永固的"匡君"之道,以求得到玄宗的赏识。

而圣主犹夕惕若厉,惧人未安。乃目极于天,耳下于泉。飞聪驰明,无远不察。考鬼神之奥,推阴阳之荒。下明诏,班旧章。振穷乏,散敖仓。毁玉沉珠,卑宫颓墙。使山泽无间,往来相望。帝躬乎天田,后亲于郊桑。弃末反本,人和时康。建翠华兮萋萋,鸣玉銮之铁铁。游乎升平之圃,憩乎穆清之堂。天欣欣兮瑞穰穰,巡陵于鹑首之野,讲武于骊山之旁。封岱宗兮祀后土,掩栗陆而苞陶唐。遂邀崆峒之上,汾水之阳。吸沆瀣之精英,黜滋味之馨香。贵理国其若梦,几华胥之故乡。于是元元澹然,不知所在。若群云从龙,众水奔海。此真所谓我大君登明堂之政化也。

"以上为赋的十一段，歌颂开元天子忧虑民众之未安，日夜勤勉治政；散仓救贫，毁玉沉珠；弃末反本，人和时康；巡陵讲武，封禅问道；使民众晏安，群臣拥戴，此正是登明堂宣政化的结果。"（郁贤皓校注《李太白全集校注》，第3466页）赋中所称颂之事，均是唐玄宗登基以后所做所为。据《资治通鉴·唐纪》和《旧唐书·玄宗本纪》记载，其事迹历历可考。"就赋中所叙考之：'帝躬乎天田，后亲于郊桑'，当指本年（开元二十三年）帝亲耕籍田而言。'封岱宗兮祀后土，掩栗陆而苞陶唐。遨游乎崆峒之上，汾水之阳（缪本作遂邀崆峒之礼汾水之阳）。'玄宗封泰山在开元十三年，又《通鉴》开元二十年：'冬十月辛丑至北都，十一月庚申祀后土于汾阴。'与赋意亦差合。可见此赋必为白游东都目睹明堂以后所作。"（詹锳编著《李白诗文系年》，第15页）

  敢扬国美，遂作辞曰：穹崇明堂，倚天开兮。龙楗鸿濛，构瑰材兮。偃蹇块莽，邀崔嵬兮。周流辟雍，岌灵台兮。赫弈日，喷风雷。宗祀肸蚃，王化弘恢。镇八荒，通九垓。四门启兮万国来。考休征兮进贤才。俨若皇居而作固，穷千祀兮悠哉！

以上是赋的最后一段，用骚体诗概括明堂建筑的高大雄伟及其重要作用。"四门启兮万国来，考休征兮进贤才"，实际上是歌颂开元盛世的盛唐气象，寄托着诗人期望朝廷门户开放，贤才广进的政治理想。

诗人在赋的开头说："臣白美颂，恭惟述焉。"他把恭恭敬敬写成的赞美颂歌献给玄宗，期望得到玄宗的赏识、召见，献赋谋仕的意图十分明显。

"再说玄宗，看了李白的《明堂赋》心中很是喜欢，便找驸马都尉张垍商量。张垍对玄宗说，此赋歌颂的是武后娘娘和中宗皇帝的建明堂之功,与圣上何关?而今圣上还曾一度废了名堂,这李白写此赋是什么意思?是赞陛下呢,还是讽刺陛下呢?玄宗犹豫不决,于是就将这篇《明堂赋》搁下了,不再提起。"(葛景春著《李白传》,第117页)

诗人献赋之后,如石沉大海,音讯全无,东都献赋宣告失败,满腔的希望又化为泡影。他在洛阳依然无路可进,因而深为个人仕途出路而感慨。

> 碧荷生幽泉,朝日艳且鲜。秋花冒绿水,密叶罗青烟。秀色空绝世,馨香谁为传?坐看飞霜满,凋此红芳年。结根未得所,愿托华池边。
>
> ——《古风》其二十六

诗人以山野荷花自比,托物抒怀:碧荷生于幽泉之中,向阳开放,鲜艳无比,花冒绿水,叶罗青烟。然而空有秀色馨香而不为人所知,徒然被秋霜打得零落。那是因为生长之地不得其所,只有托身于华池,临近于都市繁华之地,往来者众多,香色方能为人称赏,得以传闻于世。诗人实际上是说自己虽有绝世的才德,只是无人知道而不能用世,徒然虚度年华而浪费青春。"馨香谁为传?"道出了他内心的苦闷。他多么希望依托知音的帮助,致身于朝廷,实现匡君济世的抱负。

在洛阳无所作为,太白告别元丹丘,就离开洛阳动身回安陆去了。元丹丘则回嵩山隐居。

太白回家住了没几个月,又收到元丹丘和岑勋的邀请,盛情难却,不远千里赶到嵩山。

> 黄鹤东南来,寄书写心曲。倚松开其缄,忆我肠断续。不以千里遥,命驾来相招。中逢元丹丘,登岭宴碧霄。对酒忽思我,长啸临清飙。蹇余未相知,茫茫绿云垂。俄然素书及,解

此长渴饥。策马望山月，途穷造阶墀。喜兹一会面，若睹琼树枝。忆君我远来，我欢方速至。开颜酌美酒，乐极忽成醉。我情既不浅，君意方亦深。相知两相得，一顾轻千金。且向山客笑，与君论素心。

——《酬岑勋见寻就元丹丘对酒相待以诗见招》

这首诗详细记叙了这次嵩山聚会的因由始末。原来岑勋仰慕太白，千里寻访以求一睹诗人风采。岑勋寻到嵩山，遇见元丹丘。两人在宴饮之间想念太白，就写了一首诗，以诗代书邀请太白来嵩山聚会。太白见诗后，感念他们的一片真诚，立即策马扬鞭，登山涉水，披星戴月赶往嵩山相聚。人生难得相知，这次聚会大家都很兴奋，开怀畅饮，乐极成醉。在酒酣兴发之时，太白写下了著名的《将进酒》一诗：

君不见黄河之水天上来，奔流到海不复回！君不见高堂明镜悲白发，朝如青丝暮成雪！人生得意须尽欢，莫使金樽空对月。天生我材必有用，千金散尽还复来。烹羊宰牛且为乐，会须一饮三百杯。岑夫子，丹丘生，将进酒，杯莫停。与君歌一曲，请君为我倾耳听。钟鼓馔玉不足贵，但愿长醉不用醒。古来圣贤皆寂寞，惟有饮者留其名。陈王昔时宴平乐，斗酒十千恣欢谑。主人何为言少钱，径须沽取对君酌。五花马，千金裘，呼儿将出换美酒，与尔同销万古愁！

这是诗人在酒酣耳热之际即兴写下的一首劝酒歌，既劝朋友，更劝自己。诗人举杯劝酒，话语滔滔不绝，对朋友倾诉衷肠，抒发郁积于心中的人生感慨。他们置酒高会的场所是在元丹丘的颍阳山居，其地背靠马岭，连峰嵩丘，可以遥望黄河。因此诗人劝酒的话题以黄河起兴：你没有看见黄河之水从天际滚滚而来，奔流到海一去永不返回；你没有看见人们在高堂明镜前悲叹白发骤生，早晨还是青丝,到傍晚就变成霜雪。年华易逝,光阴不再!人生在得意之时应该尽情欢乐,切莫让金杯空对天上明月。天生我才必有用武之地,千金散尽到时候还会再来。我们应该有这点自信!烹羊宰牛以饱口福,姑且尽情欢乐,今日相逢应该痛饮三百杯,喝个淋漓痛快,一醉方休。诗人这一席高谈阔论,说得很豪放,很旷达,其实内心充满酸楚。他由黄河奔流入海不复回,想到生命流逝之快,而自己从辞亲远游以来,遍干诸侯,历抵卿相,到处求助,历经数年,却一无所得。年华易逝,功业无成,心焦如焚,又一筹莫展。诗人不叹愁苦,只言饮酒,用豪言放语劝人纵酒行乐。从这一席豪言放语中,我们可以看到诗人的隐痛和不平,也可以看到诗人的自信和不屈。他没有屈服于挫折与失败,"天生我材必有用,千金散尽还复来",他以斩钉截铁的语气宣言人生的价值和自我的信念,坚信自己的才能必定能得到施展,有用于世,也坚信大唐时代必定能为自己才能的发挥提供机会,一展抱负。

　　唐人酒席上常常吟诗放歌。饮酒达到高潮时,诗人开始放歌,以歌劝酒抒怀:钟鸣鼎食的权贵显宦不足为贵,自己只希望永远沉醉不再清醒。自古以来圣哲贤能无不怀才不遇,孤独寂寞,只有饮酒高士才能留下清名。诗人以为与其学圣贤而寂寞,不如效饮者留名,表面看来好像是看破红尘,提倡醉生梦死,其实是企图用醉酒摆脱清醒时人生的苦闷,用激愤之语表达对埋没人才的黑暗现实的不满。

　　接着,诗人更发豪兴,呼酒销愁,吐露真情:陈思王曹植当年怀才不遇,在平乐观大宴宾客,一斗美酒价值十千,还不是纵情寻欢作乐。主人啊,你不必说什么没钱买酒了,把那值钱的五花马、千金裘,统统叫僮儿拿出来去换美酒,让我们畅快痛饮,一醉方休,消解心中这万古长愁!诗人直到最后才点出不惜一切追求一醉的目的,是为了"与尔同销万古愁"。愁绪深长,万古同悲,似乎唯有一醉千秋方能销愁解愤。

诗人酒后的这一篇狂放之词,表面上看是在抒发人生悲苦,鼓吹纵酒行乐,其实这种悲苦和纵酒,是缘于诗人对现实的执着关注和对理想的热切追求,缘于他自身思想上无法解决的矛盾:"既不愿同流合污,又不愿独善一身,于是只好在及时行乐中追求精神上的暂时解脱。"(裴斐《李白十论》,第108页)他口头上叨叨"但愿长醉不用醒"之类的话,其实都是济世理想无法实现时发出的激愤之词。正因为如此,虽狂放不羁但并不颓废,作者在狂放之中豪气仍在,傲骨犹存,人生自信并未泯灭,诗人的傲岸人格和潇洒风神依然动人心弦。也正因为如此,这首诗才能传诵千古。

开元二十五年(737),太白在安陆闲居了一年。

开元二十六年(738),太白已三十八岁,他因感到年近四十而功业无成,又外出漫游,广事干谒,行迹遍及河南、江淮、吴越、两湖等地,自称"孤蓬万里征",时间长达两年左右。

太白到宋城,得到宋城县令王某的热情款待,但求助王某举荐时,王某却以当今朝廷方重边功为由,表示爱莫能助。离开宋城之后,太白在《淮阴书怀寄王宋城》一诗中,给予响亮回应:"予为楚壮士,不是鲁诸生。"意思是说,我是韩信之才,不是无用之儒生。诗人自负之情,溢于言表。

诗人到江淮时,在当涂夜泊牛渚,由牛渚秋夜景色联想起往古的一段佳话,颇有感慨,写下《夜泊牛渚怀古》一诗:

牛渚西江夜,青天无片云。登舟望秋月,空忆谢将军。余亦能高咏,斯人不可闻。明朝挂帆席,枫叶落纷纷。

牛渚,即牛渚矶,又名采石矶,在今安徽马鞍山采石镇西边翠螺山的西南部,矶头高约五十米,风景绮丽,是有名的古渡口。此诗宋蜀本题下注云:"此地即谢尚闻袁宏咏史处。"据《世说新语·文学》《晋书·文苑传》记载,东晋时袁宏少时孤贫,以运租为业。镇西将军谢尚镇守牛渚,秋夜乘月泛江游览,听到袁宏在运租船上讽诵其自作的《咏史诗》,大为赞赏。于是邀袁宏过船谈论,直到天明。袁宏得到谢尚的赞誉,从此声名大著,后为一代文宗。太白的怀古之情,就是针对此事而发的。从南京以西到江西境内的长江,古代称西江。诗人开门见山,说自己夜晚置身于西江牛渚矶,碧海青天,万里无云。他登上小舟,仰望秋月,此地此景,让他自然而然想起当年袁宏遇谢尚将军而得其知赏的故事。但是袁宏那样的机遇现在没有了,想念谢将军也是空想啊!殷切求之而不可得的现实,让他情不自禁地发出世无知音的深沉慨叹:我也像袁宏那样能够高歌赋诗,却遇不到谢尚那样善于识才的伯乐!他想到明晨张帆行船离开这里,只有枫叶在秋风中纷纷飘落,前景茫茫,倍感凄凉。

太白到巴陵时,遇到诗人王昌龄(排行第一,故称"大"),两人携手言怀,相互倾诉衷肠。王昌龄得悉太白走投无路的近况后,劝他一同到石门山隐居。太白不受其劝,作一赠诗表明自己的所思所想,婉言谢绝了王昌龄的邀请。

一身竟无托,远与孤蓬征。千里失所依,复将落叶并。中途偶良朋,问我将何行。欲献济时策,此心谁见明?君王制六合,海塞无交兵。壮士伏草间,沉忧乱纵横。飘飘不得意,昨发南都城。紫燕枥上嘶,青萍匣中鸣。投躯寄天下,长啸寻豪英。耻学琅邪人,龙蟠事躬耕。富贵吾自取,建功及春荣。我愿执尔手,尔方达我情。相知同一己,岂唯弟与兄?抱子弄白云,琴歌发清声。临别意难尽,各希存令名。

——《邺中赠王大劝入高凤石门山幽居》

诗人坦诚告诉王昌龄:自己无依无靠,如同蓬草、落叶随风千里飘飞。半道上遇到你这样的好友,关心地问我将要做什么。我一心想给朝廷贡献治国济时之策,可有谁懂得我的良苦用心?如今君王一统天下,边塞平安无事。然而有识志士久沦草野,心怀深忧,如同骏马枥上嘶,宝剑匣中鸣,有志难伸。我昨天刚从南都出发,打算遨游天下,寻找知己豪英,急切想委身天下大事,不甘于诸葛亮那样躬耕陇亩。功名富贵要靠自己争取,建功立业要趁青春年华。最后,诗人与王大执手叙友情,勉励各自努力追求自己的理想,留取美名于人间。

太白此次万里远行,意欲干谒求荐,向朝廷建言,以遂建功报国之心愿,在这首诗中说得清清楚楚。诗人出仕报国的迫切心情和积极进取的主动精神,也就生动地呈现在我们面前。

开元二十八年(740)春,太白回到安陆。他想念老朋友孟浩然,专门跑到襄阳鹿门山去看望他,两人同游春山,临别时写下《赠孟浩然》一诗:

> 吾爱孟夫子,风流天下闻。红颜弃轩冕,白首卧松云。醉月频中圣,迷花不事君。高山安可仰?徒此揖清芬。

孟浩然以隐逸养性为志,风流自持,高洁不俗,赢得了世人赞誉,美名传播天下。太白赠诗一开始就直接表达了对孟浩然的敬仰与爱慕之情。孟浩然从青少年时代就放弃了仕进爵禄,至白发暮年仍隐居山林,沉醉于月下,迷恋于花前,素志不移,把世俗荣利置之度外,因而终身没有事君得失的烦恼。这一点令太白非常敬佩。"高山安可仰?徒此揖清芬",太白对孟浩然的高尚德行揖拜不已,致以崇高的敬意,但又感到高山仰止,可望而不可即。他肃然仰望高山,但在巍然屹立的高山面前只能感叹,无法企及。他也向往隐逸仙居,但仍执着于自己功成身退的夙志。他要在自己设定的人生道路上继续艰难地求索前行。

五、漫漫求索

　　太白在长安追梦和漫漫求索的历程中，走投无路，慷慨悲歌，写下《蜀道难》《行路难》《梁甫吟》《将进酒》等著名诗篇，将乐府古题的意蕴发挥到淋漓尽致、无以复加的境地。这些作品以明快的节奏、参差的句式、跳跃的韵律、虚实变幻的手法，抒发汹涌奔腾的感情，呈现出自成一体的独特风貌，为七言歌行的创作开拓了新境界。"李白歌行在继承的基础上融合众体之长，开创出具有盛唐气象的独特的体式，正是一个开时代新风的伟大诗人的创造。"（韩作荣著《天生我才李白传》，第195页）

六、东鲁寻路

开元二十八年（740）五月，太白移家东鲁。因为许员外和许氏夫人已经相继去世，太白在安陆已经无可依靠，自己又没有产业，家庭经济陷入困境："归来无产业，生事如转蓬。一朝乌裘敝，百镒黄金空。弹剑徒激昂，出门悲路穷。"（《赠从兄襄阳少府皓》）既无产业又无钱财，一家人生活难以为继，他必须另谋出路。于是他带着女儿平阳和儿子明月奴（后名伯禽）前往东鲁去依靠亲友，寻找出路。东鲁是指初唐时由鲁郡改置的兖州。兖州管辖瑕丘、金乡、鱼台、邹县、龚丘、乾封、莱芜、曲阜、泗水、任城、中都十一个县，治城在瑕丘，即今山东济宁市兖州区。太白有亲友在兖州和任城任职。

  五月梅始黄，蚕凋桑柘空。鲁人重织作，机杼鸣帘栊。顾余不及仕，学剑来山东。举鞭访前途，获笑汶上翁。下愚忽壮士，未足论穷通。我以一箭书，能取聊城功。终然不受赏，羞与时人同。西归去直道，落日昏阴虹。此去尔勿言，甘心如转蓬。

——《五月东鲁行答汶上翁》

山东是出产"齐纨鲁缟"一类丝织品的地方。太白五月间来到

六、东鲁寻路

东鲁,梅子开始由青转黄,蚕桑时节已过,野外桑柘叶已经采摘一空,家家户户都在缫丝织布,门窗里传出机织的轧轧声。

"顾余不及仕,学剑来山东",诗人开门见山道出自己来山东的打算。回顾自己南北奔走多年,至今还没有机会出仕,当下朝廷注重边功,纵容游侠,我读书求仕无成,不妨学剑习武,另谋一条建功立业的出路。当时山东有一位击剑名人,还是射虎能手,叫裴旻,为太白所崇敬,曾写信表示"愿出将军门下"(见裴敬《翰林学士李公墓碑》)。太白这次来东鲁就是想拜他为师,学一手武艺,以求打开人生新天地。可是一到东鲁却碰到一个汶上翁。这位汶水之滨的老汉,是一个老儒,太白向他问路,对话之间讲到自己学剑习武的打算,竟遭到这位老儒的非议和嘲笑。

对汶上翁的嘲笑,太白给予了针锋相对的回击。他以壮士自居,把汶上翁之流斥之为下愚,说下愚的人不能理解壮士的胸怀,也没有资格谈论"穷通"之道。所谓"穷通"之道,即指"达则兼济天下,穷则独善其身"的儒家政治主张,太白很欣赏,他在《代寿山答孟少府移文书》曾引这句名言作为自己的处世哲学。这里又宣称自己要做鲁仲连式的立功辞赏的人物,羞与追名逐利的时人为伍。鲁仲连以一支带书信的箭帮助齐国攻取聊城,立了大功,却不肯接受封赏,太白认为这才是政治家的高风亮节,利禄之辈无法与之相提并论。时当黄昏,夕阳而下,天空阴暗,虽然前景并不光明,太白仍表示要坚持直道而行,虽如蓬草四处漂泊,也用不着鲁儒之流说三道四。太白这是借景抒怀,表示要我行我素,为追求理想而继续奋然前行。

太白写了《答汶上翁》,感到还不够解气,对于这种腐儒他不仅要答之,而且还要嘲之,于是又写了《嘲鲁儒》一诗:

鲁叟谈五经,白发死章句。问以经济策,茫如坠烟雾。足着远游履,首戴方山巾。缓步从直道,未行先起尘。秦家丞相府,不重褒衣人。君非叔孙通,与我本殊伦。时事且未达,归耕汶水滨。

太白开宗明义批评鲁地迂腐儒生皓首穷经,死守章句,泥古不化,对经世济民的方略,茫然一无所知。他为这帮腐儒勾画了死守古礼的形象:脚着仿制汉代的远游履,头戴仿制汉代的方山冠,身穿汉代儒生衣袖宽大的袍服,走路缓慢地顺着直道,未行几步那宽大的衣袖就卷起飞扬的尘土。于穷形尽相中饱含轻蔑嘲笑的意味。然后由嘲笑转为议论:秦朝丞相李斯就看不上死守古礼的迂腐儒生,劝秦始皇焚书坑儒。汉朝叔孙通改造前代礼制为汉高祖刘邦制定的朝仪,才是应时通变、与时俱进的通儒。宣称你不是懂得变通的叔孙通,与我根本不是一类人。诗人自比叔孙通,可见他嘲笑腐儒但并不笼统非儒。他对叔孙通那样通达时事、辅佐君王的儒生不仅十分赞赏,而且希望自己也像叔孙通那样得到君王重用,辅佐君王成就一番事业。他从小熟读五经,儒家的积极用世思想和进取精神一直支撑着他的人生。他嘲笑的是那些不通世务、迂腐不化的儒生,根本不懂与时俱进的道理,只配回到汶水边去种地。

太白嘲笑腐儒汶上翁之流,心中仰慕齐鲁间的达儒鲁仲连,想效法鲁仲连一展夙志。他"学剑来山东"的真实意图,就是要建立鲁仲连一样的功业。

齐有倜傥生,鲁连特高妙。明月出海底,一朝开光曜。却秦振英声,后世仰末照。意轻千金赠,顾向平原笑。吾亦澹荡人,拂衣可同调。

——《古风》其十

谁道泰山高?下却鲁连节。谁云秦军众?摧却鲁连舌。独立天地间,清风洒兰雪。夫子还倜傥,攻文继前烈。错落石上

六、东鲁寻路

松,无为秋霜折。赠言镂宝刀,千岁庶不灭。

——《别鲁颂》

这两首诗,惜咏史以抒怀。诗人称颂鲁仲连功成不受赏赐的高风亮节,抒发对鲁仲连的景仰之情,是为了表达自己崇高的人生理想。

鲁仲连,战国时齐人。善于出谋划策,常为人排患释难而无意求取,为人坦荡,品行高洁。当秦国攻打赵国时,秦军围困赵都邯郸,鲁仲连以利害游说赵公子平原君与魏将军辛垣衍,劝阻尊秦昭王为帝,终于使秦军退兵。平原君封鲁仲连以官爵,他辞让,又以千金相赠,他也不受,说:"所贵于天下之士者,为人排患难解纷乱而无取也。即有取者,是商贾之事也,而仲连不忍为也。"于是辞别而去,终身不复见。前此,齐将乐毅要收复被燕国占据的聊城,聊城燕将坚守不屈。鲁仲连修书一封,导之以义,胁之以势,将书信用箭射过去,使守城燕将左右为难而自刃,终于解了聊城之围。事后他也不接受封赏回报,拂衣而去,逃隐于海上。太白十分敬仰鲁仲连重义尚节、不谋求一己私利的品格。《古风》其九,一开头就以倜傥不凡、高妙无比称颂鲁仲连才华过人、洒脱不俗,以明珠出海、光耀天地比喻他沉沦中应时而出,大放光彩。接着具体描写他智退秦军,不受封赏的清风亮节,以及在当世和后代的影响。最后诗人直抒壮怀:我亦是淡泊名利荣华,放达不受拘束的人,在功成身退上,正可引为知音同调,意即甘愿追随其后,仰承他的余辉。诗人将鲁仲连作为自己的偶像加以崇拜,突出赞颂其"功成不受赏"高士风标,正是为了表达自己的人生志趣。《别鲁颂》虽为赠人之作,重点却在歌颂鲁仲连:谁说泰山很高,却不及鲁仲连的节操;谁说秦军势众,却挫败于鲁仲连的舌下。他昂然独立于天地之间,清香如兰,洁白如雪。诗人把鲁仲连比之巍然屹立的泰山，馨香纯洁的兰、雪，可见他对鲁仲连超然脱俗、独立天地的精神气节的敬仰。诗人勉励鲁颂继承先人的功业，保持美好的品质，不为秋霜所折，使之薪火相传，千年不灭。

太白寓家于兖州（鲁郡）治城瑕丘（今山东济宁市兖州区）东门外的沙丘。他在此定居下来以后，常到城内、郊外走走，他对这一带优美的自然环境和纯朴的民情风俗都很喜欢。

　　　　日落沙明天倒开，波摇石动水萦回。轻舟泛月寻溪转，疑是山阴雪后来。

　　　　水作青龙盘石堤，桃花夹岸鲁门西。若教月下乘舟去，何啻风流到剡溪！

——《东鲁门泛舟二首》

这两首诗，描述诗人在兖州城东泗水月夜泛舟游玩的情景。前一首云：落日的回光返照，云彩倒映在水中，有似天空倒开一般。水波荡漾，水流萦回，崖石的倒影也摇荡不宁。诗人驾一叶轻舟，泛着银色月光，沿溪寻路，信流而行，心爽神怡，"疑是山阴雪后来"，恍如东晋名士王子猷在山阴雪夜乘舟寻访剡溪戴安道。后一首云：泛舟到了鲁门一带，水流弯弯曲曲，如青龙盘绕着石堤，两岸桃花盛开，风光无比美丽。诗人说此时月下乘舟来此一游，"何啻风流到剡溪！"何止是王子猷雪夜乘舟访戴所能比拟！此诗末句与前首末句同用王子猷雪夜访戴典故，前首用"疑似"，此首用"何啻"，意思是此次泛舟的风流潇洒远远超过当年王子猷的雪夜访戴，可见当时诗人泛舟游览的兴致越来越高。

　　　　鲁国寒事早，初霜刈渚蒲。挥镰若转月，拂水生连珠。此草最可珍，何必贵龙须。织作玉床席，欣承清夜娱。罗衣能再拂，不畏素尘芜。

——《鲁东门观刈蒲》

六、东鲁寻路

太白对郊野的农事颇感兴趣。他初秋时节到东郊野外观看农夫收割蒲草,询问蒲草用途,写下这首农事诗。诗中写农夫在水田中割蒲的情态:那挥舞的镰刀好像弯月在闪动,那激起的水珠如同珍珠在蹦跳,逼真入微,可见诗人对农事观察得很细致。写蒲草珍贵实用,说用它编织凉席,可与龙须草比美,绫罗衣裳在席上再三拂拭也不怕,发挥得淋漓尽致。

> 鲁女东窗下,海榴世所稀。珊瑚映绿水,未足比光辉。清香随风发,落日好鸟归。愿为东南枝,低举拂罗衣。无由一攀折,引领望金扉。
>
> ——《咏邻女东窗海石榴》

邻里鲁女院里的海石榴,也引发诗人的兴致。太白在散步时,总要停下脚步注目欣赏那盛开的石榴花。一次,他看到邻家一个姑娘出现在石榴树下,十分美丽可爱,使他念念不忘,挥笔写下了这首小诗。诗的前六句极写邻女东窗下海石榴之美:绿叶丛中石榴花开色彩红艳,即使是珊瑚照映绿水中也不足比拟其光辉。花儿的清香随风扑面而来,好鸟暮归时刻可以栖息其枝头。诗人借海石榴赞美邻女之后,就较为直白地抒写爱慕之情:自己愿化为榴枝,低举轻拂其罗衣。可是无从前去攀摘,只能引颈眺望她的门窗而已。至于这段情缘下文如何,此鲁女是否就是魏颢《李翰林集序》中所说的曾与太白结合的那一位鲁女,就难以考证了。

太白念念不忘自己的抱负,他在《赠任城县卢主簿潜》一诗中说:"海鸟知天风,窜身鲁门东。临觞不能食,矫翼思凌空。"诗人以海鸟自喻,意谓自己虽暂居于鲁东门,但不甘于饮酒度日,而是想振翅高飞,实现自己"一飞冲天"的理想。为此,安顿好家以后,就到齐鲁各地漫游,继续寻求汲引之路。他写了不少干谒地方官吏的作品。

> 君子枉清盼，不知东走迷。离家未几月，络纬鸣中闺。桃李君不言，攀花愿成蹊。那能吐芳信，惠好相招携。我有结绿珍，久藏浊水泥。时人弃此物，乃与燕石齐。拂拭欲赠之，申眉路无梯。辽东惭白豕，楚客羞山鸡。徒有献芹心，终流泣玉啼。只应自索漠，留舌示山妻。
>
> ——《赠范金乡二首》其一

这是太白到金乡访县令范某的赠诗，言语委婉，求荐用意明显。诗先称颂县令一番，感谢其相招东游。接着，就正面陈情：我虽怀有碧绿的美玉，却长久埋没污泥浊水之中，未被时人认识，居然将我视同燕山劣石。如今想把它拂拭干净赠献给您，又苦于没有人引荐。处于这样孤立无助的状况，真担心会像辽东的白豕、楚客的山鸡那样，反被嘲笑为不明事理的自以为是者。我纵然有自献之心，如若无人识宝，终究会像楚人和氏一样抱玉啼哭。但只要留得舌头在，还可以像张仪那样告慰于荆妻。诗人这样苦苦求助一个县令，那是因为县令有向朝廷荐贤的权力。

太白在齐鲁漫游求荐，多方奔走干谒，都没有什么效果，令他感慨万千。他在《送鲁郡刘长史迁弘农长史》一诗中，诉说了自己在鲁备受冷落的感慨：

> 鲁国一杯水，难容横海鳞。仲尼且不敬，况乃寻常人。白玉换斗粟，黄金买尺薪。闭门木叶下，始觉秋非春。

诗人感叹鲁国如一杯水，容不下海里大鱼，不懂得尊重贤能之士。连孔子这样的大圣尚且得不到敬重，更何况像我辈寻常人呢！在这里人们不懂得白玉、黄金的宝贵价值，不重视贤能之士的可贵才能，自己只好闭门穷居，不问世事，已经不知道春秋季节的变换了。

太白在谒官求荐方面备受冷落，幸好齐鲁一些地方下层人士和

六、东鲁寻路

平民百姓热情好客，给他带来不少人情温暖。

鲁酒若琥珀，汶鱼紫锦鳞。山东豪吏有俊气，手携此物赠远人。意气相倾两相顾，斗酒双鱼表情素。双鳃呀呷鳍鬣张，跋剌银盘欲飞去。呼儿拂机霜刃挥，红肥花落白雪霏。为君下箸一餐饱，醉着金鞍上马归。

——《酬中都小吏携斗酒双鱼于逆旅见赠》

这一首诗，敦煌残卷题作"鲁中都小吏逢七朗，以斗酒双鱼赠余于逆旅，因脍鱼饮酒留诗而去"，对事情的原委说得更为清楚：太白来到中都县，住在旅舍。当地一个名叫逢七朗的小吏有豪爽俊逸之气，仰慕太白的诗名，提了一斗色如琥珀的酒、两条鳞如紫锦的鱼来看望他。两人见面意气相投。他立即叫店家拂几挥刀杀鱼，煎烹出来，然后两人就开怀饮酒。酒醉腹饱之后，太白为感谢小吏的盛情，挥笔题了两首诗，留下诗上马而去。此诗对事情经过做了具体生动的描写。

太白来到兰陵古镇，也受到当地主人的热情接待。兰陵自古以产美酒闻名，其酒唐代已成贡品。诗人慕名来到兰陵，只见这座古老的小镇上，酒旗招展，醇香弥漫，遍地郁金香，四处都是酒家。他走进一家酒店，店主见诗人光临，非常高兴，盛情款待，频频劝酒，使诗人喝得陶然如醉。诗人在尽兴之后，挥笔题诗一首：

兰陵美酒郁金香，玉碗盛来琥珀光。但使主人能醉客，不知何处是他乡。

——《客中作》

这首诗前两句，写兰陵美酒远闻其香，近观其色，已令人心旷神怡，后两句言主人盛情醉客，更使他感到身虽在客中，也就不觉身在他乡了。诗人爱美酒，更重友情。诗中强调是主人的盛情给他一种安慰，使他忘却了他乡客居的烦恼，好像回到了家乡一样。

开元二十八年（740）冬天，太白结识了韩准、裴政、孔巢父。

> 猎客张兔罝，不能挂龙虎。所以青云人，高歌在岩户。韩生信英彦，裴子含清真。孔侯复秀出，俱与云霞亲。峻节凌远松，同衾卧盘石。斧冰漱寒泉，三子同二屐。时时或乘兴，往往云无心。出山揖牧伯，长啸轻衣簪。昨宵梦里还，云弄竹溪月。今晨鲁东门，帐饮与君别。雪崖滑去马，萝径迷归人。相思若烟草，历乱无冬春。
>
> ——《送韩准裴政孔巢父还山》

韩准、裴政、孔巢父，是几位隐居待举的人士，隐居于徂徕山（在兖州北部乾封县）。他们应召出山拜见鲁郡太守，因为态度傲慢不逊，使太守不高兴，没有什么结果，只有回到山中去。太白在鲁东门为他们设宴送别，作诗相赠。诗开头说，如果架设一张捕兔的网，那是猎不到龙虎大兽的。因此隐居者进不了朝廷收揽人才的网罗而高卧山岩。诗人安慰应召失意的友人，实际也表明他以龙虎自居，隐居求仕抱有高远的追求。诗中对韩准三人一一予以称赞，说三人乃杰出人才，都与云霞山林相亲。高节超青松，同被卧盘石，凿冰漱洗，穿屐登山。时或乘兴出游，亦如浮云无心。虽揖见太守，却长啸舒怀，轻视衣冠簪缨的权贵。诗人赞赏他们清高脱俗的生活情趣。最后抒写自己的离情别意，说别后自己的相思之情会像烟草一样纷乱难解，令人分不清春夏秋冬。几位隐居待仕友人的际遇，确实触动了诗人的隐情。

太白思前想后，感到隐居入仕是摆在自己面前的唯一可行之路，时不我待，须赶紧前行才是。韩准他们几个已在徂徕山，到那里入伙隐居，也许更能引起外界关注。徂徕山是齐鲁的道教圣地，对素有道缘的太白，也颇有吸引力。第二年春天，他就毅然离家到徂徕山去，和韩准他们一起隐居在竹溪之畔，过起纵酒酣歌的日

六、东鲁寻路

子,养望以待时。他告诉从弟李冽:"报国有良策,成功羞执珪。无由谒明主,杖策还蓬藜。他年尔相访,知我在磻溪。"(《赠从弟冽》)诗人愿将自己的政治才能贡献给国家,并不祈求官爵回报,但无缘谒见明主,只好选择隐居,在溪畔期待朝廷启用。他把自己比作垂钓于磻溪的姜太公吕尚,相信总有一天会被皇上启用,成为辅君济世的大臣。这一段隐居生活,果然不出所料,产生了相当的社会影响。两《唐书》李白本传都记载:太白与鲁中诸生孔巢父、韩准、裴政、张叔明、陶沔等隐于徂徕山,酣歌纵酒,时号"竹溪六逸"。

这时期,太白还是不时外出漫游,求仙访道。他曾应裴仲堪之邀,到海中遨游,一心想寻访海上仙山。他先到滨海的莱州,登临即墨县的劳山。后来写的《寄王屋山人孟大融》诗中回忆说:"我昔东海上,劳山餐紫霞。亲见安期公,食枣大如瓜。"接着到相邻的登州蓬莱县,这是诗人向往已久的地方,汉武帝曾经在这里眺望蓬莱仙山,相传秦始皇曾在这里建造石桥,想过海观日出。诗人下海遨游,也有寻访海上仙山的心意。他在后来写的《怀仙歌》曾这样回忆这次难忘的海上之游。

一鹤东飞过沧海,放心散漫知何在?仙人浩歌望我来,应攀玉树长相待。尧舜之事不足惊,自余嚣嚣直可轻。巨鳌莫载三山去,吾欲蓬莱顶上行。

诗人说自己像一只白鹤,飞向海上仙山,抛开功名富贵,远离喧嚣尘世,飘飘然不知所在。仙人放声高歌,期待我的到来。海中巨鳌啊别把仙山搬走,我要到蓬莱山上逍遥旅行。

事实上,诗人的海上之游,不可能找到蓬莱仙山,说忘怀世事,也没有真正忘怀。《早秋赠裴十七仲堪》一诗,就反映了这时候诗人的复杂心境。

103

>远海动风色,吹愁落天涯。南星变大火,热气余丹霞。光景不可回,六龙转天车。荆人泣美玉,鲁叟悲匏瓜。功业若梦里,抚琴发长嗟。……穷溟出宝贝,大泽饶龙蛇。明主倘见收,烟霄路非赊。知飞万里道,勿使岁寒嗟。时命若不会,归应炼丹砂。

诗人面对海天景色,感叹夏去秋来,光阴流逝,人生易老。自己如荆人卞和手捧美玉而哭泣,如鲁国孔丘不为人用而悲叹,功业如梦,夜不成寐,只好起而抚琴长叹。他转而又想:大海之中出宝贝,大泽之中多龙蛇,如今开元盛世,人才济济。如得明主见用,青云直上,定能知飞万里远道,而不会嗟叹天气寒冷。如时命不遇,则归炼丹砂,求仙访道,不必屑屑于功名。

天宝元年(742)四月,太白登临泰山,写下组诗《游泰山六首》:

>四月上泰山,石平御道开。六龙过万壑,涧谷随萦回。马迹绕碧峰,于今满青苔。飞流洒绝巘,水急松声哀。北眺崿嶂奇,倾崖向东摧。洞门闭石扇,地底兴云雷。登高望蓬瀛,想象金银台。天门一长啸,万里清风来。玉女四五人,飘飘下九垓。含笑引素手,遗我流霞杯。稽首再拜之,自愧非仙才。旷然小宇宙,弃世何悠哉。(其一)
>
>清晓骑白鹿,直上天门山。山际逢羽人,方瞳好容颜。扪萝欲就语,却掩青云关。遗我鸟迹书,飘然落岩间。其字乃上古,读之了不闲。感此三叹息,从师方未还。(其二)
>
>平明登日观,举手开云关。精神四飞扬,如出天地间。黄河从西来,窈窕入远山。凭崖览八极,目尽长空闲。偶然值青童,绿发双云鬟。笑我晚学仙,蹉跎凋朱颜。踌躇忽不见,浩荡难追攀。(其三)

六、东鲁寻路

　　清斋三千日，裂素写道经，吟诵有所得，众神卫我形。云行信长风，飒若羽翼生。攀崖上日观，伏槛窥东溟。海色动远山，天鸡已先鸣。银台出倒景，白浪翻长鲸。安得不死药，高飞向蓬瀛？（其四）

　　日观东北倾，两崖夹双石。海水落眼前，天光摇空碧。千峰争攒聚，万壑绝凌历。缅彼鹤上仙，去无云中迹。长松入霄汉，远望不盈尺。山花异人间，五月雪中白。终当遇安期，于此炼玉液。（其五）

　　朝饮王母池，暝投天门关。独抱绿绮琴，夜行青山间。山明月露白，夜静松风歇。仙人游碧峰，处处笙歌发。寂静娱清辉，玉真连翠微。想象鸾凤舞，飘飘龙虎衣。扪天摘匏瓜，恍惚不忆归。举手弄清浅，误攀织女机。明晨坐相失，但见五云飞。（其六）

泰山为五岳名山之首，不仅是登高览胜之地，而且也是一座道教圣山，山上有王母池、斗姆宫、碧霞元君祠、泰岳庙，又有王母、碧霞元君、东岳大帝这些道教中传说的神仙。太白"一生好入名山游"，又一直倾心信仰道教，对泰山心驰神往已久。因此，他这次游泰山，一方面为了寻访名山胜景，另一方面也为了求仙访道，在他看来二者是紧密关联的，因而这组诗他采用游仙体来写记游诗，诗中景色的转换往往伴随游仙的思绪，在亦真亦幻的境界中展开泰山的种种奇观，抒写人生的感怀。

　　诗人是从开元十三年（725）玄宗东封泰山时的御道上山的。他在上山路上，遥想君王当年上山的非凡气势：御驾如六龙驭日般驰过千山万壑，涧谷也似乎追随龙驭萦回。然而如今碧峰山道上的马迹已经长满了青苔。飞流从绝壁上飞洒而下，水声和着阵阵松涛，听了不禁令人心生悲哀。诗人就在这样的氛围中拉开了泰山之行的序幕。他登上南天门,境界豁然开朗,"天门一长啸,万里清风来",何等舒心爽目!改日在黎明时登日观峰:日观峰高入云端,举手可开天关,拨开云雾。登上峰顶,顿时令人精神飞扬,如出天地之外。凭高放眼,只见"黄河从西来,窈窕入远山",长空万里,一览无余。他极目眺望东方的大海,"海色动远山,天鸡已先鸣"。然而俯瞰四周,"海水落眼前,天光遥空碧。千峰争攒聚,万壑绝凌历"。漫步山中,"长松入霄汉,远望不盈尺。山花异人间,五月雪中白"。他于夜间出游,"独抱绿绮琴,夜行青山间。山明月露白,夜静松风歇"。诗人移步换形,写出了泰山丰富多彩的景观与境界。

求仙访道,在唐代是一种时尚的宗教信仰活动,也是求仕者养望待举、寻求出路的一条可行通道。太白把此次登览泰山的活动,也视为一次难得的求仙访道活动。他怀着强烈的求仙思想登山探胜,以自己对神仙世界的向往,来解释云雾飘扬的自然现象,用道教的仙人和仙女的想象,来渲染泰山胜地的仙境气氛。因而在这组记游诗里始终笼罩着一种神秘的氛围,每首诗中都有神仙、玉女、羽人、青童之类出现,俨然进入了仙界。诗人想象、企盼与仙人交游,表现了对神仙世界的向往与追求,但又不想真正抛弃事业离开人间,因而内心充满着矛盾纠结。当玉女授予他仙丹玉液时,他"稽首再拜之,自愧非仙才"。说自己不够仙人的资格,婉言表明并不想弃世从仙。正因为如此,他诗中的仙人、仙境大都虚无缥缈,可望而不可即,来去无踪,顿时消失。"明晨坐相失,但见五云飞",诗人的求仙活动如同一场美梦,清晨醒来时立即消失得无影无踪,抬头只望见天上的五色云彩在飘飞。尽管如此,诗人求仙访道的心态和举动,总是给诗歌创作留下深刻的影响。神志迷离的远望,向往神仙的遐想和缥缈动人的意象,构成了这组诗的独特气

六、东鲁寻路

质。张炜先生说:"李白诗中出现云雾烟霞等大量意象,其想象力达到的极致、飘逸的诗风、自由洒脱的方式、神仙美学,这一切都离不开他一生的求道生活。""李白被称为'诗仙',这不仅指诗的内容常有神仙,而更主要的是气韵和神采。对神仙的向往深入骨髓,对长生的追求直到最后,正是这些左右了他的诗魂。"(张炜《也说李白与杜甫》,第75页)求仙访道对太白一生创作的影响如此,对这一组诗更是如此。

太白来山东本来是为学剑的,但他在山东学剑习武的具体情况,我们难以从他流传下来的诗文中找到。他在晚年写的《经乱离后天恩流夜郎忆旧游书怀赠江夏韦太守良宰》一诗中这样回顾总结这一时期的生活:

> 试涉霸王略,将期轩冕荣。时命乃大谬,弃之海上行。学剑翻自哂,为文竟何成?剑非万人敌,文窃四海声。

诗人回首往事,感慨地说,自己曾经涉猎王霸之道,希望以此取得官爵荣耀,然而时运不济,只好抛弃此道到海滨去隐居待时。学剑学文的成绩如何呢?学剑不能领兵作战,想不到写作诗文却闻名四海。可见他学剑习武终无大成,自己回想起来也有点好笑。然而诗文名声远扬,确实给他带来了人生的转机。

七、待诏翰林

　　白酒新熟山中归，黄鸡啄黍秋正肥。呼童烹鸡酌白酒，儿女嬉笑牵人衣。高歌取醉欲自慰，起舞落日争光辉。游说万乘苦不早，着鞭跨马涉远道。会稽愚妇轻买臣，余亦辞家西入秦。仰天大笑出门去，我辈岂是蓬蒿人！

——《南陵别儿童入京》

　　天宝元年（742）八月，唐玄宗下诏征召李白进京。在徂徕山隐居的太白闻讯后，欣喜若狂，认为这一下报国的时机终于来了，他立即辞别山中诸友，回到南陵（在今山东济宁市）与儿女告别，即兴写下《南陵别儿童入京》这首诗。

　　太白兴高采烈回到南陵家中的时候，正当秋熟季节，白酒新熟，黄鸡正肥，就呼唤家童杀鸡酾酒，欢庆奉诏，儿女也为之欢欣鼓舞，上来牵衣嬉笑。接着就是高歌痛饮，借以自我安慰；起舞弄剑，欲与落日争辉。此情此景，真兴奋至极，热烈至极，然而这其中也包含一种苦尽甘来的无限感慨。"游说万乘苦不早，着鞭跨马涉远道"两句，直接道出了兴奋与感慨的缘由。诗人早年就怀抱"奋其智能，愿为辅弼"的宏愿，按理说早该辅佐君主治国安邦了。然而追求理想的人生道路十分艰难，经历了一二十年的奋斗，饱尝

七、待诏翰林

了困厄失意的痛苦，迟至今日，期盼已久的愿望终于可以实现了。如今能够挥鞭跨马登上入京辅君之路，奔赴远大的前程，还是值得庆幸和高兴的。诗人觉得自己就像汉朝的朱买臣，晚年才得志，先前还被愚昧的小妾轻视过，如今自己辞家赴京，可以扬眉吐气了。于是他大声宣称："仰天大笑出门去，我辈岂是蓬蒿人！"诗人仰天大笑辞家出门，踌躇满志踏上进京之路，宣称"像我这样的人岂是草野间的平庸之辈！"

太白快马加鞭奔赴长安。他之所以被玄宗征召，据他自己后来说："天宝初，五府交辟，不求闻达，亦由子真谷口，名动京师，上皇闻而悦之，召入宫掖。"（《为宋中丞自荐表》）他以家居谷口、玄静守道的郑子真自喻，说自己以贤德名动京师而被征召，未免有自我粉饰之嫌，事实上他这次被征召，是由于诗歌名动京师，并且还有要人极力推举的结果。魏颢《李翰林集序》曰："白久居峨眉，与丹丘因持盈法师达。白亦因之入翰林，名动京师。"持盈法师是玄宗妹妹玉真公主的法号。说李白与元丹丘都是因玉真公主的推荐而发迹的。事实的确如此，前一年元丹丘因玉真公主推荐被征召，受封道门威仪，经常随玉真公主出行。元丹丘把太白荐之于玉真，然后玉真向玄宗推荐太白。天宝元年正月，玄宗诏命"前资官及白身人有儒学博通、文辞秀逸及军谋武艺者，所在具以名荐"（《旧唐书·玄宗纪》）当时太白的诗名已经很大，名动京师朝野，玉真公主又多次向玄宗推荐，玄宗正需要逸才词人点缀升平，于是就下诏书征召李白进京。

太白这次是奉诏入京，与初入长安的情况完全不同，受到了很好的接待，人们听说他是名闻天下的诗人，又是皇帝妹妹玉真公主推荐的人才，更是另眼看待。他在等待君王召见期间，首先到城里辅兴坊玉真女冠观去拜访玉真公主，结果没有见到，说她已经出京到济源的玉阳山别馆去了。他又到长安大宁坊紫极宫去参拜老子真容,瞻仰被尊为玄元皇帝的老子画像。在紫极宫,意外与贺知章相遇,得到他的极度赞赏。太白在后来写的《对酒忆贺监二首并序》中回忆了当时相见的情景:

> 太子宾客贺公于长安紫极宫一见余,呼余为谪仙人,因解金龟换酒为乐。没后对酒,怅然有怀,而作是诗。

> 四明有狂客,风流贺季真。长安一相见,呼我谪仙人。昔好杯中物,今为松下尘。金龟换酒处,却忆泪沾巾。

贺知章,字季真,是一位德高望重的朝廷大臣和著名诗人,先后担任集贤院学士、太子宾客、秘书监等职,此时官职高达三品,年纪已过八旬。他对太白的诗名早有所闻,这次在太极宫见到太白,喜出望外。他看到太白外貌超群脱俗,有一种非同凡人的气质与风度,又读了太白送上的诗卷中的《蜀道难》《乌夜啼》等诗,感到非同凡响,惊叹道:"此诗可以泣鬼神矣!"(《本事诗》)惊叹之余直呼太白为"谪仙人(从天上下凡到人世来的仙人)"。于是他把太白请到附近酒楼,一叙相见恨晚之情。因为身边没有带钱,就解下身上佩带的小金龟换酒,与太白共饮同乐。从此太白名声大振,"谪仙人"的美称很快传遍了京城。对于这件事,太白也终身引以为荣,津津乐道。

第二天上朝时贺知章禀报玄宗太白已经到达长安,于是玄宗很快就安排在金銮殿接见太白。当太白来到大明宫金銮殿时,玄宗亲自步行出前来迎接,请李白在御座边的七宝床上坐下,设宴欢迎。席间,玄宗端过一碗羹,亲手调了几下,递给太白,对太白说:"卿是布衣,名为朕知,非素蓄道义,何以得此?"群臣立即为之欢呼。玄宗当场命李白为翰林供奉,还赏赐他一匹飞龙天马驹,一条珊瑚白玉鞭。后来诗人在《赠从弟南平太守之遥二首》(其一)中,

七、待诏翰林

回忆了当时颇为得意的处境。

> 汉家天子驰驷马，赤车蜀道迎相如。天门九重谒圣人，龙颜一解四海春。彤庭左右呼万岁，拜贺明主收沉沦。翰林秉笔回英盼，麟阁峥嵘谁可见？承恩初入银台门，著书独在金銮殿。龙驹雕镫白玉鞍，象床绮席黄金盘。当时笑我微贱者，却来请谒为交欢。

太白把玄宗比作汉武帝，把自己比成司马相如，说这次奉诏进京，就像汉武帝召见司马相如一样。自己到天子宫殿拜谒皇上，皇上龙颜一笑给天下带来了春意。满朝文武都高呼万岁，庆贺皇上得到了沉沦的才俊。自己草拟的诏书受到皇上的青睐，这种宫廷内情也许外人无法看见。承蒙皇上恩泽让我进入翰林院，坐在金銮殿里独自著书。出门有装饰华贵的良马，寝食有象床绮席与黄金果盘。当年耻笑我微贱的人，如今都前来请安讨好。对此，诗人受宠若惊，志满意得，终身难以忘怀。

翰林院是玄宗即位之初于开元二年（714）新设置的，诏选在文章、琴棋（音乐、围棋）、书画、数术（天文、历学、占算）、僧道（佛教、道教）等方面有造诣的人，以为翰林待诏（又名翰林供奉），以备皇帝随时顾问，掌管表疏批答之类的文字工作。到开元二十六年（738），在翰林院的南面设置了学士院，内设翰林学士，其职责是替皇帝草拟文诰诏书，地位很高。同时翰林院内仍有若干供奉，但没有正式官职。太白初入翰林院，虽然只是没有正式官职的翰林供奉，但待遇不错，前景有望，他仍感到处境很好，心境也很好。

> 朝入天苑中，谒帝蓬莱宫。青山映辇道，碧树摇烟空。谬题金闺籍，得与银台通。待诏奉明主，抽毫颂清风。归时落日晚，蝶躞浮云骢。人马本无意，飞驰自豪雄。入门紫鸳鸯，金

井双梧桐。佳人出绣户,含笑娇铅红。清歌弦古曲,美酒沽新丰。快意且为乐,列筵坐群公。光景不可留,生世如转蓬。早达胜晚遇,羞比垂钓翁。

——《效古二首》其一(据敦煌写本《唐人选唐诗》)

这首诗太白自叙待诏翰林之初的生活情景,踌躇满志,喜形于言。先写上朝的情景:凌晨进入天子禁苑,往大明宫拜谒皇帝。辇车通行的阁道在青山掩映之下,参差碧树在烟空中飘摇。名忝金门籍可通达翰林院,待诏供奉明主,挥笔歌颂清平。然后描写下朝晚归的情景:入朝至落日时分方归,跨上骏马小步慢行,人马本无意而飞驰自显豪雄。回到住宅,池中紫鸳鸯顾盼相迎,华美井栏边两棵梧桐昂扬挺立。晚筵与群公列坐一席,有佳人出绣户助兴,古曲清歌悦耳动听,新丰美酒尽兴而饮,快意且为今夕乐。诗人既为人生早达而自喜,庆幸早达得意胜于晚遇,又感慨时光易逝生世难料,以晚年才遇文王的吕尚为羞,急欲建功立业,实现辅君济世的人生抱负。

太白一心想报答明主的知遇之恩,做一番事业,展现大鹏之志,这在《驾去温泉宫后赠杨山人》一诗中表达得最为清楚。

少年落魄楚汉间,风尘萧瑟多苦颜。自言管葛竟谁许,长吁莫错还闭关。一朝君王垂拂拭,剖心输丹雪胸臆。忽蒙白日回景光,直上青云生羽翼。幸陪鸾辇出鸿都,身骑飞龙天马驹。王公大人借颜色,金章紫绶来相趋。当时结交何纷纷,片言道合唯有君。待吾尽节报明主,然后相携卧白云。

太白其时颇受宠遇,得在侍从之列。他从驾到骊山温泉宫时,给隐居山林的杨某写了这首诗,倾诉衷肠。诗人抚今追昔,诉说自己初入翰林时的所遇所思。他首先回顾往昔流寓江汉一带,穷困失意,凄苦难耐。虽自以为抱负可与管仲、诸葛亮相比,但得不到别

七、待诏翰林

人的推许赏识，只好独自闭门长叹，无可奈何。如今时来运转，得到了君王的赏识和器重，供奉翰林，自己甘愿披肝沥胆，竭诚尽力，报答君王的知遇之恩。君王的宠召和厚待，使我如添羽翼，可望直上青云。这次有幸侍从君王的车驾出城，骑着皇家飞龙厩的骏马，王公大臣都给我赏脸，朝廷大臣也来奉承自己。这对自视甚高而长期不得志的太白来说，真是感到扬眉吐气。在这样春风得意的境遇中，太白对杨山人说，当此之时，巴结自己的人很多，但真正志同道合的只有你杨山人。当前自己要尽节尽忠，辅君济世，报答英明的君主，待到功成身退时再同他携手归隐山林，卧观白云。这时候他觉得鹏程无限，实现扶君济世，"功成身退"的美好人生理想似乎已经指日可待。

可是事实上，唐玄宗诏用太白，看中的是太白的文才，因此只给了一个翰林待诏的名目，没有授予正式的官职。所谓翰林待诏，就是待在翰林院里，听候皇帝下诏传唤，或帮助起草文书，或回答皇帝咨询，或侍候皇帝宴游。太白的真实身份是皇帝侍文。在开始阶段，玄宗还比较看重他，"问以国政，潜草诏诰"（李阳冰《草堂集序》）。据记载，曾经叫他起草过《出师诏》。由于李白懂得一些西域的语言和月支文，能够"草答蕃书"，因而还曾奉命起草过《和蕃书》。他参加了许多皇家的宴会，写了不少歌功颂德的诗文，颇得玄宗称许。他自己后来在《为宋中丞自荐表》中也说当年"既润色于鸿业，或间草于王言，雍容揄扬，特见褒赏"。

其实，唐玄宗并没有在治国理政方面对李白寄予厚望，只是希望李白替他写诗作赋，点缀太平盛世，增添生活雅兴。因此，太白经常的工作是做文学侍从、宫廷诗人，他要做的就是在宫中宴乐或皇帝出游时，随侍左右，应时应景写些诗赋，点缀升平气象，增添宴游乐趣。玄宗和太真妃上骊山温泉宫，太白奉诏作《侍从游宿温泉宫作》；玄宗在宫中行乐，太白奉诏作《宫中行乐词》；玄宗游宜春宛，太白奉诏作《龙池柳色初青听新莺百啭歌》。天宝二年（743）暮春的一个月夜，玄宗和太真妃到兴庆宫旁沉香亭前观赏牡丹花，李龟年拿着檀板领着梨园子弟正要开始唱歌助兴，皇上忽然说："赏名花，对妃子，怎能用旧乐词？"立即命令李龟年拿上金花笺宣李白写几首新词来。当时太白正在长安街上酒肆喝酒，喝得酩酊大醉，来人传他进宫作词，无奈叫他不醒，只得用冷水浇头把他弄醒，就扶上马车去。到了沉香亭前，太白虽还有几分酒意，但欣然应命。他醉眼蒙眬地看了一下倚在栏杆边美丽如花的杨玉环和沉香亭周围艳丽似锦的牡丹花，凝神一想，提起笔来，一挥而成三首新词。这就是有名的《清平调词三首》：

　　云想衣裳花想容，春风拂槛露华浓。若非群玉山头见，会向瑶台月下逢。（其一）

　　一枝红艳露凝香，云雨巫山枉断肠。借问汉宫谁得似？可怜飞燕倚新妆。（其二）

　　名花倾国两相欢，长得君王带笑看。解释春风无限恨，沉香亭北倚阑干。（其三）

太白这三首词，巧妙地将名花与美妃联系在一起，既咏牡丹花，又咏太真妃，以人拟花，以花比人，亦花亦人，花容人貌融浑一体，赞颂国色天香的太真妃美不胜收，超凡绝世，堪比群玉山和瑶台的天仙，就连汉宫第一的佳丽赵飞燕，也要倚仗亮丽新妆方能与之比类。楚王和巫山神女梦遇牵魂，哪里比得上当前真实美人朝暮相守的美满！最后点明君王在沉香亭倚栏观赏名花牡丹和倾国美人，喜笑颜开，陶醉于眼前的赏心乐事，顿时消释了人生的一切愁情，如同牡丹在春风吹拂下解开无数花苞迎风怒放。作品虽为应制之作，宫廷艳体，太白却把君王"赏名花，对妃子"的风流韵事写

七、待诏翰林

得恰到好处,艳而不俗,并且做到韵味优雅,富有诗情画意。因而它不仅博得玄宗和太真妃的赞赏,而且为后人留下一份审美享受。

太白是一个称职的皇帝侍文,但不是一个专营奉承之道的文人。他有自己的理想追求,对事物有自己的评判准则。他既看到大唐繁荣升平的气象,也发现种种盛极而衰的迹象。

> 紫阁连终南,青冥天倪色。凭崖望咸阳,宫阙罗北极。万井惊画出,九衢如弦直。渭水银河清,横天流不息。朝野盛文物,衣冠何翕赩。厨马散连山,军容威绝域。伊皋运元化,卫霍输筋力。歌钟乐未休,荣去老还逼。圆光过满缺,太阳移中昃。不散东海金,何争西辉匿?无作牛山悲,恻怆泪沾臆。
>
> ——《君子有所思行》

这首诗抒写诗人对国家形势的思考。他首先展望长安的形胜,城外终南山高横天际,山色与天色相接。城内有雄伟高耸的宫阙,纵横交错的众多里巷,笔直如弦的通衢大道,像天河一样长流不息的清澈渭水,京城山河锦绣,建筑壮观,气势非凡。再看朝廷文治武功也令人鼓舞,朝野礼乐兴盛,百官衣冠耀眼。战马遍布山野,军队威镇四夷。朝中有伊尹、皋陶般之贤相,领军有卫青、霍去病般之良将。国家到处显示出一片繁荣升平的盛唐气象。然而诗人也看到种种奢侈腐败的现象,担心大唐盛极而衰,因此提出告诫:月圆变缺,日中则斜。主张学疏广散金,不学齐景公作牛山之悲,警告人们要知足知止,不要贪恋钱财,以免日后悲叹失去眼前的一切。萧士赟曰:"唐至于天宝,盛之极矣。此诗乃戒满盈之作也,可谓忧深思远者矣。"诗人确实是这样一个为国家前途命运而忧深思远的人。此时他身为翰林供奉,感到自己有责任为国分忧,要敢于对时事发表个人见解,尽力发挥辅君济世的作用。

太白在为君主宴游助兴时,也有自己的思考,对某些问题能够委婉地表达自己的看法。在他所写的《宫中行乐词》等作品中就有一些带有规讽之意的作品。

> 卢橘为秦树，蒲桃出汉宫。烟花宜落日，丝管醉春风。笛奏龙鸣水，箫吟凤下空。君王多乐事，还与万方同。
>
> ——《宫中行乐词八首》其三

宫案上摆满卢橘和葡萄，这些国外的珍奇果品如今都成为秦地产品供王宫享用。美妙动人的音乐伴随春风落日昼夜不停，确实令人陶醉：笛声就像龙吟水中，箫声犹如凤从空下。诗的尾联笔锋一转，说君王行乐之事极多，还应当与万方百姓同乐。诗人看到曾经励精图治开创开元盛世的君王，如今不再勤政爱民，而是整天沉迷于声色之中，感到忧虑不安，于是提出"与民同乐"的古训，劝导君王多想想天下大事、民生苦乐。

在八首《宫中行乐词》中，有规讽之意的不止此诗，喻文鏊《考田诗话》指出："至《宫中行乐词》，一曰'君王多乐事，还与万方同'，一曰'宫中谁第一？飞燕在昭阳'，一曰'只愁歌舞散，化作彩云飞'，既规讽之，又深警之。徒以玉楼、金殿、翡翠为艳词，则失之矣。"

> 长安白日照春空，绿杨结烟桑袅风。披香殿前花始红，流芳发色绣户中。绣户中，相经过。飞燕皇后轻声舞，紫宫夫人绝世歌。圣君三万六千日，岁岁年年奈乐何！
>
> ——《阳春歌》

这首诗，诗人以汉喻唐，说的是眼前事、心中忧：长安春日碧空万里，阳光普照，绿杨如烟，桑枝在春风中摇曳。宫殿前院花卉始绽红花，华美的窗户中散发出香气，透露出光彩。诗人从窗前经过，看到妃子美人在为君王轻歌曼舞，热闹非凡，不禁感慨万端：圣君年年岁岁沉迷声色乐不可支，那么天下大事如何是好！

七、待诏翰林

诗人进宫之后就听说如今君王宠幸的太真妃,名叫杨玉环,原本是他儿子寿王李瑁的妻子。君王自武惠妃去世之后,感到很寂寞,在骊山温泉看中了天生丽质的寿王妃杨玉环,有一种志在必得的感觉。开元二十九年(741)正月在君王(玄宗)母亲窦太后去世五十周年之际,以给窦太后追福的名义,颁布了一道敕文,把寿王妃杨玉环度为女道士,道号太真。当年十一月,就带上杨玉环去骊山泡温泉。从骊山回来后,干脆让杨玉环脱去道姑的冠带,直接住进宫里,成为专宠的妃子。宫里人称呼她为"娘子",实际地位也就和当年的武惠妃相当了。太真妃能歌善舞,于是君王就天天沉醉于歌舞声色之中,懈怠于朝政大事。

诗人看到宫中天天如此寻欢作乐,忧从中来,自然而然想到吴王夫差与西施淫乐误国的故事。

> 姑苏台上乌栖时,吴王宫里醉西施。吴歌楚舞欢未毕,青山欲衔半边日。银箭金壶漏水多,起看秋月坠江波。东方渐高奈乐何!

> ——《乌栖曲》

关于此诗主旨,前人多已阐明,唐汝询早就指出:"此因明皇与贵妃为长夜饮,故借吴宫事以讽之。……若谓此诗无关世主而追刺吴王,何异痴人说梦邪?"(《唐诗解》卷十二)诗人客观叙写吴王夫差昼夜相继沉湎于声色的情景,的确是援古以讽今:姑苏台上乌鸦归巢栖息时,欢宴终日的吴王还在宫中与西施醉酒取乐。吴歌楚舞狂欢尚未停歇,西边山峰已经吞没了半轮红日。日暮之后他继续长夜之欢:在漫长的秋夜里时光不觉渐渐流逝,抬头一看秋月已经坠入江波,天色将明,真是良宵苦短。面对此情此景,诗人陡然发问:东方日出渐高,寻欢作乐难道还能再继续下去吗?这个没有说破答案的问题,含意深永,发人深思。长夜难继,好梦不长,它会令人想起乐极生悲的古训，思考盛极一时的吴国何以会迅速败亡。此时此刻，诗人仿佛看到一幕历史悲剧正在眼前重演，心中酸楚不堪，但又不好明言，只有托古寄慨，聊表寸心忧虑。

太白身居宫廷，却长年累月做文学侍从的差事，得不到进一步任用，渐渐感觉到自己致身卿相、辅君济世的理想恐怕要落空了，心中郁郁寡欢。朝中多嫉贤妒能之辈，对他的幸遇荣宠十分忌妒，对自负狂放的性情和特立独行的作风也颇多议论，还有人故意拨弄是非，挑拨离间。种种因素，使他感到宫内也是一个是非之地，难以久留。

> 晨趋紫禁中，夕待金门诏。观书散遗帙，探古穷至妙。片言苟会心，掩卷忽而笑。青蝇易相点，《白雪》难同调。本是疏散人，屡贻褊促诮。云天属清朗，林壑忆游眺。或时清风来，闲倚栏下啸。严光桐庐溪，谢客临海峤。功成谢人间，从此一投钓。
>
> ——《翰林读书言怀呈集贤诸学士》

这首诗写于天宝二年（743）秋天，太白待诏翰林已经一年，对所处的生活环境他感到难以适应，心中有些苦闷：每天早晨赶到翰林院，一直到晚上都在等待皇上的诏令。而事实上应诏的事务很少，自己只有翻翻古书，研究研究历史，探究其中的妙理。读书偶然有了心得，就会掩卷发笑，得到一点乐趣。这种读书的快感，实际上反映出政治上的失意和无聊。接着，诗人就抒写自己的现实处境：周围小人爱拨弄是非，往往颠倒黑白，使正人蒙冤受屈，心怀高洁的人在这里难以找到知音。自己本来是个疏懒散漫、不拘小节的人，屡屡遭到小人狭隘的讥讽，真是令人烦闷不堪。诗人抬头看看窗外云天清朗，不禁回忆起山林的自在生活，诉说对归隐的向往：那里空气清新宜人，时有清风拂面，可以悠闲地倚栏长啸。心中真

七、待诏翰林

羡慕严子陵在桐庐临溪垂钓,也向往谢灵运在临海登山游玩。自己一旦完成功业,也要告别世俗,归隐投钓。诗人向集贤院诸位学士倾诉心迹,申述志趣,透露出对翰林院闲逸无聊生活的厌倦和失望。

太白在有志难伸、知音难求的困境中,深感孤独与苦闷,夜晚常常一个人举杯独酌,对月独白。

> 花间一壶酒,独酌无相亲。举杯邀明月,对影成三人。月既不解饮,影徒随我身。暂伴月将影,行乐须及春。我歌月徘徊,我舞影零乱。醒时同交欢,醉后各分散。永结无情游,相期邈云汉。
>
> ——《月下独酌四首》其一

在月明花香之夜,太白提起一壶酒,自斟自饮,没有可亲的人陪伴,感到孤独寂寞,只好借物为友,举杯邀请天上的明月和自己的身影相伴共饮,这样一个人便化成月、身、影三个人。然而月亮和身影毕竟是虚幻无情的,徒然随身而不懂得饮酒。诗人孤寂难耐,又找不到其他友人,姑且与月亮和身影暂时为伴,开怀痛饮,在此良辰美景中及时行乐,化解人生的孤独感。诗人酒意渐浓,兴致勃勃地载歌载舞,仿佛月亮也在徘徊歌舞,月下的身影也随着自己的舞步动作。诗人担心月亮和身影酒醒时同欢共舞,酒醉后一旦月离影散,又会陷入孤独冷清之中。那怎么办呢?诗人想出一个妙计,与月亮和影子相约,离开人世间,到邈远的天宇去,永作那忘情的交游,不必再为孤独发愁。这似乎是一派醉话,却深沉地反映出诗人心中的孤独与苦闷。人间无知音,只有到虚幻中去寻求慰藉。"永结无情游,相期邈云汉",这不是浪漫奇想,而是诗人孤苦无奈的呼告。

太白嗜好饮酒,喜欢豪饮。他心中苦闷不堪,就借酒浇愁,麻醉自己。

三月咸阳城，千花昼如锦。谁能春独愁？对此径须饮。穷通与修短，造化夙所禀。一樽齐死生，万事固难审。醉后失天地，兀然就孤枕。不知有吾身，此乐最为甚。

——《月下独酌四首》其三

眼看京城三月，千花美如锦绣，谁能独对春愁，唯有饮酒可以解忧。仕途穷通和寿命长短，从来都为造化所禀赋，非自己所能掌握。个人只能一醉齐生死，世上万事之理向来难以弄清楚。喝个大醉忘却天下大事，就好昏昏然就枕酣睡。昏睡之中不知自身生命的存在，这是人生最大的快乐。诗人认为，唯有喝酒才能消除心中的痛苦，才能忘却现实的不平。

这一段时间，太白感到君主疏远自己，心情十分苦闷，就"浪迹纵酒"（李阳冰《草堂集序》）。他不仅在宫廷翰林院中月下独酌，而且还常到长安街市的酒肆里狂饮，酒仙、醉圣之类的名声很快在长安城里传播开来。杜甫后来在《饮中八仙歌》中曾经这样描写："李白一斗诗百篇，长安市上酒家眠。天子呼来不上船，自称臣是酒中仙。"太白醉酒，是追求纵情快意的一种精神享受，并不是成天烂醉如泥不省人事。酣饮不仅不妨碍他作诗为文，而且往往借助酒力让他进入酣畅淋漓的抒情状态，写出很多好诗。五代王仁裕《开元天宝遗事》中记载："李白嗜酒，不拘小节，然沉酣中所撰文章，未尝错误，而与不醉之人相对议事，皆不出太白所料，时人号为'醉圣'。"太白嗜好饮酒不拘小节，被好心人传为街谈佳话，却为不怀好意的小人提供了造谣中伤的口实。

太白在宫廷中的处境越来越不好。奸宦佞臣当道，谗毁接踵而来，君主对他日见疏远，建功立业已无希望，他思前想后，心情异常激愤。

烈士击玉壶，壮心惜暮年。三杯拂剑舞秋月，忽然高咏涕

七、待诏翰林

泗涟。凤凰初下紫泥诏,谒帝称觞登御筵。揄扬九重万乘主,谑浪赤墀青琐贤。朝天数换飞龙马,敕赐珊瑚白玉鞭。世人不识东方朔,大隐金门是谪仙。西施宜笑复宜嚬,丑女效之徒累身。君王虽爱蛾眉好,无奈宫中妒杀人。

——《玉壶吟》

诗人此时此刻壮怀激烈,悲愤难平。他像东晋大将军王敦一样,一边饮酒一边敲击玉壶,吟咏曹操的诗句:"老骥伏枥,志在千里。烈士暮年,壮心不已。"慨叹自己本想像曹操那样干一番大事业,如今年事日高,而壮志未酬。他借酒浇愁仍抑制不住内心的痛苦,于是拔剑而起,对月起舞,忽而又激愤高歌,不禁涕泪交加,感慨万千。他抚今追昔,想想一年前平步青云,何其得意。当初奉诏进京,荣登御筵,供奉翰林,累进辞章,竭诚颂扬圣主,随意调笑朝臣。上朝骑天厩飞龙马,手中挥御赐珊瑚白玉鞭。可是这样的好景不长,目前的境况已今非昔比。如今自己就像东方朔大隐于金马门,身居朝中而不受重用,无人赏识谪仙之才。正反相照,内心的痛苦悲哀不言而喻。尽管如此,诗人说自己执道如一,进退自如,就像天生丽质的西施宜笑亦宜颦,丑女是望尘莫及的。令人可悲的是君王纵然爱好佳丽,而宫中妒忌之风太盛,让美人无法立足。"无奈宫中妒杀人",诗人最后道明了愤击玉壶、涕泪纵横的缘由。

二桃杀三士,讵假剑如霜?众女妒蛾眉,双花竞春芳。魏姝信郑袖,掩袂对怀王。一惑巧言子,朱颜成死伤。行将泣团扇,戚戚愁人肠。

——《惧谗》

太白思前想后,真感到人言可畏,谗言可怕。他借古喻今,用历史故事诉说自己被谗见疏的现实感受:春秋时齐国大夫晏婴用三个桃子杀死三个勇士,哪里用得着动用利剑!朝中嫉妒之风大盛,众女忌妒蛾眉（美女），那是因为双花争春芳，蛾眉胜过众女，她们只能依靠造谣中伤来对付，诚如屈原《离骚》所说："众女嫉余之蛾眉兮，谣诼谓余以善淫。"更可怕的是谗言惑主，借刀杀人：魏国美女深得楚王爱悦，楚王宠妃郑袖对魏姝说："大王不喜欢你的鼻子，你见大王时一定要把鼻子掩起来。"魏姝信以为真。楚王不解魏姝为何对自己掩鼻子，郑袖说："她不愿意闻到你身上的气味。"楚王一怒之下便割去了魏姝的鼻子，致使美女成了伤残人。诗人觉得自己也同样平白无故被谗言所伤害。如今只能像汉成帝时班婕妤被赵飞燕夺宠之后作《怨歌行》，悲泣团扇即将被弃："常恐秋节至，凉风夺炎热。弃捐箧笥中，恩情中道绝。"

太白在宫中遭人谗妒的原因，他晚年写的《书情赠蔡舍人雄》一诗曾经说道："遭逢圣明主，敢进兴亡言。蛾眉积谗妒，鱼目嗤玙璠。白璧竟何辜，青蝇遂成冤。"他在宫中能够直言议论国家兴亡的大事，反而遭到了小人的谗毁，就像混珠的鱼目嘲笑美玉一样。苍蝇遗屎于白璧之上，结果让白璧蒙受了不洁之冤。他在《流夜郎赠辛判官》一诗说："昔在长安醉花柳，五侯七贵同杯酒。气岸遥凌豪士前，风流肯落他人后。"他这种气势傲岸、平交王侯、我行我素、不肯媚俗的作风，也必然会遭到嫉妒者的中伤。

太白受到玄宗的冷淡疏远，那是因为有人在皇上面前进了谗言。他在《赠溧阳宋少府陟》中说："早怀经济策，特受龙颜顾。白玉栖青蝇，君臣忽行路。"君臣之间忽然疏远如同素不相识的路人，是因为白玉沾上了苍蝇屎，有人进谗言污损了他。那么谗谤者是什么人呢？太白在《答高山人兼呈权顾二侯》中说："谗惑英主心，恩疏佞臣计。"《为宋中丞自荐表》中说："为贱臣作诡，遂放归山。"至于佞臣、贱臣指什么人，他在诗文中不便明言，但后来告诉了亲友，得以传播开来，因而在文献中有一些记载。魏颢在

七、待诏翰林

《李翰林集序》中说玄宗原来要委任太白为中书舍人,"以张垍谗逐"。也就是说太白是由于张垍进谗而被放逐。张垍为玄宗驸马,当时任翰林学士,他忌妒太白这样的才俊与其同列,因此视太白为眼中钉,必欲去之而后快。李阳冰在《草堂集序》中说:"丑正同列,害能成谤,帝用疏之。"是符合实际情况的。李濬《松窗杂录》还讲高力士与太白没受重用有关。高力士是玄宗最为亲信的宦官,太白在宫殿里喝醉了酒,曾经伸脚叫高力士脱靴,高力士深以为耻,怀恨在心。因此他就找机会挑拨离间,报复太白。前面讲到杨玉环对太白写的《清平调词》十分欣赏,经常吟唱。有一次当杨妃唱到"借问汉宫谁得似?可怜飞燕倚新妆"时,在一旁的高力士说:赵飞燕原是娼家出身,李白以赵飞燕暗指您,那是在作践您,您怎么还对这样的词念念不忘呢?杨妃听了幡然醒悟,认为高力士说得很对,从此对太白怀恨在心。玄宗打算给太白委任官职,都被杨妃坚决阻止。对太白谗毁的张垍、高力士之流都是一些恃宠贵盛的人物,难怪太白感到无可奈何,对自己的处境忧心忡忡。

> 孤兰生幽园,众草共芜没。虽照阳春晖,复悲高秋月。飞霜早淅沥,绿艳恐休歇。若无清风吹,香气为谁发?
>
> ——《古风》其三十八

这首诗太白运用比兴手法抒怀,自伤处境艰难,孤立无援。他说自己就像孤兰生长于幽园之中,而被众多杂草包围掩没。虽有过春天阳光照临,但深秋肃杀,寒气逼人,飞霜已经淅沥而至,青枝绿叶就要凋零枯萎。若没有清风的吹拂,纵有清香又能为谁而发?诗人感到自己处在群邪的包围之中,谗忌之势如同严霜威逼,处境岌岌可危,生平理想即将付之东流,急需有人伸手援助。

太白为了挽救危局,向皇上发出紧急呼吁,写了《相逢行》:

> 朝骑五花马,谒帝出银台。秀色谁家子,云车珠箔开。金

> 鞭遥指点，玉勒近迟回。夹毂相借问，疑从天上来。蹙入青绮门，当歌共衔杯。衔板映歌扇，似月云中见。相见不得亲，不如不相见。相见情已深，未语可知心。胡为守空闺，孤眠愁锦衾。锦衾与罗帏，缠绵会有时。春风正澹荡，暮雨来何迟？愿因三青鸟，更报长相思。光景不待人，须臾发成丝。当年失行乐，老去徒伤悲。特此道密意，无令旷佳期。

《相逢行》是乐府旧题，属相和歌辞。胡震亨《李诗通》注："《相和歌》本辞言相逢年少，问知其家之豪盛。此则言相逢其人，仍不得相亲。恐失佳期，回环致望不已。"诗人生活在宫中，每天下朝出银台门经常能见到君主，但已不得亲近君主，心中十分焦急。他于是用乐府旧题，学习屈原《离骚》托男女致辞的手法，写下这首诗，表达自己的诉求。从表面上看，这首诗叙写道逢佳人、不得相亲、缠绵思念、恐失佳期的故事，而实质上是以男女之情比喻君臣关系，抒写自己被君主疏远的怨情，大胆喊出了"相见不得亲，不如不相见"的呼声。诗中倾诉了自己对君主的忠心诚意和殷切期待。最后托信使传达密意：时光不等人，机会难再有，千万不要荒废了佳期！胡震亨注曰："臣子暌隔之痛，思慕之诚，具见于是。"

太白"无令旷佳期"的呼吁，没有得到君主的回应，心中感到十分无奈。

> 绿萝纷葳蕤，缭绕松柏枝。草木有所托，岁寒尚不移。奈何夭桃色，坐叹葑菲诗？玉颜艳红彩，云发非素丝。君子恩已毕，贱妾将何为？

——《古风》其四十四

这首诗以夫妇比喻君臣，抒发自己失宠于君主的感慨：绿萝缭绕攀援于松柏之上而荣茂，草木相互依托尚且岁寒而不移，而我奈何以夭桃之色而至有"葑菲"之叹，如今红颜如花、鬓发如云就失

七、待诏翰林

去了君主的恩宠。"君子恩已毕,贱妾将何为?"太白失去了君主的恩宠,感到万般无奈,不知所措。他向来认为只有辅佐君王,才能施展抱负,实现自己济世的理想。他担心这样的机会一旦失去,自己不知如何是好!

太白的处境无法逆转,去留问题在他心中提上了议事日程。

秦地见碧草,楚谣对清樽。把酒尔何思?鹧鸪啼南园。予欲罗浮隐,犹怀明主恩。踌躇紫宫恋,孤负沧洲言。终然无心云,海上同飞翻。相期乃不浅,幽桂有芳根。

——《同王昌龄送弟襄归桂阳二首》其一

天宝二年(743)秋,太白与王昌龄一起为其族弟襄把酒送行时,酒后吐真言,透露出他处于去留之间的矛盾心情。他说自己也想到岭南罗浮山隐居,但又怀念明主,眷恋宫阙,心中一直犹豫不定,辜负了初心。不过归隐终究是为期不远的事情。

何处可为别?长安青绮门。胡姬招素手,延客醉金樽。临当上马时,我独与君言。风吹芳兰折,日没鸟雀喧。举手指飞鸿,此情难具论。同归无早晚,颍水有清源。

——《送裴十八图南归嵩山二首》其一

在长安青绮门,太白送裴图南归隐嵩山。酒店胡姬招手请客人入店,诗人便为裴图南金樽饯行。两人虽然离别之情无限,但却只是倾杯而饮,无言相对。临上马分手时,他才把裴图南拉到僻静之处,偷偷地诉说自己的心事:如今朝廷里芳草遭受狂风摧残,鸟雀喧嚣不休,贤能君子备受打击,佞幸小人嚣张得势。他手指天上飞鸿,示意也要像飞鸿一样摆脱牢笼,展翅高飞。低声说:此中隐情,一言难尽。与你一样归隐,只是时间早晚问题,颍水清源,才是最终的归宿之地。

天宝三载(744)正月,八十六岁高龄的贺知章,因不满朝政,恳请度为道士,辞官还乡。玄宗念他是三朝元老,赐鉴湖一曲为贺知章养老之地,并赋诗送行。临行那天,朝廷百官都到长安东门外长乐坡为他钱行。太白感念贺知章知遇之恩,单独送贺知章到阴盘驿(今西安市临潼区东北),临别时奉上《送贺宾客归越》诗一首:

> 镜湖流水漾清波,狂客归舟逸兴多。山阴道士如相见,应写《黄庭》换白鹅。

贺知章接过诗一看,连声说"好",就高高兴兴地挥手告别了。

诗人就是为了让贺老高兴,才在送别诗中只字不言离愁别恨,而是特意渲染贺知章辞官还乡的豪情逸兴和在山阴养老生活的高雅情趣,突出其不同凡俗的人格。诗写得很巧妙,"知章越人而工书,故借王羲之与山阴道士换鹅事以美之,兼致送归之意,用典极为精切,亦饶情趣"(富寿荪:《千首唐人绝句评解》)。

贺知章走了以后,太白在朝中感到更加孤独,别说知己,连酒友也没有了。他觉得自己也应该步贺老的后尘,离开这个是非之地了。

> 小隐慕安石,远游学子平。天书访江海,云卧起咸京。入侍瑶池宴,出陪玉辇行。夸胡新赋作,谏猎短书成。但奉紫霄顾,非邀青史名。庄周空说剑,墨翟耻论兵。拙薄遂疏绝,归闲事耦耕。顾无苍生望,空爱紫芝荣?寥落暝霞色,微茫旧壑情。秋山绿萝月,今夕为谁明?
>
> ——《秋夜独坐怀故山》

诗人秋夜独坐,思前想后,斟酌再三,终于下定了退隐还山的决心。他想到入朝之前自己隐居山林,漫游江海,无意于富贵显达。只因天子求贤于江海,自己才应诏进京。入朝之后,颇受君王宠信,侍奉御宴,陪同出行,撰写诗赋,建言献策,只为辅君济世,不求青史留名。谁料到自己空怀庄周说剑、墨翟论兵的才能而得不到重用,终因性拙才薄被君王疏远而恩宠断绝,如今唯一的出

七、待诏翰林

路只有退隐山林，躬耕陇亩。自己心中岂无拯济苍生的愿望，空爱那隐士之高名？此乃无奈之举也。此刻他想起故山秋天傍晚美好宜人的景致，感到重归山林才是聊可自慰的归宿。

辟邪伎作鼓吹惊，雉子斑之奏曲成，喔咿振迅欲飞鸣。扇锦翼，雄风生，双雌同饮啄，趫悍谁能争？乍向草中耿介死，不求黄金笼下生。天地至广大，何惜遂物情？善卷让天子，务光亦逃名。所贵旷士怀，朗然合太清。

——《设辟邪伎鼓吹雉子斑曲辞》

一天晚上，太白在宫中观看了《雉子斑》歌舞表演以后，有感于雉鸟的耿介不屈，写了这首诗。鼓吹曲辞《雉子斑》是歌咏雉鸟的古曲辞。据古书记载，雉鸟性情耿介，被人抓获以后，"必自屈折其头而死"。歌舞表演再现了雉鸟这种强悍不屈的精神，太白看了以后产生强烈共鸣，于是他托物明志："乍向草中耿介死，不求黄金笼下生。"这两句掷地有声的话，其实是太白的夫子自道，显示了诗人傲岸不屈的气节和对精神自由的追求。诗人经历了一段矛盾痛苦的思想历程之后，做出了果断的决定，公然宣告：宁愿辗转于山野草地清白地死，也不愿再苟活在豪华宫殿受制于人！诗人生怕言之未明，还直接出面做了一番议论。他说天地之大，无所不容，必能使万物保全自身的本性。古代隐士善卷辞让天下，务光不要声名，都显示了旷达之士的坦荡胸怀，合乎天道，顺乎人情。经过这样一番论证，诗人对自己辞京还山的决定更感到无可迟疑，从而产生一种登高望远的心态。

登高望四海，天地何漫漫。霜被群物秋，风飘大荒寒。荣华东流水，万事皆波澜。白日掩徂晖，浮云无定端。梧桐巢燕雀，枳棘栖鸳鸾。且复归去来，剑歌《行路难》。

——《古风》其三十九

诗人登高望远，面对苍茫天地，只见秋霜覆盖万物，寒风呼啸旷野，扑面而来的是一股肃杀之气。他不禁感慨荣华富贵，如东流之水一去不返；万事盛衰，像波澜一样起伏无常。眼望天上浮云恣意飘动，掩盖落日余晖，心想朝廷谗邪惑主，明主光辉不再。以致如今是非不分，黑白颠倒，燕雀栖息于梧桐高枝，鸾凤止宿于荆棘杂木，小人得志，君子失所。这样的处境让人难以立足，自己只得弹剑高歌《行路难》而归去。诗人这时候对朝廷时局认识已比较清楚，因此辞京还山的决心也越加坚定，明确选定了离开的道路。

同年三月，太白正式上书玄宗，请求还山。玄宗对太白已不感兴趣，就做了个顺水人情，批准他的请求，赐了一笔钱财，让他离开宫廷。此时的玄宗不再是一个宵衣旰食、励精图治的英主，而是一个沉迷声色、听信谗言的昏君。朝中奸佞小人当道横行，忠心耿耿之士难于立足。太白受到"赐金放还"处理，也是势在必然的。

太白离开翰林院时，给知己同僚写了一首留别诗。

  好古笑流俗，素闻贤达风。方希佐明主，长揖辞成功。白日在青天，回光烛微躬。恭承凤凰诏，欻起云萝中。清切紫霄迥，优游丹禁通。君王赐颜色，声价凌烟虹。乘舆拥翠盖，扈从金城东。宝马骤绝景，锦衣入新丰。倚岩望松雪，对酒鸣丝桐。方学扬子云，献赋甘泉宫。天书美片善，清芳播无穷。归来入咸阳，谈笑皆王公。一朝去金马，飘落成飞蓬。宾友日疏散，玉樽亦已空。长才犹可倚，不惭世上雄。闲来《东武吟》，曲尽情未终。此书谢知己，扁舟寻钓翁。

——《还山留别金门知己》

太白留别金门知己的这首诗，是待诏翰林前后三年生活的一个小结。诗歌首先抒写自己的人生志趣，说自己崇尚古道，鄙弃流俗，仰慕古贤达之风，本希望辅佐当今明主，成就一番事业，而后

七、待诏翰林

辞归林下。接着,回顾自己奉诏入京待诏金马,宝马锦衣扈驾新丰,效仿扬雄向天子献赋,得到天子赞美,美名远扬的经历,依然引以为傲。最后,向友人表示:尽管离开金马门以后,一切优裕的生活待遇全没有了,宾友也随之疏散,自己又成了一团飘落无定的飞蓬,并没有因仕途失落而失去自信:"长才犹可倚,不惭世上雄",他自恃才力出众,并不在当世英雄豪杰面前感到惭愧。诗人恃才自傲不服输的性格,是他不屈前行的一种精神支撑。

然而真正到离开长安时,太白的心情还是复杂难耐的。

秦水别陇首,幽咽多悲声。胡马顾朔雪,躞蹀长嘶鸣。感物动我心,缅然含归情。昔视秋蛾飞,今见春蚕生。嫋嫋桑结叶,萋萋柳垂荣。急节谢流水,羁心摇悬旌。挥涕且复去,恻怆何时平?

——《古风》其二十二

学剑翻自哂,为文竟何成?剑非万人敌,文窃四海声。儿戏不足道,五噫出西京。临当欲去时,慷慨泪沾缨。

——《经乱离后天恩流夜郎忆旧游书怀赠江夏韦太守良宰》(节录)

前诗写于离京当时,后一节诗出于日后回忆,都情真意切地反映了太白挥泪别长安的凄苦之情。太白从天宝元年(742)秋天进长安,到天宝三载(744)暮春离长安,"昔视秋蛾飞,今见春蚕生",岁月如流水过了三个年头,抚今追昔,见物动心,功业无成,只得挥泪而归,悲痛难平。原本以为奉诏入京就可以大有作为,实现辅君济世的平生抱负,哪想到待诏翰林后仍得不到重用,遭谗被疏,无奈之下自己提交辞呈,君主连半句挽留的话也没说,就批准还山了。诗人报国无门,挥涕告别长安,抆血沾衣,伤痛之情何时能够平息?

诗人的伤痛,不仅为一己的失落,更为家国的衰敝。

"奈何青云士,弃我如尘埃。珠玉买歌笑,糟糠养贤才。"(《古风》其十五)重色轻贤,广开贤路的传统断送了!

"蟪蛄入紫微,大明夷朝晖。浮云隔两曜,万象昏阴霏。萧萧长门宫,昔是今已非。"(《古风》其二)浮云蔽日,万象昏阴,清明盛世今非昔比了!

"蟾蜍蚀圆影,大明夜已残。羿昔落九乌,天人清且安。阴精此沦惑,去去不足观。忧来其如何?凄怆摧心肝。"(《古朗月行》)蟾蜍侵蚀,满月转亏,残夜昏暗不明,大唐天下朗月清辉不再,触景伤怀,凄然摧人心肝!

这样的局面,诗人如何不伤痛?

离开长安以后人生道路究竟应该如何走,太白心中一片茫然,不知所措。《行路难》其一如实反映他这时候迷惘复杂的心情。

> 金樽美酒斗十千,玉盘珍羞值万钱。停杯投箸不能食,拔剑四顾心茫然。欲渡黄河冰塞川,将登太行雪满山。闲来垂钓碧溪上,忽复乘舟梦日边。行路难,行路难!多歧路,今安在?长风破浪会有时,直挂云帆济沧海。
>
> ——《行路难三首》其一

太白离京时,长安的朋友摆设盛宴为他饯行。面对豪华丰盛的美酒佳肴,太白喝不下、吃不下。他停杯投箸,拔出长剑,环顾四方,不知道出路在哪里,心绪茫然不知所措。他感到眼前诸路不通,欲进不能:想渡黄河水,坚冰阻塞,舟楫难渡;将登太行,雪满群山,攀登无路。在人生的道路上,处处事与愿违,遍地险阻丛生。无奈之下,他只好学吕尚垂钓碧溪,梦伊尹心存希望,吕尚、伊尹不是隐居待时,最终都有时来运转、君臣遇合的一天嘛。这种自我宽慰,固然增加了对未来的信心,却无法解决当前人生境遇的艰难。面对走投无路的现实处境,他还是万分焦急,不禁发出了

七、待诏翰林

"行路难,行路难!多歧路,今安在"的呐喊,天下仕进之路很多,而我的可行之路不知在哪里?然而太白究竟有自己的理想追求,即使悲感至极他也不会自暴自弃,对前途总是怀有一份自信和希望。诗的结尾突然振起音情,发出高昂乐观的豪言壮语:"长风破浪会有时,直挂云帆济沧海。"他坚信总会有那么一天,能够实现自己的宏伟抱负:高挂云帆,乘长风破万里浪,克服重重险阻,横渡沧海,到达理想的彼岸。在离别长安之际,诗人尽管苦闷之极,心中矛盾重重,茫然不知所措,但他最终并没有从苦闷彷徨中走向绝望与幻灭,而是走向了希望和光明,仍然表现出对理想抱负的执着追求和对人生前途的乐观信念,这正是太白最为难能可贵的地方。

太白动身离京的那天,去向友人王侍御道别,碰巧王侍御不在家,只见壁架上的一只鹦鹉在孤鸣。他把鹦鹉从壁架上取下来,向空中一抛,把它放飞了,挥笔在墙壁上题了一首诗。

> 落羽辞金殿,孤鸣托绣衣。能言终见弃,还向陇西飞。
> ——《初出金门寻王侍御不遇咏壁上鹦鹉》

"此以鹦鹉自喻也。辞君而去,有如落羽;寻友不逢,譬之孤鸣。……既以怀才见弃,便当高举以还故居,畴能复恋金门乎?"(唐汝询《唐诗解》卷二十一)诗人就像放飞的鹦鹉,从此摆脱牢笼,展翅飞向广阔的天地,去经风雨,见世面。

太白二入长安虽然乘兴而去,败兴而归,以失望告终,使他的从政理想经历了一次大幻灭,但对他的人生事业来说,未必是坏事。这一段深入朝廷的难得经历,使他洞察朝政时弊,认清了自己所处的时代,成为当时社会盛衰转折的预言家:"浮云蔽紫阁,白日难回光"(《古风》其三十七),"古道连绵走西京,紫阙落日浮云生"(《灞陵行送别》),奸邪蔽主,君主光辉不再,大唐盛世如西山落日好景不长。这样的政治敏感和清醒认识,在当时社会无出其右。从诗歌创作的视角看，太白二入长安的不幸，更是一件好事。"如果李白不进宫廷，他对政治黑暗和统治阶级的腐朽本质便不能具有那样深刻的认识，从而就不能对社会盛极而衰的必然趋势具有坚信不疑的预感；如果他入宫后功成名遂或安心做个宫廷诗人，便不会对统治阶级进行那样大胆的揭露和抨击，他的抒发个人痛苦的诗篇便不会同广大人民的情绪产生和谐共鸣。"（裴斐《李白十论》，第44页）太白经历了两年多的宫廷生活之后回到民间广阔的天地，人生的转折和丰富的阅历必然促进他创作的丰收和诗风的转变，使他登上思想与艺术的一个新高峰。正如有的学者所指出的："可以说李白二入长安是以丢官救赎了作为诗人的自身，也救赎了整个唐代诗史。"（赵昌平《李白诗选评》，第92页）

八、迷惘苏醒

  我本不弃世，世人自弃我。一乘无倪舟，八极纵远柂。
——《送蔡上人》（节录）

  天宝三载（744）暮春，太白怀着被世遗弃、失落迷惘的心情，离开长安，开始云游八方之旅。他出武关，取道商洛东行，先到商山（在今陕西商洛市），拜谒"商山四皓"的陵墓，寻求心灵的寄托。此行他写下《商山四皓》《过四皓墓》和《山人劝酒》三首诗。

  苍苍云松，落落绮皓。春风尔来为阿谁，胡蝶忽然满芳草。秀眉霜雪颜桃花，骨青髓绿长美好。称是秦时避世人，劝酒相欢不知老。各守麋鹿志，耻随龙虎争。欻起佐太子，汉皇乃复惊。顾谓戚夫人，彼翁羽翼成。归来商山下，泛若云无情。举觞酹巢由，洗耳何独清。浩歌望嵩岳，意气还相倾。
——《山人劝酒》

  商山四皓，是太白心中的偶像。所谓商山四皓，是指秦末汉初四位著名学者，一名东园公，二名用里先生，三名绮里季，四名夏黄公，都是修道洁身、不求仕禄爵位的人。他们不满秦始皇暴政，长期隐居在商山。到汉初已是白发苍苍的老人。曾一度出山辅佐汉高祖刘邦的太子刘盈,功成身退,回商山继续隐居。太白在《商山四皓》一诗中,称道他们隐居修道、汉初辅佐太子、"功成身不居"的高尚品德,值得万古仰慕。诗人在另一首题为《过四皓墓》的诗中,面对商山四皓古墓荒坟,诗人不禁感慨唏嘘:"紫芝高咏罢,青史旧名传。今日并如此,哀哉信可怜!"四皓曾在此高咏《紫芝歌》隐居,在青史上传其美名。如今亦是这样贤人避世,真是可悲可怜!《山人劝酒》一诗,写四皓在山中劝酒相欢:商山云松,孤高独立,商山四皓,卓绝千古。此刻春风徐来,蝴蝶翩翩,芳草满园,景色宜人。四位山人白眉红颜,青骨绿髓,形象美好。他们自称秦时避世人士,遁隐在此,相互劝酒,陶然自乐。诗人也仿佛置身其中,与四人对酌相欢,不知老之将至。接着诗人称颂四皓隐能守志保节,出能辅国济世,使国家安定,而功成身退,又回到商山隐居,没有眷恋功名富贵的世俗之情。将以上古隐士与巢父、许由作对比,认为四皓志趣高出纯粹的隐士,隐则有道,出则有为,非寻常的隐士可比。"浩歌望嵩岳,意气还相倾"两句,王琦注释曰:"此正尚友古人之意。"也就是说自己与巢父、许由以及商山四皓志趣相投,意欲步其后尘,与他们为友。诗人在商山与四皓的这次精神聚会,是一种自我安慰和自我解脱。

四月,太白来到洛阳,在这里遇见了杜甫。杜甫这时三十三岁,比太白小十一岁,但两人意气相投,一见如故。杜甫《赠李白》诗云:

> 二年客东都,所历厌机巧。野人对膻腥,蔬食常不饱。岂无青精饭,使我颜色好。苦乏大药资,山林迹如扫。李侯金闺彦,脱身事幽讨。亦有梁宋游,方期拾瑶草。

杜甫这首诗,把李杜相遇时两人的生活境遇、处世态度描述得十分清楚。这时杜甫寄居洛阳已有两年,生活陷入困境,温饱常成

八、迷惘苏醒

问题。他所遇到的尽是虚伪钻营之辈,令人厌烦透顶,不齿与他们交往。而太白本是宫廷中的才俊之士,却自求放还,寻讨幽隐生活。这令杜甫大为敬佩。他听说太白打算漫游梁(开封)、宋(商丘),就希望一同去求仙访道,远离机巧的世俗。两人真是情投意合,一见定交。后来他在《寄李十二白二十韵》中这样记叙当初对太白的印象:"乞归优诏许,遇我宿心亲。未负幽栖志,兼全宠辱身。剧谈怜野逸,嗜酒见天真。"他对太白辞京还山的举动、健谈天真的风格,都觉得可敬可亲,非常喜欢。

当年秋天,太白邀请杜甫一起去游梁、宋。他们先到大梁城(唐时称汴州,今河南开封市),在大梁,遇到了在那里漫游的诗人高适,也就应邀参加这一次游历。他们三人在大梁城荡舟蓬池,流连汴河,寻访夷门,登临吹台。古大梁城是战国时期魏国的都城,曾出过著名侠士侯嬴和朱亥。这一天,三人携酒同登城南古吹台,纵酒赋诗,慷慨怀古。

太白他们三人游过大梁之后即到宋州(即睢阳,今河南商丘)。在宋州的梁园,他们登临西汉梁孝王的平台,然后到附近孟诸野湿地游猎,到单父县的单父台行宴游乐,一起狂歌度日。太白有诗记述秋猎孟诸泽的情况。

> 倾晖速短炬,走海无停川。冀餐圆丘草,欲以还颓年。此事不可得,微生若浮烟。骏发跨名驹,雕弓控鸣弦。鹰豪鲁草白,狐兔多肥鲜。邀遮相驰逐,遂出城东田。一扫四野空,喧呼鞍马前。归来献所获,炮炙宜霜天。出舞两美人,飘飘若云仙。留欢不知疲,清晓方来旋。
>
> ——《秋猎孟诸夜归置酒单父东楼观妓》

孟诸泽在宋州治宋城(今河南省商丘市南)和单父(今山东省单县)之间,是一片周长五十里的湿地。三位诗人骑骏马,持宝弓来到这里行猎。他们跨马奔驰，拉弓鸣镝，箭声响处，猎物纷纷倒地。猎鹰闪电般追入草间，将射中的猎物衔回，狐兔个个肥鲜。经过一番驰逐拦截，将散落四野的猎物一扫而空。于是欢呼而归，各献所得。三人在孟诸野打了一天的猎，当晚到单父县城，单父县县令在东楼设宴接待他们。他们一边炮制野味，饮酒品鲜，一边观赏美人歌舞，纵情欢乐，以至通宵达旦。

值得注意的是太白这首描写快意游猎诗的开头一段议论：岁月飞速流逝如短炬将尽，河水奔流入海无止息之时。人生易老，冀求仙药留年，然此药不可得，生命有如浮烟，不如骑马打猎，尽情欢娱一番。尽管在与朋友游乐过程中，诗人还是无法走出遭受巨大打击之后消极悲观情绪的阴影。

杜甫对这次游历印象很深，他在晚年写的《遣怀》诗中忆述了登吹台的情景："忆与高李辈，论交入酒垆。两公壮藻思，得我色敷腴。气酣登吹台，怀古视平芜。芒砀云一去，雁鹜空相呼。"他在《昔游》诗中忆述了登单父台的情景："昔者与高李，晚登单父台。寒芜际褐石，万里风云来。桑柘叶如雨，飞藿去徘徊。清霜大泽冻，禽兽有余哀。"从杜甫的忆述，可以看到太白和杜甫、高适当年漫游梁、宋的具体生活情景。

太白和杜甫、高适一起在梁、宋两地徜徉流连了几个月时间，彼此了解比较深，分别时杜甫写了一首赠诗给太白。

> 秋来相顾尚飘蓬，未就丹砂愧葛洪。痛饮狂歌空度日，飞扬跋扈为谁雄？

——杜甫《赠李白》

杜甫对太白说：我们一个秋天像飘转不定的蓬草，到处流离漂泊，求仙访道也没有什么成就，实在有愧于先师葛洪。天天痛饮狂歌，虚度年华没有什么作为，如此狂放不羁，究竟凭借什么可以称

八、迷惘苏醒

雄自大？这一席话，既是愤世嫉俗之词，又是规诫自警之言。两人怀才不遇，同病相怜，慨叹有志无处伸展，英雄无用武之地，又感到长此以往浪费生命，于心不甘，我们还是应该考虑今后的出路问题。

稍后，高适因事入楚，他告别太白等人时也写了一首辞别诗。

> 李侯怀英雄，肮脏乃天资。方寸且无间，衣冠当在斯。俱为千里游，忽念两乡辞。且见壮心在，莫嗟携手迟。凉风吹北原，落日满西陂。露下草初白，天长云屡滋。我心不可问，君去定何之？京洛多知己，谁能忆左思？
>
> ——高适《宋中别周梁李三子》（节录）

高适诗表达了对李白等人的惜别之情，称赞太白气雄万夫、高傲耿直。

其实，太白在这段时间痛饮狂歌，放达度日，只是表面现象。他的内心并不平静。在梁园，他曾与岑征君相遇。此人为岑参的从四兄岑勋。在岑征君回鸣皋山时，诗人曾写过两首送别诗，谈到自己的现实心态。在《送岑征君归鸣皋山》一诗中说："光武有天下，严陵为故人。虽登洛阳殿，不屈巢由身。余亦谢明主，今称偃蹇臣。"他说严子陵虽为光武帝故人，而仍学巢由去隐居。自己亦辞别明主，甘为偃蹇之臣，唯求无愧于古人。他在《鸣皋歌送岑征君》一诗中，回顾在朝的经历，更是抑制不住愤慨不平的情绪。

> 鸡聚族以争食，凤孤飞而无邻。蝘蜓嘲龙，鱼目混珍。嫫母衣锦，西施负薪。若使巢由桎梏于轩冕兮，亦奚异于夔龙蹩躠于风尘？哭何苦而救楚，笑何夸而却秦。吾诚不能学二子沽名矫节以耀世兮，固将弃天地而遗身。白鹤兮飞来，长与君兮相亲。

当今群鸡聚族而争食，自己在朝廷如凤立鸡群孤独无邻。可在这壁虎嘲笑苍龙、鱼目可以混珠、丑女衣锦、西施负薪的年代，真伪混淆，美丑颠倒。将贤人羁身于朝廷，与蘷龙废弃于风尘又有何不同？至若申包胥哭秦廷救楚，鲁仲连谈笑却秦军，自己既不能像这两位高人那样为国排忧解难，显名节于后世，则只有弃世而去，长与白鸥相亲了。诗人这是一种壮志难酬、万般无奈的选择。这时候，他认为入道出世是自己目前唯一的可行之路，因此决计专心致志修仙学道，永远脱离红尘："我将行丹砂，永与世人别"（《古风》其五）。

与岑勋分别之后，太白就前往安陵（今属河北省）访道，请道士盖寰为他造真箓，又通过陈留采访大使李彦允的中介，到齐州（今山东省济南市）紫极宫，请北海高天师如贵为他受传道箓。真箓和道箓，就是道教所传的符箓，据说这种符箓具有威慑十方、通真达灵、护身驱邪的法力。一个人接受道箓之后，就算正式加入道籍，成为真正的道士。政治上失意的苦闷需要寻求解脱，太白此时因仕途失意，入道出世的思想占了上风，热衷信奉道教，想以超乎现世的"道"为归宿。他加入道籍后，一度沉迷于炼丹服药，还曾写过道书。

> 为我草真箓，天人惭妙工。七元洞豁落，八角辉星虹。三灾荡璿玑，蛟龙翼微躬。举手谢天地，虚无齐始终。黄金满高堂，答荷难克充。下笑世上士，沉魂北罗酆。昔日万乘坟，今成一科蓬。赠言若可重，实此轻华嵩。
>
> ——《访道安陵遇盖寰为予造真箓临别留赠》（节录）
>
> 抑予是何者，身在方士格。才术信纵横，世途自轻掷。吾求仙弃俗，君晓损胜益。不向金阙游，思为玉皇客。鸾车速风电，龙骑无鞭策。一举上九天，相携同所适。
>
> ——《草创大还赠柳官迪》（节录）

《访道安陵遇盖寰为予造真箓临别留赠》诗说盖夫子为我写的

八、迷惘苏醒

符箓高妙至极，使有道之人都感到惭愧。符箓文字如星虹八角生辉，人的七窍元气顿时豁落洞开。有了它，三灾可以荡平，蛟龙为我驾身腾飞。挥手告别天地，虚无超脱生死。此件符箓是无价之宝，黄金满堂也难以报答。我飞升在天上，下笑世人不懂万事皆空，你看万乘之君的坟墓而今不过一蓬草堆。何不舍弃荣华富贵而学道成仙！我此赠言若可以论轻重，它的分量重于华山、嵩岳。

《草创大还赠柳官迪》诗说，我现在是什么人？我已经是一个身为道籍的方士，谁还能把我怎么样呢。我原本信奉纵横之术，乃至被世途所轻易抛弃。我懂得了求仙弃俗，明白了损益之道，知道进不如退。因此不愿为帝京宫阙之游，而思作天上玉皇之客。驾鸾车快如飞电，骑飞龙不用鞭策，一举飞上九天，携手遨游太空，不再牵挂于世途得失荣辱。

诗人这两段自白，从表面看说得何等洒脱飘逸，从根源看却是何等痛苦无奈！两次入长安的失败，特别是"攀龙忽堕天"的际遇，辅君济世理想的破灭，对太白来说是多么大的打击，要承受多么大的痛苦啊！他怎么来应付这种打击，来解脱这种痛苦呢？他在现实生活中进退无路，只有弃俗求仙，"不向金阙游，思为玉皇客"，入籍为道士，飞升上九天，聊以慰藉内心的痛楚，使自己的心灵得以安顿，人生有个归宿。

太白接受道箓以后，并没有在道观住下来，而是回到了鲁郡瑕丘城（今山东济宁市）自己家里。他用玄宗的赐金置买了田产，还建造了一座酒楼于南陵田舍院落中，天天宴饮其上，借酒麻醉自己，很少有清醒的时候。清醒的时候就在楼上看看道书。

　　海鸟知天风，窜身鲁门东。临觞不能饮，矫翼思凌空。钟鼓不为乐，烟霜谁与同？归飞未忍去，流泪谢鸳鸿。

——《赠任城卢主簿潜》

这首赠人之作吐露了诗人当时的心绪：他把自己比喻为一只海鸟，知道海上多风，先避于鲁门之东。但不甘于饮酒度日，仍想振翅凌空飞翔。虽有钟鼓亦不为乐，倍感风霜凄凉，孤独无伴。诗人的用世之心其实并未完全泯灭，仍欲一展宏图之志，只是苦于找不到出路。

天宝四载（745）春夏之交，李白、杜甫、高适再次相会于齐州（今山东省济南市）。他们都应齐州官员李之芳之邀，参加一座新亭的落成典礼。李之芳是北海（青州）太守李邕的族孙，李邕也应邀来到齐州作客。李白、杜甫、高适都非常高兴有机会拜见这位德高望重的文坛老将。他们一起参加宴游活动，聚会谈诗论文，留下了不少诗篇。杜甫有《陪李北海宴历下亭》《同李太守登历下古城员外新亭》，高适有《奉酬北海李太守丈人夏日平阴亭》，李邕也有《登历下古城员外新亭》。李白此时已是名满天下的诗人，与年轻时在渝州拜见李邕的情况大为不同，他应该感慨良多，但在现存诗中只留下《陪从祖济南太守泛鹊山湖三首》。鹊山湖在今济南市北二十里，该湖北岸有鹊山。李白陪同李邕游鹊山湖时写下了这三首诗，记叙湖山景色，抒写与太守同舟而游的乐趣。

同年秋天，杜甫来到瑕丘造访，太白大为高兴。他带着杜甫同上东蒙山（今龟蒙山），访道于元丹丘和董炼师，探寻道家秘笈与炼丹求药之术。一路上携手同行，醉眠共被，亲如兄弟。在东蒙山，正值元丹丘要去西岳华山求仙修道，太白写了一首《西岳云台歌送丹丘子》，为他送行。李、杜二人在董炼师的修行静室和炼丹炉旁认真参悟学习了几天，感到颇有所得，乐而忘返。杜甫后来在《昔游》一诗中回忆了这一次访道的经历："东蒙赴旧隐，尚忆同志乐。伏事董先生，于今独萧索。"过了很多年，杜甫还把与李白一起跟随董炼师修行、炼丹的事看成"同志乐"。

八、迷惘苏醒

回到瑕丘城之后，他们痛饮狂歌了好几天，闲着无事，想趁秋高气爽的好天气出去走走。李白忽然想起附近山中有一位隐居的朋友，两人就骑上马，一起去城北访问隐士范十，太白有《寻鲁城北范居士失道落苍耳中见范置酒摘苍耳作》记其事：

> 雁度秋色远，日静无云时。客心不自得，浩漫将何之？忽忆范野人，闲园养幽姿。茫然起逸兴，但恐行来迟。城壕失往路，马首迷荒陂。不惜翠云裘，遂为苍耳欺。入门且一笑，把臂君为谁。酒客爱秋蔬，山盘荐霜梨。他筵不下箸，此席忘朝饥。酸枣垂北郭，寒瓜蔓东篱。还倾四五酌，自咏猛虎词。近作十日欢，远为千载期。风流自簸荡，谑浪偏相宜。酣来上马去，却笑高阳池。

关于这次访友活动，杜甫也写有《与李十二白同寻范十隐居》一诗：

> 李侯有佳句，往往似阴铿。余亦东蒙客，怜君如弟兄。醉眠秋共被，携手日同行。更想佳期处，还寻北郭生。入门高兴发，侍立小童清。落景闻寒杵，屯云对古城。向来吟《橘颂》，谁欲讨莼羹。不愿论簪笏，悠悠沧海情。

两位诗人的这两首诗，共同记叙了一次难忘的城郊访友活动。太白成诗在先，详细记述活动的始末。秋高气爽，为陪客人散心，就一同去城北访问范居士。两人骑马出了城，却不记得该走哪条路，两匹马在荒坡上来来回回转了好几圈，不料闯进了苍耳丛里，人一下子从马上摔下来，被带刺的苍耳沾满衣裳，身上的翠云裘也被撕破了，好一副狼狈相。到达主人家后，受到热情接待，于是三人开怀痛饮，席间相互戏谑，十分风流自在。酒酣兴浓，高歌抒怀，杜甫吟诵屈原的《橘颂》，太白自咏《猛虎词》，寄托各自的抱负和感慨。杜甫的诗记叙访友过程较为简约，而是以赞扬太白佳句似阴铿（南朝诗人）领起，着重抒写与太白醉眠共被、携手同行的兄弟情谊和不论仕禄、寄情江海的共同情趣。

李杜两人经历了"醉舞梁园夜，行歌泗水春"（杜甫《寄李十二白二十韵》）的两度同游，友谊日深，难分难舍。杜甫要离去时，太白在鲁郡城东的石门设宴为他饯行，写诗送别。

> 醉别复几日，登临遍池台。何时石门路，重有金樽开？秋波落泗水，海色明徂徕。飞蓬各自远，且尽手中杯。
> ——《鲁郡东石门送杜二甫》

诗一开头首先回顾两人同游，遍登池台的美好时日，如今就要分别，日日欢醉，还能有几天呢？诗人心头充满依恋之情：不知何时能再来石门相聚，重开金樽开怀畅饮？这种刚要分别就企盼重逢的心情，透露了诗人感情的深笃。他面对泗水秋波，徂徕海色，举杯与杜甫告别："飞蓬各自远，且尽手中杯。"此刻一别，各自远奔，如飞蓬飘零，不知将落何处，我们姑且以酒作别，倾杯而饮吧！一切尽在不言之中。

杜甫离开以后的一些日子里，太白心中经常思念杜甫。《沙丘城下寄杜甫》一诗，寄托了他对杜甫的深切思念之情。

> 我来竟何事？高卧沙丘城。城边有古树，日夕连秋声。鲁酒不可醉，齐歌空复情。思君若汶水，浩荡寄南征。

诗人凌空发问：我为何要独自高卧沙丘城？如今陪伴我的只有城边古树、日夕秋声。友人别后的孤独和苦闷可想而知。诗人接着就直抒胸臆：有鲁酒也不能让我沉醉，有齐歌也不足让我动情。我的思念像汶水一般浩浩荡荡，一直追随你南去的踪迹！酒也不能消愁，歌也不能忘忧，流水不断，相思不绝，诗人对友人的思念真是情深意长。

由于长时间思想愁苦，心力交瘁，太白于天宝五载（746）大

八、迷惘苏醒

病了一场。在病床上他思前想后,心情十分复杂。秋天,久病初起,到鲁郡尧祠送别友人,写了《鲁郡尧祠送窦明府薄华还西京》一诗:

朝策犁眉𫘧,举鞭力不堪。强扶愁疾向何处?角巾微服尧祠南。长杨扫地不见日,石门喷作金沙潭。笑夸故人指绝境,山光水色青于蓝。庙中往来击鼓,尧本无心尔何苦?门前长跪双石人,有女如花日歌舞。银鞍绣毂往复回,簸林蹶石鸣风雷。远烟空翠时明灭,白鸥历乱长飞雪。红泥亭子赤栏干,碧流环转青锦湍。深沉百丈洞海底,那知不有蛟龙蟠?君不见绿珠潭水流东海,绿珠红粉沉光彩,绿珠楼下花满园,今日曾无一枝在。昨夜秋声阊阖来,洞庭木落骚人哀。遂将三五少年辈,登高远望形神开。生前一笑轻九鼎,魏武何悲铜雀台?我歌白云倚窗牖,尔闻其声但挥手。长风吹月渡海来,遥劝仙人一杯酒。酒中乐酣宵向分,举觞酹尧尧可闻?何不令皋繇拥彗横八极,直上青天扫浮云!高阳小饮真琐琐,山公酩酊何如我?竹林七子去道赊,兰亭雄笔安足夸。尧祠笑杀五湖水,至今憔悴空荷花。尔向西秦我东越,暂向瀛洲访金阙。蓝田太白若可期,为余扫洒石上月。

秋日早晨,诗人"强扶愁疾",微服角巾,在三五少年陪同下,骑马前往鲁郡南郊的尧祠,为送友人窦薄华县令返长安。尧祠一带风景明净优美,长杨蔽掩,青山碧水,石门山上飞瀑喷射,天空中白鸥展翅。其时来尧祠祭祀的人络绎不绝,车马雷鸣,鼓乐喧天。久病没有出门的诗人来到这里,颇感新鲜。他借眼前景,抒写心中事,发泄郁积于心里的感慨与不平。面对众人祭祀的热闹场景,他发出了"尧本无心尔何苦"的慨叹:尧本是圣王,本无须要人祭祀,你们何苦这样喧嚣使他不安呢?眼看尧祠前面的流水波澜,他

143

发出了"深沉百丈洞海底,那知不有蛟龙蟠"的议论。这种慨叹和议论,诗人并非凭空而言,而是有感而发。朝中奸佞蒙蔽君主,贤才流落埋没山野,诗人的不满随时随地都要借机发泄,一吐为快。接着,诗人浮想联翩,从尧祠穿越漫长时空,跳跃到古代,感叹历史人物。他首先想到当年石崇爱妾绿珠美艳绝世,如今已经光彩沉埋;绿珠楼下的满园繁花,也早已了无踪影。这种对于绝代佳人光彩难于永葆、终将沉埋的慨叹,也许有影射杨贵妃的用意,思路与前面朝中奸佞蒙主的讽喻一脉相承。随后,诗人从昨夜秋风西来,想起忠而见疑被逐、行吟泽畔的骚人屈原,悲哀自己沦落的际遇。诗人登高望远,心情豁然开朗,责怪三国时曹操怎么那样想不开,生前连帝王宝座都不屑一顾,却安排姬妾在铜雀台为自己亡灵奏乐。诗人似乎很达观,生前事不必计较,身后事更不必挂怀,还是饮酒作乐为好。他面对山光水色,长风飘月,倚窗歌《白云》,劝仙人饮酒,看似很潇洒,而事实上,他心中对朝政奸臣当道,浮云蔽日,自己遭受排斥,时刻都不能忘怀。因此他在举杯祭尧时,终于道出了自己的心愿:"何不令皋繇拥篲横八极,直上青天扫浮云!"他希望尧能够命令贤臣皋繇举起大扫帚,直上青天扫除遮天蔽日的浮云。这里显然是以尧暗喻玄宗,希望他能够任用贤能,清除身边的奸佞小人。离开长安以后,诗人"身在江湖,心存魏阙",对玄宗还是心存梦想,寄予一定的希望。《金乡送韦八之西京》一诗,这种思想情绪表现得更为明显。

  客自长安来,还归长安去。狂风吹我心,西挂咸阳树。此情不可道,此别何时遇?望望不见君,连山起烟雾。

萧士赟《分类补注李太白诗》:"太白此诗因别友而动怀君之思,可谓身在江湖,心存魏阙者矣。"友人返回长安去,触动了诗人心弦,他用形象动人的语言表达自己对长安的怀念和重回长安的希望:"狂风吹我心,西挂咸阳树。"一听说友人要回长安,仿佛自己的心都已被狂风带走,挂到咸阳的树上。对长安的思念,真是一往情深。至于后四句诗,表面上看是抒写对友人韦八的离情别意,实际上是语意双关,包含着许多难以言表的情意。这种难以言表的情意,诗人在同时期写的另一首诗中说得比较直白清楚。

  明日斗酒别,惆怅清路尘。遥望长安日,不见长安人。长安宫阙九天上,此地曾经为近臣。一朝复一朝,发白心不改。屈平憔悴滞江潭,亭伯流离放辽海。折翮翻飞随转蓬,闻弦虚坠下霜空。圣朝久弃青云士,他日谁怜张长公?

——《单父东楼秋夜送族弟况之秦》(节录)

  族弟李况要到长安去,诗人送别时"遥望长安日,不见长安人",心潮难平。他以自己曾为朝廷近臣而感到自豪,被放还以后,日复一日,鬓发变白而忠心不改,只期盼有朝一日能重新起用。可如今自己像屈原滞留江潭,崔骃流放辽东,惶惶难以终日,折翅之鸟随风飞转如同蓬草,惊弓之鸟闻弦声而坠下秋空。最令人担心的是"圣朝久弃青云士",像汉代张长公那样不能取容于当世,终身被弃而不用。诗人眷恋宗国,赤胆忠心,于此昭然可见。

  天宝五载(746)秋后,太白身体完全康复,要外出游历,南下吴越。临行前,写下《梦游天姥吟留别》,告别东鲁各位友人(诗题胡震亨《李诗通》作《梦游天姥吟留别东鲁诸公》,较为合理通顺,符合歌行类诗篇的命题方式)。

  海客谈瀛洲,烟涛微茫信难求。越人语天姥,云霞明灭或可睹。天姥连天向天横,势拔五岳掩赤城。天台四万八千丈,对此欲倒东南倾。我欲因之梦吴越,一夜飞度镜湖月。湖月照我影,送我至剡溪。谢公宿处今尚在,渌水荡漾清猿啼。脚着谢公屐,身登青云梯。半壁见海日,空中闻天鸡。千岩万转路不定,迷花倚石忽已暝。熊咆龙吟殷岩泉,慄深林兮惊层巅。云青青兮欲雨,水澹澹兮生烟。列缺霹雳,丘峦崩摧。洞天石扉,訇然中开。青冥浩荡不见底,日月照耀金银台。霓为衣兮风为马,云之君兮纷纷而来下。虎鼓瑟兮鸾回车,仙之人兮列如麻。忽魂悸以魄动,恍惊起而长嗟。惟觉时之枕席,失向来之烟霞。世间行乐亦如此,古来万事东流水。别君去兮何时还,且放白鹿青崖间,须行即骑访名山。安能摧眉折腰事权贵,使我不得开心颜!

天姥,山名。唐代属剡县,在今浙江新昌南部。天姥山主峰孤峭突起,仰望在天表。这首赠别诗,诗人以记梦游仙的特殊方式,叙写梦游天姥山的奇幻经历和梦游后的感慨,徐徐道来,引人入胜。诗一开始以"越人语天姥",叙写天姥山的雄伟形势:它处于云霞明灭之中,横卧天际,势拔五岳,盖过赤城山,高达四万八千丈的天台山,也倾倒在它的脚下。其气雄伟壮观,非同凡响,引人心驰神往。诗人因此成梦,于是就展开梦游天姥山的经历。他月夜飞渡镜湖,抵达剡溪,来到当年谢灵运留宿之处,眼见渌水荡漾,耳闻青猿啼鸣。于是游兴更浓,连夜登山,拾级而上。到半山腰时,天已破晓,看到海上日出,听见天鸡鸣叫。白天诗人在山上游览,山中道路峰回路转,千回百折,满山遍野的野花,烂漫迷人,他或行或坐,流连赏景,不知不觉夜幕忽然降临。于是眼前出现了奇异可怕的景象:熊咆哮,龙吟啸,声震山岩泉水,深林为之战慄,峰峦为之惊动。青云低垂像要下雨,水波摇动腾起云烟。霎时间,闪电雷鸣,山石崩裂,洞府石门,轰地打开,推出一个神仙世界:青幽的天空无边无际,日月交相辉映,楼台金碧辉煌。云神们以彩虹为衣,以长风作马,纷纷飘然而下。老虎弹瑟,鸾鸟驾车,众多仙人列队而至,迎接诗人的到来。这是一个多么令人欢快得意

八、迷惘苏醒

的梦境啊！但是好景不长，诗人忽然在惊悸中梦醒，仙境顿时如同烟霞消失，身边唯有枕席相伴，不禁令人长叹。

这一场梦中神游，并不是诗人白日说梦。作者以洞天奇幻美妙之景喜得而顿失的游历，托言自己现实的仕途境遇。清人陈沆《诗比兴笺》指出："太白初放以后，回首蓬莱宫阙，有若梦游，故托天姥以寄意。……题曰'留别'，盖寄去国离都之思，非徒酬赠握手之什。"说得不无道理。太白应诏入京，待诏翰林，仿佛登上天上宫阙，不世功业似乎唾手可得。然而好景不长，不久被赐金放还，又跌下了地，一切幻想随之破灭。梦游天姥，正是反映他"攀龙堕地"的经历，诉说他入朝去朝的始末。正因为如此，诗人因梦得悟，抒发梦游后的感慨，首先说："世间行乐亦如此，古来万事东流水。"即由梦游过渡到现实，记取梦游给他的教训：尘世欢愉也如梦境一样转瞬即逝，古来万事都如东流之水一去不返，要抓紧时间及时行乐。他决心骑白鹿，访名山，追求自由的生活，鄙弃黑暗的尘世，公然宣称："安能摧眉折腰事权贵，使我不得开心颜！"这两句话，一吐长安三年的郁闷之气，道出了诗人对朝中权佞的蔑视与厌恶，宣告决不能辱身降志向权贵摧眉折腰，使自己不得开心自在地生活。诗人说到了，也做到了。他是一个在沉落起伏中傲世独立、追求人格独立和精神自由的人。唐人说："李白不能屈身，以腰间有傲骨。"（王琦《李太白全集》卷三六《外记》）正印证了这一点。

太白离开东鲁后，先往西南行，来到宋州，游览梁园。在宋州逗留一段时间以后，他就南下广陵。当他离开广陵告别朋友时，写了《留别广陵诸公》一诗：

> 忆昔作少年，结交赵与燕。金羁络骏马，锦带横龙泉。寸心无疑事，所向非徒然。晚节觉此疏，猎精草《太玄》。空名

束壮士，薄俗弃高贤。中回圣明顾，挥翰凌云烟。骑虎不敢下，攀龙忽堕天。还家守清真，孤洁励秋蝉。炼丹费火石，采药穷山川。卧海不关人，租税辽东田。乘兴忽复起，棹歌溪中船。临醉谢葛强，山公欲倒鞭。狂歌自此别，垂钓沧浪前。

诗人在这首留别诗中，冷静地回顾了自己的平生经历。对少年时期结交豪雄、崇尚游侠的行为，虽存交重义，决不虚往，仍感到有疏失之处，于是后来效法扬雄用心写作而成为文士。"空名束壮士，薄俗弃高贤"，但空有的文名却束缚了壮士之心，高贤之士反而被轻薄的世俗所抛弃。对自己中年落魄不遇颇多感慨，愤世嫉俗之情溢于言表。待诏翰林期间，虽然君主恩宠有加，却也如骑虎背提心吊胆，惶恐不安。本想攀龙升天却中伤而坠地，落得被谗见弃的下场。"骑虎不敢下，攀龙忽堕天"，怵惕与失望接踵而至，升天坠地的经历使人有刻骨铭心之痛。辞京还山以来，守贞保节，炼丹采药，远离朝廷，不涉世事，倒也逍遥自在。如今乘兴棹舟南游，痛饮狂歌与诸君告别，将赴海滨垂钓，潇洒度日。诗人回首往事，感慨良深，对事情的认识也比过去深刻许多，而面向未来，仍觉茫然不知所措，"垂钓沧浪"云云，不过是故作潇洒的掩饰之辞。

天宝六载（747）仲春，太白游金陵。在登临吊古之际，抒怀寄慨，写下著名的七言律诗《登金陵凤凰台》。

凤凰台上凤凰游，凤去台空江自流。吴宫花草埋幽径，晋代衣冠成古丘。三山半落青天外，一水中分白鹭洲。总为浮云能蔽日，长安不见使人愁。

凤凰台在金陵凤凰山上，相传南朝元嘉十六年（439），有三鸟翔集山间，文彩五色，状如孔雀，声音和谐，众鸟群附，时人谓之凤凰，于是筑台山上，谓之凤凰台。在古代，凤凰是一种祥瑞的象征。凤凰之来集，被视为国家繁荣昌盛之祥兆；凤凰之离去，则被

八、迷惘苏醒

视为世衰运去之征兆。诗人登上凤凰台,见凤去台空,盛世的征兆不复存在,只有长江的流水仍然不停地流着。俯瞰金陵古迹,吴国昔日的宫苑如今已成花草丛生的荒径,东晋的士族名门显宦早已成为古丘荒坟。六朝的繁华已经一去不复返,只有自然永恒,江山长在。并峙的三山在云雾中半隐半现于青天之外,滚滚的长江流经白鹭洲时分成了两道。极目西望长安,则远在天外,只见浮云蔽日,不禁令人无限烦愁!诗人吊古伤今,凤去台空,盛世祥瑞征兆不复存在;远望长安,浮云蔽日,朝廷奸邪惑主令人担忧。"总为浮云能蔽日,长安不见使人愁"的慨叹,抒发了忧国伤时的怀抱,表现了诗人对国家命运的忧虑。

太白在金陵度过了春天,然后途经云阳(今江苏丹阳)、吴郡前往越中漫游。在路过云阳时,诗人看到运河边纤夫拖船运石北上的一幕,感慨不已,写下《丁都护歌》:

> 云阳上征去,两岸饶商贾。吴牛喘月时,拖船一何苦!水浊不可饮,壶浆半成土。一唱《都护歌》,心摧泪如雨。万人系盘石,无由达江浒。君看石芒砀,掩泪悲千古。

云阳,是长江下游商业繁华地区,有运河直达长江。诗人的注意力没有放在那两岸商贾云集的繁华市井上,也没有放在运河中往来如织的商船上,而是被一群苦力纤夫所吸引,沉痛落笔,写下所见所闻,倾注了对劳动人民的满腔同情。他在丹阳运河边目睹一群纤夫,在盛夏酷暑顶着如火骄阳拉纤拖船,溯运河上行,一步步俯首躬身跋涉前进,情不自禁地发出了"拖船一何苦"的叹息。纤夫们挥汗如雨,口干舌燥极需喝水,而诗人注意到他们挂在腰间的水壶:"水浊不可饮,壶浆半成土。"这半是泥土的水浆,哪是人喝的水啊?他们唱着拖船号子,泪如雨下,诗人也不能不为之动容。他们搬太湖石由运河北运,众人拉着那么巨大的石头,即使有万人之力亦难以到达长江边。诗人看到岸边那莽荡无边的石头，想到纤夫拖船运石之苦无穷无尽，不禁潸然泪下，悲慨无限。

太白到了越中，再访镜湖，重登天台华顶，写有《同友人舟行》：

> 楚臣伤江枫，谢客拾海月。《怀沙》去潇湘，挂席泛冥渤。蹇予访前迹，独往造穷发。古人不可攀，去若浮云没。愿言弄倒景，从此炼真骨。华顶窥绝冥，蓬壶望超忽。不知青春度，但怪绿芳歇。空持钓鳌心，从此谢魏阙。

诗人本想追随屈原见弃自沉的后尘，重蹈谢灵运逍遥海滨的遗踪，独自来到这穷荒之地。然而古人去若浮云，已经无法追攀。只好弄扁舟以自娱，炼真骨以修身。登上天台华顶远眺无际沧海，蓬莱仙岛可望而不可即。眼看草衰花谢，方知青春流逝，老之将至。自己空怀远大抱负，却只能辞别朝廷而无所作为，真令人悲叹不已。

越中江山依旧，而诗人的心情与以往东游吴越已经大不相同了。

太白到越中前，并没有听到贺知章去世的消息，因此一到会稽就带了好酒兴冲冲前往拜访贺老，可是到了贺宅，当地人告诉他贺老已于前年去世，他大为震惊，随即写下《访贺监不遇》诗：

> 欲向江东去，定将谁举杯？稽山无贺老，却棹酒船回。

这首诗只叙寻访贺老始末，却真情毕现。太白对贺知章感情非同一般，因此，他对酒伤怀，缅怀故人，又写了《对酒忆贺监二首》：

> 四明有狂客，风流贺季真。长安一相见，呼我谪仙人。昔好杯中物，今为松下尘。金龟换酒处，却忆泪沾巾。（其一）
> 狂客归四明，山阴道士迎。敕赐镜湖水，为君台沼荣。人

八、迷惘苏醒

亡余故宅,空有荷花生。念此杳如梦,凄然伤我情。(其二)

诗人回忆与贺老交游的往事,感念贺老的知遇之恩,贺老风流洒脱的举止依然历历在目,不想而今已是人去楼空。面对贺老的故宅、池荷,诗人感慨人生如梦,不禁凄然泪下。"稽山无贺老,却棹酒船回",太白很快离开了会稽,掉转船头北上,返回金陵。此后他寓居金陵两年之久。

天宝六载(747)冬,太白遇到了来金陵的崔成甫,听到了许多时政消息,对他震动很大,引发他思考现实问题,使他的思想感情经历了一个激烈的变化过程,也让他从迷惘中猛醒过来。

崔成甫是太白在翰林院时认识的旧交,他当时任陕县尉,后来迁升为监察御史。去年因韦坚案件受到牵连,由朝中外贬至湘阴县,现又差遣来到金陵,与太白不期而遇。两人一见面,喜出望外。崔成甫有《赠李十二白》诗:

我是潇湘放逐臣,君辞明主汉江滨。天外常求太白老,金陵捉得酒仙人。

太白随之有《酬崔侍御》诗相答:

严陵不从万乘游,归卧空山钓碧流。自是客星辞帝座,元非太白醉扬州。

两个老朋友久别重逢的赠答诗,诙谐幽默,喜悦之情溢于言表。太白诗以东汉不臣天子的隐士严光自比,向朋友诉说自己辞别朝廷之后的情况,也显得比较豁达。

太白和崔成甫几次相聚,畅叙别情,太白特别关心长安近况,崔成甫讲了近几年朝中见闻,让他听到了一些令人触目惊心的消息。

这几年,杨玉环一家开始飞黄腾达。天宝四载(745),皇上册立杨玉环为贵妃之后,他的养父杨玄珪被提升为光禄卿,哥哥杨铦升任为鸿胪卿，叔伯哥哥杨锜当上侍御史，三个姊姊皆赐宅地于京师，又分别被封为韩国夫人、虢国夫人和秦国夫人，连她的远房哥哥杨钊（后赐名杨国忠）也得到重用。如今宫廷越来越腐化了，专为杨贵妃做衣服的纺织、刺绣工就有七百人之多。杨贵妃喜欢吃荔枝，皇上为了让她吃上新鲜荔枝，下令从南方快运而来，沿途驿站都准备快马，昼夜兼程，以最快速度传递，好多人和马都在传递途中累死了。

这几年，皇上沉迷于声色之中，懈怠朝政，把政事全部交给李林甫。李林甫是个"口蜜腹剑"的奸臣，他掌控朝政大权以后，堵塞贤路，排斥异己，迫害忠良，为所欲为。玄宗想广召天下才士，李林甫设计刁难，使应试者没有一人及第，还上表称贺"野无遗贤"。李林甫启用酷吏，迫害朝中贤良，制造了一起又一起冤案。

天宝三载（744），陕州刺史韦坚由于开漕运有功，升任刑部尚书。李林甫恐他得势入相，影响自己的地位，到天宝五载（746）便罗织他勾结边将皇甫惟明拥立太子的罪名，把他贬为括苍太守，而且还株连了一大批人，以致李适之被罢相，贬为宜春太守。韦坚贬到外地之后，又被李林甫派去的酷吏追逼致死。在宜春的李适之听到酷吏将至，便服毒自杀。

天宝五载（746）冬，善赞大夫、著作郎王曾和左骁卫兵曹参军柳勣犯罪下狱被处死。北海太守李邕本来与此案无关，只因为与柳勣曾有交往，柳勣送过他一匹马，便被牵连进去。李林甫妒忌李邕才名，便借机迫害他，派酷吏到北海郡追查送马一事。李邕不服，竟被酷吏用棍棒活活打死在刑庭上。曾任刑部尚书的淄州太守裴敦复也受此案株连，被打死在刑庭之上。

太白还陆续听到关于边塞战事的一些消息，也引起他的关注和思考。

八、迷惘苏醒

天宝六载（747）十月，玄宗下令王嗣宗发兵攻打吐蕃石堡城。王嗣宗向来主张持重安边，恐怕打这一仗得不偿失，上书谏止，被扣上"阻挠军功"的罪名。李林甫乘机落井下石，唆使人诬告王嗣宗有奉立太子为帝的意图，玄宗便将王嗣宗下狱推讯，判处极刑。后由于哥舒翰力保，改贬汉阳太守，不久就忧愤而死。天宝八载（749）六月，玄宗命哥舒翰率六万大军攻打石堡城，虽强行攻取，抓获四百人，而唐军死亡了数万人，石堡城下血流成河，尸骨成山。消息传开，举国震动。这一仗得不偿失，果然与王嗣宗所预言的一样。

太白开始听到这些消息，得知朝政变得如此黑暗，使他忧愤交加，心中十分痛苦，对现实极度失望。

然而诗人并没有在失望中沉沦。他终究有辅国安邦的人生理想，有对国计民生的人生责任。他冷静下来，趋向理性，从失望中振起，从迷惘中苏醒。他回顾这些年来的所见所闻，开始思考朝政问题的症结究竟何在，思考开边战争的是非得失。他越想越感到危机深重，事关国家命运前途，自己决不能再自我麻醉，超然处之。他终于从消极出世的思想低谷中走出来，再度燃起用世热情，要发表自己的见解，宣示自己的爱憎，挥斥自己的幽愤，于是陆续写下一些旗帜鲜明、非同凡响的作品。

诗人在《答王十二寒夜独酌有怀》一诗中直逼时政，直抒胸臆，公然宣示自己的爱憎，排遣自己的幽愤。

昨夜吴中雪，子猷佳兴发。万里浮云卷碧山，青天中道流孤月。孤月沧浪河汉清，北斗错落长庚明。怀余对酒夜霜白，玉床金井冰峥嵘。人生飘忽百年内，且须酣畅万古情。君不能狸膏金距学斗鸡，坐令鼻息吹虹霓。君不能学哥舒，横行青海夜带刀，西屠石堡取紫袍。吟诗作赋北窗里，万言不直一杯水。世人闻此皆掉头，有如东风射马耳。鱼目亦笑我，谓与明月同。骅骝拳跼不能食，蹇驴得志鸣春风。折杨皇华合流俗，晋君听琴枉清角。巴人谁肯和阳春，楚地犹来贱奇璞。黄金散尽交不成，白首为儒身被轻。一谈一笑失颜色，苍蝇贝锦喧谤声。曾参岂是杀人者，谗言三及慈母惊。与君论心握君手，荣辱于余亦何有？孔圣犹闻伤凤麟，董龙更是何鸡狗。一生傲岸苦不谐，恩疏媒劳志多乖。严陵高揖汉天子，何必长剑拄颐事玉阶。达亦不足贵，穷亦不足悲。韩信羞将绛灌比，祢衡耻逐屠沽儿。君不见李北海，英风豪气今何在？君不见裴尚书，土坟三尺蒿棘居。少年早欲五湖去，见此弥将钟鼎疏。

　　天宝八载（749）冬天，金陵一带下了一场大雪，王十二在雪后的月夜独自饮酒，想念太白，写了一首《寒夜独酌有怀》的诗，送给太白。太白读了友人赠诗后感慨万千，马上给他写了一首答诗，向友人畅叙自己近来的所思所想。

　　诗开头一段先描写对方赠诗中寒夜怀念自己的情景，然后以"人生在世不过匆匆百年，应该痛饮美酒来舒展万古的郁结"承上启下，接着诗人的感情就如火山喷发，奔涌而出，以大篇抒情独白，纵横议论，抨击时事，讽喻现实，抒发心中的一腔郁结不平之气。

　　诗人先从议论王十二不得志说起，采用正话反说的方法，发泄对时俗的不满：王十二啊，你既不能学一套斗鸡术去取悦君主，马上飞扬跋扈；又不能学哥舒翰持刀跨马攻取石堡城，立即升官晋爵。你只会在北窗下吟诗作赋，可诗赋再好有什么用？千言万语还不值一杯白水。如今世人不欣赏这一套，人人把它当作耳边风，吟诗作赋还不是白费心血！诗人在说王十二，也是在说自己，而归根到底是在说时俗的倡导者，斗鸡之徒的气焰熏天，开边悍将的加官

八、迷惘苏醒

晋爵，寒窗志士的备受冷遇，还不都是因为"上有所好"，君主的昏愦弃贤。

诗人接着由友人的境遇推及自己，直接抒写自己的遭遇与怀才不遇的不平：鱼目冒充明月珠，反而还来讥笑我。千里马身处困境不得用，而跛脚驴却春风得意。俚俗歌曲在社会上广为流传，激越的《清角》反而没人欣赏。巴国人谁肯唱和《阳春白雪》，楚国竟然把璞玉当作石头。在这样贤愚混淆倒置的社会环境里，我黄金散尽没有交到知音，读书到白头还是被人看轻。我一言一行动辄得咎，不时遭到蝇营狗苟的小人造谣毁谤，罗织罪名。孔子高徒曾参哪里杀过人，但谣言重复三次让他母亲感到震惊。真是人言可畏，谗言可怕。诗人通过自己切身遭遇，批判社会的黑白颠倒，贤愚不辨，以致奸佞小人得志猖狂，贤能之士寸步难行，激愤之情溢于言表，矛头所向也十分清楚。

诗人最后就自己的境遇进而抒写与污浊黑暗现实决绝的态度：平心而论，荣辱对我来说又算得了什么！孔子那样的圣人尚且感伤生不逢时，佞臣董龙鸡狗不如哪里值得一顾！我这一辈子就是生性傲岸不群，弄得天子疏远，举荐徒劳，壮志难酬。既然如此，那就让我像严子陵那样告别天子，何必伫立在玉阶上侍奉君主呢！我想开了，富贵显达不足为贵，穷困潦倒也不足为悲。韩信羞与绛、灌为伍，祢衡耻与屠沽小儿结交，人贵有志，决不能与群丑为伍。我所敬重的李北海、裴尚书都被权奸杀害了，如今看不到他们的英风豪气，只见三尺土坟上长满蒿草荆棘，实在令人难以忍受。自己年轻时就向往像范蠡那样功成身退，如今看到这样的黑暗现实更想远离荣华富贵，决不与当道权贵们同流合污！诗人认清了人间的是非善恶，看透了个人的穷达得失，决心不再侍奉昏庸了的君主，不与权贵奸臣同流合污，傲岸独立，我行我素，保持自己高尚的人格。

他在谈论自己的人生态度、价值取向时，突然笔锋一转，连喊两句"君不见"，直指黑暗时事，为含冤而死的一代忠良鸣不平，进而增强了与当道者决裂的决心。这时候诗人对黑暗时政的批判不再含沙射影，而是慷慨激昂地大声疾呼了。

这首诗反映了诗人对社会现实的新认识。"本诗以痛斥宫廷斗鸡之徒及哥舒翰发轫，而以伤悼李邕、裴敦复结束，这就透露出这首锋芒毕露的长诗并非无的放矢，乃为针对政治时事而发。……不肖之徒升官晋爵，正直的贤人遭杀身之祸！这种极端不合理的现象使他怒不可遏，并由此认识到自己的无辜被谗不是偶然的，整个社会便是这样黑暗！"（裴斐《李白十论》，第76页）

这首诗也是诗人坚守人格独立和精神自由的一份宣言："诗集中探讨了在一个是非不分、黑白颠倒的社会里保持人格独立的重要性：随波逐流，沆瀣一气，可能会得到富贵，但必须付出'合流俗'的代价，必须放弃人格独立；不随波逐流，坚持自己的是非标准，可能沦为贫贱，遭遇'不谐''多乖'的命运，但可以保持人格的独立。面对两种不同的人生方式，诗人坚定地选择了后者，自由的价值在他心中高于一切。""他决不会以牺牲自由换取功名。"（吴相洲《中国诗歌通史·唐五代卷》，第226-227页）

这首诗也是诗人斗士形象的新亮相。"总观全诗，这篇长达五十一句的杰作不啻是李白高傲性格在痛苦挣扎中的如实反映，也可说是李白用语言为自己绘制的一幅肖像。这里体现的是李白的精神实质，是不言饮酒、不谈求仙时清醒的李白，是遍体鳞伤犹作困兽斗的'金刚怒目'式的李白。"（《李白诗歌赏析集》，第139页，耿元瑞、李维新文）"天宝六载李邕、裴敦复被杀，八载哥舒翰取石堡城，这都是当时国家发生的重大事件，而这两起事件的主谋都是李林甫，杨国忠是其重要帮手，而根源则在唐玄宗，李白在事件发

八、迷惘苏醒

生后的第一时间,李林甫、杨国忠手握生杀大权之时,敢于大声疾呼,为李邕等大臣和石堡城之役中阵亡的数万士卒鸣冤,是冒着很大风险的,这种直面现实的勇气,当时诗人无出其右。"(袁行霈、丁放《盛唐诗坛研究》,第136页)

"李白的诗风,自天宝中期开始,随着朝廷的日趋黑暗腐败和他对现实政治感受的加深,显示出明显的变化,即对现实政治的激愤揭露批判的内容明显增多,这首诗可以说是一个突出的标志。""一首抒写个人遭遇牢骚的诗,演为对整个上层统治集团和黑暗腐朽政治现实的揭露批判,而且是指名道姓的抨击,足见诗人可贵的诗胆。""这首诗的主体风格,可用痛愤激切,酣畅淋漓来形容。开头一段,境界虽阔远清澄,但用则笔酣饱满,一气呵成。以下各段,则或冷嘲热讽,或指名痛斥,或狂傲恣肆。感情如火山喷发,迅猛奔涌,具有不可阻挡的力量。从中可以窥见诗人疾恶如仇的性格和蔑视权势奸邪的人格力量。"(刘学锴《唐诗选注评鉴》三,第277、281页)

天宝年间,唐玄宗好边功,轻动干戈,逞威边远,而又几经失败,给人民带来深重的灾难。诗人出于忧国悯民的情怀,相继写了几首边塞诗,表达他对玄宗穷兵黩武屡开边衅的批评。他并没有战争的经历,也没有边塞生活的体验。诗人写作边塞诗的冲动,来源于对国家大局和民生疾苦的关切,因而他的边塞诗往往纪实与言理并举,着力于展示自己忧国忧民的思想情怀。

去年战,桑干源。今年战,葱河道。洗兵条支海上波,放马天山雪中草。万里长征战,三军尽衰老。匈奴以杀戮为耕作,古来惟见白骨黄沙田。秦家筑城备胡处,汉家还有烽火燃。烽火燃不息,征战无已时。野战格斗死,败马号鸣向天悲。乌鸢啄人肠,衔飞上挂枯树枝。士卒涂草莽,将军空尔为。乃知兵者是凶器,圣人不得已而用之。

——《战城南》

天宝年间,唐玄宗穷兵黩武,边塞战争频繁不息。据史书记载,天宝元年(742)命王嗣宗北伐突厥,战于桑干河,连遭失败。天宝六载(747)命高仙芝远征吐蕃,自安西出发,经疏勒、葱岭、播密川等地,长途跋涉,与吐蕃会战于连云堡。天宝八载(749),命令哥舒翰攻取吐蕃石堡城,唐军伤亡数万人。太白对频繁的开边战争给国家和人民带来的祸害深感忧虑,因而写了《战城南》这首乐府诗,对统治者提出批评和警告。诗一开始就描写了边塞战事频繁的景象:去年作战,今年作战,边塞烽火连年不断。洗兵戈于条支海边,放战马于天山脚下,东征西讨,辗转万里,长期征战,使三军将士耗尽了青壮年华,直到头白归来。批判的矛头直指朝廷决策者。

诗人是理性的,他并没有把边地战争的责任都归咎唐王朝,也没有反对一切边塞战争。诗人说,回顾历史,匈奴人好战成性,屡屡进犯中原,而结果是白骨累累葬黄沙。秦代修筑长城防御匈奴,到汉代仍有匈奴不断入侵的烽火报警。秦汉以来中原汉人一直都在防备侵犯,抗击匈奴,烽火连绵不断。那是为了保卫家园的安全。

"烽火燃不息,征战无已时。"如今烽火不息,无休止地东征西讨,这无异于制造生民涂炭的灾难。于是诗人极写当今连年的开边战争造成的悲惨景象,申述自己反对穷兵黩武的思想:士卒在野战格斗中死亡了,败马仰天悲鸣哀悼主人。乌鸦和老鹰争相啄食人肠衔挂枯枝。士卒作了无谓的牺牲,弃尸荒野,将军枉费了用兵的心计,一无所获。面对这种惨不忍睹的景象,我们应当反省,应该深思。最后诗人引用古人名言"乃知兵者是凶器,圣人不得已而用之",警告朝廷不要轻易发动战争。诗人对当时无止境的开边战争

八、迷惘苏醒

忧心如焚,所以才引经据典,对朝廷决策者说:要懂得刀兵本来是杀人凶器,圣明的人只有到万不得已之时才用它来解决问题。明确告诫朝廷要慎重用兵,不可轻起战争,以免给国家和人民带来灾难。诗人用心,何其良苦!

胡关饶风沙,萧索竟终古。岁落秋草黄,登高望戎虏。荒城空大漠,边邑无遗堵。白骨横千霜,嵯峨蔽榛莽。借问谁陵虐,天骄毒威武。赫怒我圣皇,劳师事鼙鼓。阳和变杀气,发卒骚中土。三十六万人,哀哀泪如雨。且就悲行役,安得营农圃。不见征戍儿,岂知关山苦。李牧今不在,边人饲豺虎。

——《古风》其十四

这首古风写于天宝八载(749),古今一些学者都认为是为哥舒翰攻打吐蕃石堡城战事而作的。它表达了诗人对这场边塞战事前因后果的认识。全诗采用倒叙手法,先写眼前所见边城荡然无存、白骨堆积成山的惨象,然后追述造成这种局面的原因。他首先指出胡人侵掠行为是引发边境矛盾冲突的起因,但唐王朝兴师动众发动开边战争,征调几十万人去打仗,弄得百姓离乡背井,田园荒芜,严重影响了社会安定。造成这种情况首先是由于最高统治者头脑发热决策失误,将矛头直指"圣皇"——唐玄宗。"不见征戍儿,岂知关山苦。"诗人同情广大征战士卒的疾苦,又为边防用人不当、边将无能忧虑,慨叹如今没有像战国时代李牧那样的守边良将,导致边地军民被豺狼般的敌人残害,成为穷兵黩武的牺牲品,造成白骨成山的惨象。诗人发出"李牧今不在"的慨叹,绝不是无的放矢的空泛之言,在他心里有着明确的现实针对性,这其中既包含对以安边为务而被谗害致死的王忠嗣的怀念,也包含对以穷兵黩武而邀功晋爵的哥舒翰之流的贬斥。诗人的爱憎臧否尽在这一声慨叹之中。

天宝十载(751)征讨南诏的战事,引起太白的震惊。南诏是当时西南地区民族的一个政权,附属于唐王朝。天宝九载(750),宰相杨国忠推荐鲜于仲通担任剑南节度使。鲜于仲通残暴欺压西南民族,引起南诏武力反抗。次年四月,鲜于仲通发兵八万征讨。南诏王阁罗凤派使者前来请罪,鲜于仲通不准,与阁罗凤在西洱河恶战一场,结果唐军大败,伤亡六万人。杨国忠隐瞒败绩,又在东西两京与河南河北地区大肆募兵以救边,百姓不肯应募,杨国忠就派御史出动,分道捕人,带上枷锁送往军所。被征者怨愤无奈,父母妻儿哭声震野。太白听到此事十分震惊,随即写下"羽檄如流星"一诗予以揭露与鞭挞。

> 羽檄如流星,虎符合专城。喧呼救边急,群鸟皆夜鸣。白日曜紫微,三公运权衡。天地皆得一,澹然四海清。借问此何为?答言楚征兵。渡泸及五月,将赴云南征。怯卒非战士,炎方难远行。长号别严亲,日月惨光晶。泣尽继以血,心摧两无声。困兽当猛虎,穷鱼饵奔鲸。千去不一回,投躯岂全生?如何舞干戚,一使有苗平!

——《古风》其三十四

诗一开头,诗人首先给我们展现一派紧张的战争景象:告急的军书如流星飞驰传送,调兵的虎符立即发往州郡长官手中。一片喧呼救边的叫嚷声,弄得鸡犬不宁,连树上的栖鸟都惊叫不安。这种紧张的气氛,引起人们的疑问:什么地方起了战事?诗人也故作惊讶地说,如今大唐天下,不是圣明君主在位,三公大臣辅佐君主管理着国家大事,天下统一,四海清平嘛,怎么会突然爆发战事?言语之中明显含着讥讽当局隐瞒事实、粉饰太平的意思。

接着诗人一步步揭示事情的真相。原来西南边境战事紧急,需要征兵增援,乘五月可行的时机,渡泸水出征云南。而这些临时抓来的兵丁本来就不能打仗,远征南方瘴疠之地等于去送死:心存畏

八、迷惘苏醒

怯的士兵怎么能打仗？遥远炎热的南方哪个肯远行？于是就出现开赴前方士卒与家人生离死别的场景：他们大哭大叫离别双亲，怨气冲天，直使天昏地暗日月无光。他们哭干眼泪继之以血，送行双方都心痛欲碎泣不成声。面对这种惊天动地、惨不忍睹的场景，诗人悲悯有去无回的征夫，发出沉痛的感叹：叫困兽抵挡猛虎，让小鱼去喂巨鲸，无异于驱民于虎口，必定是粉身碎骨，有去无回！诗人的感叹包含着对战争形势的清醒分析判断，也包含着对昏愦决策者的尖锐批判。

诗人最后大声呼吁："如何舞干戚，一使有苗平！"古代有苗氏部族不接受舜的政令，禹要用武力去征服，舜不同意，而是致力于修明政教。三年以后，并不派兵，只是执干戚（干、戚，即盾牌、大斧，都是古代武舞的道具）而舞，有苗氏便归服了。诗人认为我们大唐王朝为何不学先圣的榜样，以文德平服四方，以免战争频繁，生灵涂炭。诗人的这种主张不是无端的空想，而是切实可行的高见。因为史实表明南诏本来不愿意战争，当时唐军大举南下，南诏王曾表示谢罪，愿归还掠夺的人口和财物，修复云南城。但杨国忠拒绝南诏的请求，迷信武力，结果惨败。后来南诏不得已向吐蕃称臣时，还在国门立碑表示心志："我世世事唐，受其封爵，后世容复归唐，当指碑以示唐使者，知吾之叛非本心也。"可见与南诏修和的条件是存在的，诗人的呼吁是适时可行的。

天宝十载（751），杜甫写过一首《兵车行》，也是写被征士兵离别家园的情景，与太白的"羽檄如流星"一诗有异曲同工之妙。这时刻，两位伟大诗人不约而同地把目光投向天宝中期的开边战争，发出反对穷兵黩武的呼声，那是因为他们都在关注国家命运和民生疾苦。赵昌平先生指出："天宝九载前后，应是李白南北漫游心境转换的交接点。而至天宝十载四月，唐军对南诏之战大败，八月,安禄山又大败于奚、契丹,二事都与杨国忠有关,以致朝野震动。这时,仅仅在这时,李白的《古风》三十四(羽檄如流星)与杜甫的《兵车行》先后相承唱出了对帝国大厦将倾之颓势及自身命运摆脱不去之厄运的深切忧虑,开始了较理性的审视与思考,而可以视为他们这一集群开始从迷惘中有所清醒的标志。"(赵昌平《李白诗选评》,第131页)

从迷惘中苏醒之后,太白在文学创作上热情空前高涨,精力也最为旺盛。他不仅忧心国事,关切社会问题,而且对自然现象也有自己的探索思考。对于茫茫宇宙,天体运行,日月交替,四时变化,他都抱有强烈的好奇心理和探究欲望,常常质疑设问,试图求索宇宙的真谛,显示出哲人的风度。

> 日出东方隈,似从地底来。历天又入海,六龙所舍安在哉?其始与终古不息,人非元气,安得与之久徘徊?草不谢荣于春风,木不怨落于秋天。谁挥鞭策驱四运?万物兴歇皆自然。羲和羲和,汝奚汩没于荒淫之波?鲁阳何德,驻景挥戈?逆道违天,矫诬实多。吾将囊括大块,浩然与溟涬同科。
>
> ——《日出入行》

古代神话传说,太阳每天东升西落,是羲和赶着六龙所驾的日车,在天空中从东到西巡行。诗人因此昂首问天:太阳每天从东方升起,经历中天,又每天傍晚西沉入海,那么驾日车的六龙又在哪里落脚住宿呢?太阳东升西落,周而复始,运行永不停息,人非天象元气,而是有生命的事物,又怎么能够与之同升同落、长久相伴呢?诗人劈头提出这两个问题,以问作答,实际上是说日出日落是自然现象,不受什么神灵指挥驱使;人的生命是有极限的,不可能与太阳一起永存。接着诗人正面阐明宇宙万物的生灭,全然出于自然规律的作用:草木繁荣无须感谢春风,草

八、迷惘苏醒

木凋落也不必怨恨肃秋,那么是谁在鞭策四时的运行呢?诗人断然回答:"万物兴歇皆自然。"意思是说,四时更迭,万物荣衰,都是自然而然,各有自己的规律。这个论断,高扬了"天道自然"的旗帜。诗人意犹未尽,又接连用两个诘问,对两个流传的神话传说提出质疑:羲和呵,你赶着六条龙给太阳神驾车,怎么会沉没到浩渺无际的波涛中去呢?鲁阳公呵,你又有多大能耐,在挥戈之间叫太阳停止运行呢?紧接着明确指出这种六龙驭日行天、鲁阳挥戈驻景的传说,"逆道违天",违背自然规律,都是虚妄欺人之谈,是根本不可信的。那么,人和自然之间究竟应该怎样相处呢?诗人表示,自己要怀抱大自然,同自然元气和谐地融为一体。也就是说,人不能"违道逆天",而要顺应自然并回归自然,与自然和谐相处。

诗人关于宇宙人生的这种观点,闪耀着科学天道观的思想光辉,强调"万物兴衰皆自然",反对"逆道违天",主张顺从自然,实质上也是对自己求仙访道的思想行为的一种质疑和否定。事实上,诗人历来的求仙访道活动并没有给他带来多少实效,因而他也说过:"仙人殊恍惚,未若醉中真。"(《拟古》其三)可见他在实践中已经认识到了神仙虚无缥缈,并不可求,还不如在醉酒中寻求精神寄托来得实在。

这时期太白个人生活上值得一书的一件事,是天宝九载(750)他回到梁园,娶宗楚客的孙女为妻。宗楚客是武则天从姊之子,曾在武周和中宗时期三次拜相。尽管宗楚客的声名并不好,但太白仍看重宗氏是相门之女,他在诗中一再提及宗家显赫一时的历史:"妾家三作相,失势去西秦,犹有旧歌管,清凄闻四邻。"(《自代内赠》)对三作相仍津津乐道,可见他对门第的看重。入赘宗家是太白第二次正式婚姻。他在许夫人去世移家东鲁以后,曾与刘氏同居，分手后又与鲁一妇人结合，生下男儿颇黎，但都不是正式婚姻。与宗氏结婚给太白带来较为稳定的情感生活和家庭温暖。这位宗夫人从此陪伴太白走过最后一段坎坷的人生道路。太白与宗氏结婚后，仍四处外出漫游，但写有赠内、代内、送内、寄内、别内等十来首诗作，皆写得思绪缠绵，情真意切，可见两人感情一直很好，确是一对佳侣。

九、北上幽州

　　十月到幽州，戈鋋若罗星。君王弃北海，扫地借长鲸。呼吸走百川，燕然可摧倾。心知不得语，却欲栖蓬瀛。弯弧惧天狼，挟矢不敢张。揽涕黄金台，呼天哭昭王。无人贵骏骨，绿耳空腾骧。乐毅倘再生，于今亦奔亡。
——《经乱离后天恩流夜郎忆旧游书怀赠江夏韦太守良宰》（节录）

　　这一节诗，是太白在事后记叙自己在天宝十一载（752）北上幽州的经历。其详情实况、前因后果，更具体反映在他于此间写的有关诗作之中。

　　有时忽惆怅，匡坐至夜分。平明空啸咤，思欲解世纷。心随长风去，吹散万里云。羞作济南生，九十诵古文。不然拂剑起，沙漠收奇勋。老死阡陌间，何因扬清芬。夫子今管乐，英才冠三军。终与同出处，岂将沮溺群？
　　　　　　　　　　——《赠何七判官昌浩》

　　天宝十载（751）秋，太白突然收到友人何昌浩的邀请信。何昌浩当时在范阳节度使安禄山幕下做判官。安禄山为扩张自己势力，不仅扩军备战，而且也招募许多文人到自己旗下。当时他的反迹尚未暴露，许多士人出于立功报国的热情，一时竞相赴边。杜甫

《后出塞》诗云:"男儿生世间,及壮当封侯。战伐有功业,焉能守旧丘。召募赴蓟门,军动不可留。"王嗣奭《杜臆》曰:"召赴蓟门者,禄山也。势已盛而逆未露,且以重赏要士,故壮士喜功者,乐而从之。"何昌浩的邀请信,也触发了太白的赴边建功立业之想。他回复何昌浩的赠诗,坦陈了自己的思考历程。

何昌浩的来信使诗人忽然惆怅起来,难以平静,直到半夜还正襟危坐在苦苦思考。自己从小读书习剑,誓将"书剑许明时"。如今已经年过半百,仍然书剑两无成。看来辅君济世、文治建功已经不会再有什么希望,投笔从戎、武功报国未尝不是一条出路。这次何昌浩邀我去幽州,也许是一次施展平生抱负的难得机会。经过一夜反复考虑,到天亮时终于有了主意,仰天长啸,奋然振作起来。"思欲解世纷",要为济世安邦干一番事业,于是随着一声仰天长啸,眼前豁然开朗:壮心伴随长风飞扬,万里长空顿时烟消云散,前景无限宽广。他不愿做汉代伏生那样的儒生,一辈子读书解经。"不然拂剑起,沙漠收奇勋。老死阡陌间,何因扬清芬。"他决意拂剑而起,奔向塞漠创建奇世功勋。不甘心老死于山野,一辈子默默无闻。诗人主意已定,决心已下,就希望得到友人的帮助,于是赠诗最后称赞何判官英才杰出,有管仲、乐毅一样的才能,表示愿意和他同驱疆场,为国立功,而不愿与隐士长沮、桀溺为伍。很清楚,诗人此时打算投笔从戎,走武功报国的道路,实现自己东山再起的心愿。

这年冬天,太白"怀恩欲报主,投佩向北燕"(《赠宣城宇文太守兼呈崔侍御》),为了寻找政治出路,开始北上幽州之行。途经汴梁(今河南开封市)时,遇到了诗人于逖和裴十三。朋友们告诉他,朝廷内外都盛传安禄山在北方招兵买马、阴谋叛乱,北上幽州可能会有风险,劝他要慎重考虑。然而太白这时候的思想还是要寻找机会,有所作为,哪怕冒点风险,也在所不顾。他认为传言的虚实目前尚不清楚,如若安禄山真有异心,自己亦会见机行事,不会盲目为虎作伥。在北渡黄河之前,于邈和裴十三为他饯行,他写下一首留别之作,表达了果敢前行的决心。

太公渭川水,李斯上蔡门。钓周猎秦安黎元,小鱼鵔兔何足言?天张云卷有时节,吾徒莫叹羝触藩。于公白首大梁野,使人怅望何可论?即知朱亥为壮士,且愿束心秋毫里。秦赵虎争血中原,当去抱关救公子。裴生览千古,龙鸾炳天章。悲吟雨雪动林木,放书辍剑思高堂。劝尔一杯酒,拂尔裘上霜。尔为我楚舞,吾为尔楚歌。且探虎穴向沙漠,鸣鞭走马凌黄河。耻作易水别,临歧泪滂沱。

——《留别于十一兄逖裴十三游塞垣》

于邈与裴十三当时都在仕途上不得志,只是闲居赋诗作文。太白写这首诗勉励友人,也在勉励自己。诗开端以吕尚垂钓而定周天下、李斯猎兔而相秦的故事,说明有志之士心怀平天下、安黎元的宏图大志,不图一官半职之边功,无须因暂时困厄而灰心丧气,总会有云散天开、前途光明之时,抒写了自己的雄心和自信。接着诗人勉励于邈可乘时而起,称赞裴十三有文才气质,希望友人也要有自信心。在举杯劝酒、对酒当歌之际,诗人抒发了果敢前行的决心:"且探虎穴向沙漠,鸣鞭走马凌黄河。"此次北上幽州边地,深入虎穴探看虚实,虽然凶吉难料,但他决心冒险前行,要挥鞭策马飞越冰封的黄河。他劝告友人临别之时不必有易水送别的悲凉。

天宝十一载(752)春暖花开的季节,太白北上进入广平郡(即洺州,治所在今河北省邯郸市永年区东南),这是战国时代赵国的地域。他在临洺、清漳、邯郸一带盘桓了一段时间,访古探胜,拜亲会友。

> 醉骑白花骆,西走邯郸城。扬鞭动柳色,写鞚春风生。入郭登高楼,山川与云平。深宫翳绿草,万事伤人情。相如章华巅,猛气折秦嬴。两虎不可斗,廉公终负荆。提携袴中儿,杵臼及程婴。空孤献白刃,必死耀丹诚。平原三千客,谈笑尽豪英。毛君能颖脱,二国且同盟。皆为黄泉土,使我涕纵横。磊磊石子岗,萧萧白杨声。诸贤没此地,碑版有残铭。太古共今时,由来互衰荣。伤哉何足道,感激仰空名。赵俗爱长剑,文儒少逢迎。闲从博徒游,帐饮雪朝酲。歌酬易水动,鼓震丛台倾。日落把烛归,凌晨向燕京。方陈五饵策,一使胡尘清。
> ——《自广平乘醉走马六十里至邯郸登城楼览古书怀》

有一天,太白在广平喝够了酒,醉骑白花马,一路春风得意,飞奔到了邯郸城。他对这个赵国古都很感兴趣,立即登楼览古。面对古赵山川景物,他想起了赵国历史上许多大有作为的英雄豪杰:蔺相如参与渑池之会,智取"完璧"归赵。廉颇顾全国家大局负荆请罪,实现将相和睦。程婴和公孙杵臼巧设智谋,救护赵氏孤儿。平原君三千门客中毛遂脱颖而出,游说赵楚合纵抗秦。这些英雄豪杰的所作所为,都以国家大义为重,素为太白敬仰。如今来到诸贤埋没之地,只见到黄土石岗,碑版残铭,听到萧萧白杨声。诗人怀古伤今,不由得涕泪纵横。但他转念又安慰自己,兴衰荣辱相互交替,古往今来都是如此,何必伤心激动呢?赵国是尚武之地,重武轻文,还是入乡随俗,痛饮高歌,振作起精神,准备继续前行。"日落把烛归,凌晨向燕京。方陈五饵策,一使胡尘清。"诗人秉烛夜归,准备第二天早上就出发去燕京。自己准备向朝廷进献安抚之策,一举使天下清平不再有胡兵入侵。这里诗人清楚道明自己这次幽州之行的本意。

在邯郸(今河北省邯郸市),诗人还在地方长官的陪同下登上

九、北上幽州

洪波台,观看了一场军事演习,再一次激发他北上幽州的决心。

> 我把两赤羽,来游燕赵间。天狼正可射,感激无时闲。观兵洪波台,倚剑望玉关。请缨不系越,且向燕然山。风引龙虎旗,歌钟昔追攀。击筑落高月,投壶破愁颜。遥知百战胜,定扫鬼方还。
>
> ——《登邯郸洪波台置酒观发兵》

太白在洪波台上,看到下面演习的军队军容整肃,士气高昂,具有一往无前的气概,内心也为之振奋,即席抒发了自己北上抗敌、立功报国的豪情壮志。"天狼正可射,感激无时闲。"他心系前方战事,决心立即奔赴燕然前线,情绪激奋。看见龙虎旗迎风飘扬,击筑声中高月下落,他坚信这样的队伍无往而不胜:"遥知百战胜,定扫鬼方还。"他预祝发兵出征的将士,定当扫平异族作乱者奏凯而还。这时候的太白壮怀激烈,豪气干云。他奋起报国,真有一种跃跃欲试的干劲。

太白初到幽州,看到边城骑射尚武的风气,颇有感触。

> 边城儿,生年不读一字书,但知游猎夸轻趫。胡马秋肥宜白草,骑来蹑影何矜骄。金鞭拂雪挥鸣鞘,半酣呼鹰出远郊。弓弯满月不虚发,双鸧迸落连飞髇。海边观者皆辟易,猛气英风振沙碛。儒生不及游侠人,白首下帷复何益?
>
> ——《行行且游猎篇》

诗人称赞边城男儿善于游猎,技艺高强:每当秋草马肥之时,他们骑马挥鞭出郊打猎,弯弓满月,射则必中,中则必双。其猛气英风,威震沙漠,使旁观者都惊退躲避。而这些人"生年不读一字书",一字不识。于是诗人发出感慨:儒生长年下帷读书,皓首穷经,又有什么用呢?诗人的感慨是激愤之言,显然出于对当朝重武轻文的不满,因为天宝以来,上好边功,武士得志,而儒生不得重用。

太白在幽州了解到频繁边塞战争的种种情况，写下自己的感想和愿望。

> 虏阵横北荒，胡星耀精芒。羽书速惊电，烽火昼连光。虎竹救边急，戎车森已行。明主不安席，按剑心飞扬。推毂出猛将，连旗登战场。兵威冲绝漠，杀气凌穹苍。列卒赤山下，开营紫塞傍。孟冬风沙紧，旌旗飒凋伤。画角悲海月，征衣卷天霜。挥刃斩楼兰，弯弓射贤王。单于一平荡，种落自奔亡。收功报天子，行歌归咸阳。
>
> ——《出自蓟北门行》

这首诗，记叙了一场边塞保卫战。首先描写胡虏布阵准备入侵，边境羽书告急，烽火昼夜报警。然后写君主派遣大将出征，兵威沙漠，杀气冲天。接着描写部队列阵于赤山下，开营于紫塞旁。寒冬风沙惨烈，旌旗都被撕裂。夜间画角吹悲，士卒征衣凝霜。然而将士们不畏艰险，英勇奋战，挥刀斩楼兰，弯弓射贤王，荡平单于，各部纷纷逃亡。收功上报天子，一路凯歌回归长安。诗人通过这样一场边塞保卫战，借以抒写自己期望驰骋沙场立功报国之情，豪壮之气充溢于字里行间。

> 幽州胡马客，绿眼虎皮冠。笑拂两只箭，万人不可干。弯弓若转月，白雁落云端。双双掉鞭行，游猎向楼兰。出门不顾后，报国死何难。天骄五单于，狼戾好凶残。牛马散北海，割鲜若虎餐。虽居燕支山，不道朔雪寒。妇女马上笑，颜如赪玉盘。翻飞射鸟兽，花月醉雕鞍。旄头四光芒，争战如蜂攒。白刃洒赤血，流沙为之丹。名将古谁是？疲兵良可叹。何时天狼灭，父子得闲安？
>
> ——《幽州胡马客歌》

九、北上幽州

这首《幽州胡马客歌》描写边地少数民族绿眼虎皮冠，他们虽然骁勇善战，武艺高强，不怕牺牲报国，然而自称天之骄子的匈奴凶残擅战，连妇女也能骑射，又不怕朔雪严寒，因此双方经历一场激战，有许多戍边战士流血牺牲，鲜血染红了沙漠。太白认为造成这种情况主要是领军将帅的责任。如果有古代李广那样的名将，就不至于使广大士兵疲于奔命。"名将古谁是？疲兵良可叹。"诗人大声疾呼，表达了他对当今无能守边将领的不满和对疲惫不堪的前线士兵的同情。他热切希望有良将出现，早日扫平边患，让老百姓能够父子团圆，安居乐业。

太白在幽州看到"戈铤若罗星"，兵器星罗棋布，堆积如山。寒冬季节安禄山部队仍在积极进行训练和战斗演习，好像随时要奔赴前线作战。到处是一片紧张备战的气氛。然而并没有听说边境新近有什么军情。

太白在幽州待了一些时日，经过多方探访和考察，日渐看清了当地边境战争的真相，也详细了解了安禄山的情况，从中窥见了他企图谋逆的野心。安禄山由于善于巴结钻营，得到玄宗宠信，天宝元年（742）当上了平卢节度使，天宝三年（744）兼范阳节度使，天宝九年（750）兼河北采访处置使，天宝十年（751）又兼河东节度使，成为全国拥军最多的节度使。他掌管三大军区，统辖华北、东北大片地区，拥有兵力十八万之多，占唐王朝十大节度使总兵力的百分之四十左右。他手握重兵，却不以保境安民为己任，而是经常以"救边"之名，借故向东北边境上的契丹和奚挑起战端，以猎取军功向朝廷邀宠，给当地军民带来了巨大灾难。安禄山以幽州为根据地苦心经营独立王国，在自己控制的范围内不断扩军备战，实际上是扩充实力，伺机反叛，图谋篡夺朝政大权。"呼吸走百川，燕然可摧倾"，其气焰之嚣张，一呼一吸可使百川奔腾，燕然山崩塌。太白看到这种形势，感到危机严重，忧心国家的命运和前途。然而由于安禄山的淫威和玄宗帝的昏庸，当时朝廷内外谁也不敢揭破幽州危局的真情。在这种情况下，太白考虑再三，只有采取较为隐晦曲折的形式透露边地局势的真情和自己内心的隐忧。时值隆冬时节，他想起南朝鲍照有一篇乐府诗《北风行》，是以思妇的口吻"伤北风雨雪，行人不归"，于是就模拟写了一首《北风行》，借思妇之辞抒写来幽州之后的观感。

烛龙栖寒门，光耀犹旦开。日月照之何不及此，惟有北风号怒天上来。燕山雪花大如席，片片吹落轩辕台。幽州思妇十二月，停歌罢笑双蛾摧。倚门望行人，念君长城苦寒良可哀。别时提剑救边去，遗此虎文金鞞靫。中有一双白羽箭，蜘蛛结网生尘埃。箭空在，人今战死不复回。不忍见此物，焚之已成灰。黄河捧土尚可塞，北风雨雪恨难裁！

——《北风行》

诗开头一节，描写北方边地暗无天日的景象。烛龙是神话传说中盘踞在太阳照不到的寒门（北极之山）的一条神龙，它睁眼为白昼，闭眼为黑夜。诗人说寒门虽不见天日，但烛龙睁眼的时候还能给人一线光明，而现在见到的幽州却是一片天昏地暗，日月照耀不到这里，唯有漫天的北风在肆虐，大雪铺天盖地而来，吹落在轩辕台上。这是诗人看到的北方边地的隆冬景象，也是他亲身感受到的时局形势。当时安禄山统治的北方边地已经成为独立王国，边将一手遮天，朝廷光照莫及，中央号令不行，其气焰之嚣张，直逼中原腹地，威胁华夏命脉。轩辕台，是黄帝战胜蚩尤的标志，也是华夏民族的象征，如今已处于风雨飘摇之中，岌岌可危。这是诗人借着自然景物暗示给人们的时局形势。

在这种天昏地暗、寒气逼人的背景下，乐府古题《北风行》中

九、北上幽州

的思妇登场了。诗中录下了幽州思妇一段生离死别的倾诉，控诉安禄山挑动边衅给人民带来的灾难：她在寒冬腊月，愁眉不展，倚门眼看过往行人，盼望丈夫早日回家，担心丈夫在长城戍边受苦挨冻。想当年丈夫拔剑出门，前去救边参战，临别之际留下一个带有虎文金饰的箭袋，装着一对白羽箭作为信物。然而此去经年，音信杳无，如今箭袋和白羽箭上已经尘封网结，夫君到底是死是活也不得而知。久而久之，望断天涯，她完全绝望了，夫君肯定是战死沙场永远回不来了。"箭空在，人今战死不复回。不忍见此物，焚之已成灰。"物在人亡，倍觉伤情，为了了却睹物思人的痛苦，她把箭袋和一对白羽箭一把火烧了，当风扬其灰。然而焚箭的行动并不能烧掉心头的长恨。这位幽州思妇，是诗人在北方边地看到的千万个家庭主妇中的一个，她的悲剧是安禄山开边邀功十年来所制造的无数人间悲剧的一个缩影。诗的最后两句"黄河捧土尚可塞，北风雨雪恨难裁"，是说奔腾咆哮的黄河尚且可以捧土阻塞，而我的怨恨却如同无休无尽的北风雨雪难以遏止。思妇这一悲愤欲绝的呼号，具有极强烈的控诉力量和批判力量，其矛头所指，显然是轻启边衅的边地主帅和他背后的支持者。

  幽州是安禄山的大本营所在地。诗人看见到处武器林立，厉兵秣马，名为开边，实为谋逆。玄宗倚重藩将，错用奸邪，把北方大片领土交给了安禄山，使其气焰逼人，危及王朝根基。安禄山图谋不轨之心昭然若揭，太白伤心自己知而不能言，言而无人听。因为玄宗在安乐中完全丧失了对危机的敏感，对安禄山深信不疑，一味放纵，凡是告安禄山想谋反的，玄宗都送到幽州交安禄山处置，下场十分悲惨。在这种情况下，纵有射天狼之心，又有谁敢贸然行动呢？太白忧心如焚，却一筹莫展，只好"挥涕黄金台，呼天哭昭王"，一个人独自跑到燕昭王黄金台遗址，呼天痛哭。他哭燕昭王那样重视贤才的君主不重生今世，贤能之士救国无门，无奈只能奔亡离去。

　　太白在幽州盘桓了两个多月，看清了边塞时局的真相，明白这里不是自己武功报国的地方，就准备悄然离开。正好这段时间安禄山、安思顺都进京去了，太白没有见到，也不想见了。到岁末，他就偷偷地离开幽州南归。他先骑马快奔到魏郡贵乡："乐毅倘再生，于今亦奔亡。蹉跎不得意，驱马过贵乡。"(《经乱离后天恩流夜郎忆旧游书怀赠江夏韦太守良宰》)在贵乡逗留期间，得到县令韦良宰的热情接待。不久，他就返回梁宋。

十、三入长安

揭来荆山客,谁为珉玉分?良宝绝见弃,虚持三献君。
——《感兴八首》其七(节录)

从幽州回梁宋以后,太白一直关注北方事态的发展,担心国家的安危。

天宝十二载(753)春夏间,太白抱着卞和向楚王献璞玉的心情奔赴长安,欲向朝廷报告幽州真相,陈献济时之策,以期戡祸乱之未发。

到长安后,太白城内城外四处探听消息,寻找门路。他寄住在长安城外的长乐驿馆时,有一天外出,突然在长乐坡前的路上,遇见了久别的杜甫:

饭颗山头逢杜甫,头戴笠子日卓午。借问别来太瘦生?总为从前作诗苦。
——《戏赠杜甫》

"饭颗山头逢杜甫"一句,雅雨堂本《唐摭言》作"长乐坡前逢杜甫"。安旗云:"所谓'饭颗山'者,实即其上有太仓之长乐坡也。太仓之米,千斯仓,万斯箱,炊而为饭,长乐坡岂非饭颗山乎?故知'饭颗山头逢杜甫'亦即'长乐坡前逢杜甫',二

而一也。……则'饭颗山'者,李白为长乐坡所取之诨名也。"[《李太白别传(增订本)》,第175页]

两位老朋友在长乐坡偶然相遇,都喜出望外。李白见杜甫头戴一个斗笠,身体瘦骨伶仃,就关心地说:"借问别来太瘦生?"杜甫感到自己在长安的处境一言难尽,就用一句"总为从前作诗苦"搪塞一下。其实杜甫为求仕旅居长安已有七年,多方努力,至今毫无结果,生活贫困潦倒:"顷者卖药都市,寄食友朋"(《进三大礼赋表》);"饥饿动即向一旬,敝衣何啻连百结"(《投简咸华两县诸子》);"朝扣富儿门,暮追肥马尘。残杯与冷炙,到处潜悲辛"(《奉赠韦左丞丈二十二韵》),经常在权贵们的残杯冷炙中乞讨生活,生计艰难,处境令人心酸,身体怎能不瘦骨伶仃?

李白见杜甫正午刚从野外采药回来,风尘仆仆,连忙请他到长乐驿馆休息一下,一起聚聚。两人在驿馆举杯同饮,促膝长谈,倾心交流,没有谈诗论文,只是心念时局,在言谈话语之中,彼此对时局的忧患意识高度一致。李、杜此次重逢,时间虽然不长,心灵更加相通,心心相印的忧国忧民情怀,使两位诗文好友成为忧患与共的生死之交。李白从杜甫那里得知朝廷的一些情况:天宝十一载(752)十一月,朝中权相李林甫死了,玄宗以杨国忠为左相兼文部尚书,把朝政基本上都交给了杨国忠,自己继续过着醉生梦死的生活。如今朝廷杨国忠一手遮天,胡作非为。安禄山于外坐大,反而受宠信。诗人从幽州之行以来耳闻目睹的情况看,他感到如今君主确已昏庸,时局岌岌可危,国家前景十分堪忧。

殷后乱天纪,楚怀亦已昏。夷羊满中野,菉葹盈高门。比干谏而死,屈平窜湘源。虎口何婉娈?女嬃空婵娟。彭咸欠沦

十、三入长安

没,此意与谁论?

——《古风》其五十一

这首诗借古喻今,表明诗人对朝政的认识,抒发对国事的忧虑。诗开宗明义就指斥殷纣王扰乱法制,楚怀王已经昏愦,造成神兽在野,恶草盈门,贤愚颠倒,乱机四伏。接着就叙写比干因强谏而被处死,屈原由于受人谗害而被放逐,说明朝廷已如虎口,还有什么可以为之缠绵留恋?诗人把当今君主比之殷纣王、楚怀王,认为对昏庸的君主不能抱什么幻想。诗的最后以感叹收结:贤人彭贤沦没已经很久了,如今又能与谁去谈论心事呢?诗人痛感自己对时局的见解和忧虑诉说无门,无人理解。总起来说,在这首诗中诗人对玄宗的指斥最为激烈,对朝政的认识已经达到了前所未有的高度。

"在此诗中,李白把唐玄宗比为殷纣、楚怀这两个历史上被认为最无道和最昏聩的君主!对于一个封建知识分子来说,要冲破神圣的'君主'观念罗网的束缚,达到这一步,又是多么的不易和难能可贵啊!……李白此时的心情,正如他自己所说的那样:'忧恨坐相煎。'他以屈原自喻,而他此时的诗歌,正是屈原精神的再现。李白的叛逆精神和对现实的认识,在三入长安这个时期,达到了一个最高的阶段!在特定的时代条件和个人认识状态中,李白完成了他思想中的一次巨大的转折与升华!"(李从军著《李白考异录》,第128页)

太白在长安四处奔波,为寻求向朝廷进言门路,先后给哥舒翰、韦侍御、王补阙、崔司户等人赠诗,均无回音。有一天,他偶与独孤驸马路遇,此人在待诏翰林时相识,立即走笔疾书小诗一首相赠。

都尉朝天跃马归,香风吹人花乱飞。银鞍紫鞚照云日,左顾右盼生光辉。是时仆在金门里，待诏公车谒天子。长揖蒙垂国士恩，壮心剖出酬知己。一别蹉跎朝市间，青云之交不可攀。傥其公子重回顾，何必侯嬴长抱关？

——《走笔赠独孤驸马》

诗的前八句，先称赞独孤驸马下朝归府路上的风采，而后叙两人的旧情，说当年待诏金马门时，独孤以国士之礼相待，自己亦真心视独孤为知己。分别之后有了朝野之隔，现在有点不敢高攀了。最后两句才道出求助的本意："傥其公子重回顾，何必侯嬴长抱关？"说自己如侯嬴为大梁夷门守关者，处境困难，希望独孤顾念旧交，予以援手。"李白欲求助于独孤者，当系非常之事。其非献策事而何？"［安旗著：《李太白别传（增订本）》，第183页］

然而独孤驸马并不念旧情，婉言推托了事。太白又设法拜见中书舍人蔡雄。中书舍人也是通天的人物，太白对他抱有很大的希望。可是蔡雄亦明哲保身，不肯出面相助，希望又成泡影，诗人感慨不已，写下《书情赠蔡舍人雄》一诗，慷慨陈情。

尝高谢太傅，携妓东山门。楚舞醉碧云，吴歌断清猿。暂因苍生起，谈笑安黎元。余亦爱此人，丹霄冀飞翻。遭逢圣明主，敢进兴亡言。白璧竟何辜，青蝇遂成冤。一朝去京国，十载客梁园。猛犬吠九关，杀人愤精魂。皇穹雪冤枉，白日开昏氛。太阶得夔龙，桃李满中原。倒海索明月，凌山采芳荪。愧无横草功，虚负雨露恩。迹谢云台阁，心随天马辕。夫子王佐才，而今复谁论。层飙振六翮，不日思腾骞。我纵五湖棹，烟涛恣崩奔。梦钓子陵湍，英气缅犹存。徒希客星隐，弱植不足援。千里一回首，万里一长歌。黄鹤不复来，清风奈愁何。舟浮潇湘月，山倒洞庭波。投汨笑古人，临濠得天和。闲时田亩中，搔背牧鸡鹅。别离解相访，应在武陵多。

十、三入长安

此诗前半首，诗人作自我介绍，意在说明自己并非凡夫俗子，上门求助并非为了个人一己私利。开头八句，诗人以谢安自况：别看谢安平时携妓东山，歌舞自适，及为苍生而起，谈笑却强敌，安社稷，救黎民，能够飞腾廊庙建功立业。接着，回顾自己仕途经历：幸遇明主供奉翰林，敢进兴亡之言。后遭谗去国，十载客居梁园。后又遭人诬陷，幸逢天子圣明，得以昭雪冤案。如今朝廷有贤臣辅佐，广搜天下人才。而自己无功无能，没有机会报效朝廷，但仍然心系朝堂，难忘国家大事。

诗的后半首，诗人委婉地抒写求助不得的怨愤之情。首先夸赞蔡雄有辅佐君王之才，当今无与伦比，不日即可升迁高位，飞黄腾达。而自己则当纵游五湖，仰慕客星隐居，弱植不足援引，只能选择去隐居。千里一回首，万里一长歌，亦无济于事。黄鹤一去不会复返，自己只有临清风而叹无奈。最后，诗人自述邈然高蹈之志：自己将纵舟远游，如庄子临濠水而得天和之乐，不会像屈原投汨罗自尽而贻笑大方。田园生活也很自在，闲行田亩之中，搔痒放牧鸡鹅。大人日后如若相访，就来武陵桃花源吧！诗人的话说得好像很潇洒，依然是一副"平交王侯"的姿态，其实内心充满着酸楚无奈之情：为国分忧既无路，独善其身总有门，何必在王公大人面前显露出一副可怜相！

"无风难破浪"（《赠宣城宇文太守兼呈崔侍御》），诗人进言无路，报国无门，感到无力回天，只好失望地离开长安，返回宋城。

离开长安时，太白感慨万千。

> 倚剑登高台，悠悠送春目。苍榛蔽层丘，琼草隐深谷。凤鸟鸣西海，欲集无珍木。鸒斯得所居，蒿下盈万族。晋风日已颓，穷途方恸哭。

——《古风》其五十四

此诗"写三入长安见闻"(安旗著《李太白别传》,第185页)。诗人佩剑登高台,望长安,只见层层丘山遍地杂草荆棘,珍贵的草木隐藏于深谷之中。凤凰在长安上空盘旋鸣叫,然无梧桐可以栖身。乌鸦之俦呼朋引类,成群结伙,势力日盛。这是用比喻手法描写当时朝廷内外的形势:小人得势,而君子在野,贤才俊杰有心报效家国,朝廷上却没有他们的立足之地。朝中奸佞(指杨国忠辈)窃据高位,结党营私,人多势大,得其所哉。诗人眼看奸臣窃国弄权,大唐局势岌岌可危,自己无可奈何,只有恸哭而返。"'晋风'二句用阮籍事:籍时或率意独驾,不由径路,车迹所穷,辄恸哭而返(见《晋书》本传)。白以之自喻,兼喻当时。其所以'晋风'为喻者,唐高祖李渊之先世在北周时为唐国公,渊袭其封。入隋后,为太原留守,其后遂于晋地起事,而有天下。故言'晋风',实指唐风也。"(同上)

太白离开长安时,既为国事担忧,亦为个人无所作为叹息。他回顾自己平生三次入长安,均无果而别。自伤才不遇世,只有远举全身了。

> 抱玉入楚国,见疑古所闻。良宝终见弃,徒劳三献君。直木宜先伐,芳兰哀自焚。盈满天所损,沉冥道为群。东海泛碧水,西关乘紫云。鲁连及柱史,可以蹑清芬。

——《古风》其三十六

太白这首诗,抒写自己才不遇世的失落心情。开头四句,以下和向楚王献璞玉自喻。但和氏献璞,一献、二献失败,三献终于成功。而诗云"良宝终见弃,徒劳三献君",显然是借此隐喻自己一生三次入长安均告失败。诗人三入长安均无果而终,辅君济世的人生理想付之东流,心情难以平静:初入长安,乘兴而去,走投无路,落得败兴而返;二入长安,昂首而去,得意一时,又因遭谗见

十、三人长安

弃；三人长安，徒劳奔走，无力回天，只有绝望而归。因此他就想到直木先伐，芳兰自焚，天道恶盈而好谦，只有隐晦者不为所伤。自己还是应向鲁仲连和老子学习，鲁仲连欲避秦而逃隐于海上，老子欲弃世而乘牛车出关，他们以先见之智，与道为群，远举而全身。这也许是自己目前唯一可行之路。

秋天，太白要从宋城南下宣城，他感到这一去，就要与朝廷诀别了，心情十分复杂。经过幽州之行和三人长安之行，他预感到唐王朝危机深重，眼看一场战乱即将发生，王朝大厦会因此倾覆。而造成这种危局的罪魁就是玄宗，他已昏庸至极，无药可救，即使冒险上书，也已无济于事，只能招来杀身之祸。无奈之下，只有远走高飞，去南方寻找一个避乱藏身的桃花源。但真要走了，临行之际又徘徊留恋，依依不舍。他说就像"范蠡脱勾践，屈平辞怀王"（《留别曹南群官之江南》），在他内心深处，真正放不下的是对时局的忧虑，对国家命运和前途的关切。这种忧虑和关切，难以直言，又不吐不快，于是他借鉴屈原"远游"之意，写了《远别离》一诗，托古喻今，抒怀言志。

> 远别离，古有皇英之二女，乃在洞庭之南，潇湘之浦。海水直下万里深，谁人不言此离苦？日惨惨兮云冥冥，猩猩啼烟兮鬼啸雨。我纵言之将何补？皇穹窃恐不照余之忠诚。雷凭凭兮欲吼怒，尧舜当之亦禅禹。君失臣兮龙为鱼，权归臣兮鼠变虎。或云尧幽囚，舜野死。九疑联绵皆相似，重瞳孤坟竟何是？帝子泣兮绿云间，随风波兮去无还。恸哭兮远望，见苍梧之深山。苍梧山崩湘水绝，竹上之泪乃可灭。
>
> ——《远别离》

诗人借用舜的故事作依托，抒写怀抱，议论时政。《唐诗品汇》卷二十六指出："此太白伤时君子失位，小人用事，以致丧乱。身在江湖之上，欲往救而不可，哀忠谏之无从，舒愤疾而作也。"诗开头先以湘妃与舜生死之别的凄苦情景，倾诉自己这次去国远游的心情。舜晚年出征南方，死于苍梧之野。娥皇、女英二妃到了洞庭湖南边的潇水与湘水之间，听到舜死的消息，每天望着苍梧方向痛哭。二妃流尽痛苦的眼泪，投湘水而死，成了湘水之神。"海水直下万里深，谁人不言此离苦？"生死之别离，痛苦之深堪比万里海水。"此离"表面上指二妃与舜的死别，实际上是指诗人自己此次南游，从此君臣永远分离，辅君济世的理想付之东流。"日惨惨兮云冥冥，猩猩啼烟兮鬼啸雨。"离别的背景是一派阴晦恐怖的景象：天空中阴云蔽日，大地上群魔乱舞。这与其说是自然景象，还不如说是诗人感受到的安史之乱前夕阴晦可怕的政治氛围。正因为如此，诗人写到这里才情不自禁直抒胸臆，大声呼喊："我纵言之将何补？皇穹窃恐不照余之忠诚。"上皇不体察我对国家的赤胆忠心，我即使冒死上书又有什么用呢？接着诗人通过对古史的质疑，抒写对时局危机的判断，对朝廷君主命运的担忧："雷凭凭兮欲吼怒，尧舜当之亦禅禹。君失臣兮龙为鱼，权归臣兮鼠变虎。或云尧幽囚，舜野死。九疑联绵皆相似，重瞳孤坟竟何是？"惊天动地的雷声快要怒吼起来了，一场巨大的战乱即将爆发，遇到这样的局势，即使是尧舜之君也只好把天下拱手转让，别说如今君主了。造成这种局势，根源在于君主用人失当：君失贤臣，即使神龙也会变成凡鱼；权归奸臣，即使小鼠也会变成老虎。如今大权已落在奸臣悍将手中，鼠辈已成虎势，祸乱即将来临。据史书上说，三代禅让，出于被迫，尧被囚禁，舜死野外，均为君主失去权力的结果。可悲的是，舜的下落不明，孤坟在哪里，谁也说不清，娥皇和女英只有在竹林里痛哭，后来她们也随风波去了，世上只留下血泪斑斑的湘妃竹。

十、三入长安

尧、舜君主失权丧身之悲剧应当引以为戒,当前局势的发展如果发生类似的事情,那将会出现多么可怕的局面。想到这里,诗人不禁悲从中来,失声痛哭。于是又借湘妃与舜的生死之别,抒写自己去国远游悲愤交加的心情:恸哭啊向远方眺望,只见那苍梧山墨绿一片。苍梧山崩倒,湘水涸绝,斑竹上的泪痕才会消灭。真是此恨绵绵无绝期了。

顾随指出:"《远别离》之意在'君失臣兮龙为鱼,权归臣兮鼠变虎'二句,凡做领袖者首重知人,然后能得人,能用人。明皇以内政付国忠,军事付安禄山,即不知人。"(顾随《中国古典诗词感发》,第66页)太白幽州之行和三入长安之行,切实看到了君主用人失策导致的严重后果,因而发出了振聋发聩的呐喊。

这首《远别离》是太白幽州之行和三入长安之行的一个小结,也是诗人唱给行将大乱的唐王朝的一首挽歌。

太白南下宣城以后,幽州节度使判官何昌浩又来信,再次邀请太白北上入幕。有了上一次北上幽州的经历,太白这次态度很明确。

> 蓝岑耸天壁,突兀如鲸额。奔蹙横澄潭,势吞落星石。沙带秋月明,水摇寒山碧。佳境宜缓棹,清辉能留客。恨君阻欢游,使我自惊惕。所期俱卜筑,结茅炼金液。
> ——《泾溪南蓝山下有落星潭可以卜筑余泊舟石上寄何判官昌浩》

太白当时正在泾溪南蓝山下,山水优美,佳境宜人,在这里居住游玩感到心情欢娱。对何昌浩的邀请,他回答说:"恨君阻欢游,使我自惊惕。"你要中断我欢游山水的生活,使我不能不有所警惕。大乱将至,你还是与我一道筑室林下,求仙学道吧。何昌浩因为奉命行事,还是执意要说服太白北上入幕,太白写了一首《山鹧鸪词》,坚决予以拒绝。

苦竹岭头秋月辉，苦竹南枝鹧鸪飞。嫁得燕山胡雁婿，欲衔我向雁门归。山鸡翟雉来相劝，南禽多被北禽欺。紫塞严霜如剑戟，苍梧欲巢难背违。我心誓死不能去，哀鸣惊叫泪沾衣。

对于这首寓言诗的内涵，明代胡震亨已看明白："意当时有劝白北依谁氏者，而白安于南不欲去，托为鹧鸪之言以谢之。"（《李诗通》卷四）太白在这首诗中，以鹧鸪自喻，托鹧鸪之言谢绝何昌浩要他北上幽州的邀请。他把何昌浩比作"嫁得燕山胡雁婿"，它来到南方的意图是"欲衔我向雁门归"，要劝说他北上幽州入幕。对于幽州的形势，太白已经目睹，"紫塞严霜如剑戟"，就是《北风行》中所写的情景，是一派阴森可怕的景象。因此诗人表示："我心誓死不能去，哀鸣惊叫泪沾衣。"他哀鸣惊叫，誓死不从，态度何等坚决！

"李白以天宝十载秋首途的幽州之行为起点，开始了他南北漫游时期的第二阶段。谪仙人，这时才真正由谪到酒乡而谪到人间。尽管有迹象表明，李白初往幽州时对安禄山仍有幻想，但经实地观察后，他在幽州所作《北风行》，以及同时或稍后的《远别离》《书情赠贾舍人雄》《书怀赠南陵常赞府》等大篇诗作中，就已再三再四地表达了对杨国忠－安禄山新贵轴心终将断送帝国的深重忧虑。"赵昌平《李白诗选评》，第131页）"李白天宝后期的第三次入长安，是李白思想发展中的一个很大的转折点。"（李从军《李白考异录》，第124页）幽州之行和随后的三入长安，使太白对时局和朝政有了清醒的认识，也就决定他日后对安史之乱的鲜明态度，及其为济世安邦而上下求索的奋斗历程。

十一、南下宣城

我随秋风来,瑶草恐衰歇。中途寡名山,安得弄云月?渡江如昨日,黄叶向人飞。敬亭惬素尚,弭棹流清辉。冰谷明且秀,陵峦抱江城。粲粲吴与史,衣冠耀天京。

——《自梁园至敬亭山见会公谈陵阳山水兼期同游因有此赠》(节录)

天宝十二载(753)秋天,太白离开梁园,南下宣城。他穿着道服,佩上丹囊,说是要到南方寻找瑶草,求仙访道。实际上他是不得已去国离京,告别中原政治中心,企图寻找一个避乱藏身的桃花源。

太白从梁园动身,因事先拐道到曹南(今山东曹县)。独孤及《送李白之曹南序》云:"是日也,出车桐门,将驾于曹,仙药满囊,道书盈箧,异乎庄舄之辞越,仲尼之去鲁矣。"(《毘陵集》卷十四)可见太白当时俨然是一副专心一意求仙访道的样子。他在曹南办完事,离开时当地的一些地方官吏为他设宴送行。他临行挥毫,赋诗留别,才吐露了一些真实的想法。

我昔钓白龙,放龙溪水傍。道成本欲去,挥手凌苍苍。时来不关人,谈笑游轩皇。献纳少成事,归休辞建章。十年罢西笑，揽镜如秋霜。闭剑琉璃匣，炼丹紫翠房。身佩豁落图，腰垂虎盘囊。仙人借彩凤，志在穷遐荒。恋子四五人，徘徊未翱翔。东流送白日，骤歌兰蕙芳。仙宫两无从，人间久摧藏。范蠡脱勾践，屈平去怀王。飘飖紫霞心，流浪忆江乡。愁为万里别，复此一衔觞。淮水帝王州，金陵绕丹阳。楼台照海色，衣马摇川光。及此北望君，相思泪成行。朝云落梦渚，瑶草空高唐。帝子隔洞庭，青枫满潇湘。怀归路绵邈，览古情凄凉。登岳眺百川，杳然万恨长。却恋峨眉去，弄景偶骑羊。

——《留别曹南群官之江南》

  这首留别之作，诗人向朋友诉说自己"仙宫两无从，人间久摧藏"的尴尬处境。他说自己少时曾经学道求仙，后来时来运转，奉诏入京，待诏翰林，建言献策少有成事，只好辞别朝廷，还归山林。流落山野十年，期盼长安佳音而无望，令人愁容满面，鬓发如霜，无奈之下，只有炼丹求仙，希望跟随仙人逍遥度日。如今求仙、从政两方面都一无所成，在人世间无所作为，令人伤悲不已。而今如同范蠡脱离越王勾践，屈原离开楚怀王，流浪而往江南。纵使江南多地有美好的风物，也难以抚慰我心灵的创伤。平生壮志已成梦幻，南归路远，览古凄凉，登高只会引发万恨悠长。从此可见诗人南下宣城时的真实心境。

  太白赴宣城途中，来到安徽和县境内的横江浦。横江浦是长江西岸的一个渡口，它的东岸就是牛渚矶，即采石矶。原本从西向东流的长江，因受天门山的阻遏，从芜湖至金陵一段，竟变成自南向北流向，因而这一段长江称为横江。横江浦是一个地势险要的渡口。太白此行经过这里时，眼看浩渺长江、海潮汹涌，风急浪高，给人一种地动山摇的感觉。这种感觉和他北上幽州归来的感觉一拍即合，于是挥笔写下《横江词六首》。

十一、南下宣城

人道横江好，侬道横江恶。一风三日吹倒山，白浪高于瓦官阁。（其一）

海潮南去过寻阳，牛渚由来险马当。横江欲渡风波恶，一水牵愁万里长。（其二）

横江西望阻西秦，汉水东连扬子津。白浪如山那可渡，狂风愁杀峭帆人。（其三）

海神来过恶风回，浪打天门石壁开。浙江八月何如此，涛似连山喷雪来。（其四）

横江馆前津吏迎，向余东指海云生。郎今欲渡缘何事？如此风波不可行。（其五）

月晕天风雾不开，海鲸东蹙百川回。惊波一起三山动，公无渡河归去来。（其六）

这组诗一开头，诗人首先抒写对横江的总体印象："人道横江好，侬道横江恶。"你看一连刮了三天大风，那风势好像要把天门山吹倒，那暴风掀起的滔天巨浪，似乎比二百多尺的金陵瓦官阁还要高。人们称道的江山形胜之地，如今竟是如此险恶可怕。因为风浪太大，诗人无法渡江，只有在渡头徘徊观望，察看长江上下游形势和天空风云变化，写下自己对横江的观感。

诗人站在渡头南望长江上游，只见海潮汹涌，逆流而上，潮头几乎要扑过浔阳，历来认为马当山水为天下之险，而牛渚之恶比浔阳的马当更厉害。长江的天险，一处比一处更险恶。面对着千里风浪，令诗人"一水牵愁万里长"。

诗人站在渡头回身西望，只见云山重重阻隔，不见长安在何处。在诗人心目中，扬子江连着汉水，而汉水上连渭水，可通长安。前面白浪如山的横江怎么能过去？连职业船夫也要愁煞。

诗人站在渡头朝长江下游远望，只见江流奔向远方的东海，心想眼前横江的恶风巨浪,定是海神作怪,兴风作浪,其势凶猛异常,直扑天门山,好像要把一座石壁劈成两半。这与钱塘江八月的潮水比起来也不相上下,洪涛好似连山喷雪,汹涌而来,势不可挡。

诗人走向管理渡口的驿馆,打听过渡的事。津吏(掌管津渡的小吏)迎上前来,手指东方远天丛生的海云,说:"你现在要渡江有什么事?你看海上又起云了,一场暴风雨即将来临,还有更大的风浪要来到,这样的天气无论如何也不能行船渡江!"

诗人站在渡头眼看天上月晕风气,云愁雾惨,江面浪涌水涨,似乎海鲸在东海翻腾,迫使百川倒流,其声势之大,令三山五岳撼动。于是津吏劝阻诗人:"公无渡河归去来",以免有去无回。

这组诗记叙了诗人在横江浦的所见所闻所遇,也倾注了不久前幽州之行、三入长安的所见所闻所遇,物以情观,托景抒怀,以江上风波象征人间风波,写出了安史之乱前夕唐王朝山雨欲来风满楼的形势,表现了诗人对国家前途和命运的殷忧。诗中所写的海神、海鲸兴风作浪,看似虚幻的想象之辞,在诗人心目中是实有所指,那就是蠢蠢欲动的安禄山之流。"惊波一起三山动,公无渡河归去来",诗人借眼前之景抒发大乱将临之际的无奈心情,既然不可渡,不如归去。国事既然无由过问,只好归去江东隐居了。

太白到了宣城。宣城,为江南东道宣州(宣城郡)治所。太白有一个从弟(堂弟)李昭时任宣州长史,南下宣城前后皆与之联系,写有《寄从弟宣州长史昭》《赠从弟宣州长史昭》《宣州长史弟昭赠余溪中双舞鹤诗以见志》等诗,可知他是应从弟之邀而来此。太白得以客居宣城两年多,也多赖此人关照。

诗人虽避祸南下宣城,但并不甘心隐退,他在《赠从弟宣州长

十一、南下宣城

史昭》一诗中说：

> 何意苍梧云，飘然忽相会。才将圣不偶，命与时俱背。独立山海间，空老圣明代。知音不易得，抚剑增感慨。当结九万期，中途莫先退。

诗人慨叹人生命运不济，但仍不减青云之志：自己虽有将才而与圣君不能遇合，命运与机遇都不顺利，以致流落山野，孤独无依，虚度年华而功业无成，有愧于圣明时代。世上知音难得，就是抚剑而起，又有何用？徒增感慨而已。不过，他并没有因此灰心丧气，仍然希望与李昭结伴高飞，共展鹏程之志，谁也不要在中途先退。矢志不移，这是他后来伺机出山，晚年还要请缨的思想基础。

太白于敬亭山下安家落户。

> 我家敬亭下，辄继谢公作。相去数百年，风期宛如昨。登高素秋月，下望青山郭。俯视鸳鸯群，饮啄自鸣跃。夫子虽蹭蹬，瑶台雪中鹤。独立窥浮云，其心在寥廓。时来一顾我，笑饭葵与藿。世路如秋风，相逢尽萧索。腰间玉具剑，意许无遗诺。壮士不可轻，相期在云阁。
>
> ——《游敬亭寄崔侍御》

敬亭山，在宣城北面，原名昭山，南齐诗人谢朓在政治上受到排挤，由中书郎出为宣城太守时，在这里建造了一个敬亭，时来登临吟咏，因而改名敬亭山。此山东临宛溪和句溪，南俯宣州城垣，岩壑幽深，为近郊名胜之地。太白由于非常仰慕谢朓，敬亭山也就成为他向往的地方。此次来到宣城，落脚于敬亭山下，实现了他的一个夙愿。他说我住在敬亭山下，效法谢公游览作诗，常登临敬亭山高处，仰望清秋明月，俯视山下城郭，看看鸳鸯成群结队，争相啄食，鸣叫跳跃，别有一种乐趣。诗人虽身处安逸的环境之中，但内心并不平静，壮志并未泯灭，仍寄希望于未来："腰间玉具剑，意许无遗诺。壮士不可轻，相期在云阁。"他相信腰间的玉剑，一定不会忘记自己心许的诺言。身为壮士不可小看自己，总有一天会建功于朝廷。

　　胡人吹玉笛，一半是秦声。十月吴山晓，《梅花》落敬亭。愁闻《出塞曲》，泪满逐臣缨。却望长安道，空怀恋主情。

——《观胡人吹笛》

　　诗人在敬亭山，偶然听到一个胡人吹笛，半是秦地声调，触发情思绵绵。笛声所奏的《梅花落》，引人遐想：江南十月没有梅花，却好像梅花纷飞飘落在敬亭山上。又闻吹奏《出塞曲》，令人悲愁，让我这个逐臣泪满胸前的冠带：如今自己流落江南，却时常回望长安，徒然有怀恋君主之情，而无报效国家之门。萧士赟《分类补注李太白集》云："太白放逐之余，眷恋宗国之意随寓而发，观此诗末二句，概可见矣。"

　　诗人独自居住在敬亭山下，感到孤独无依，敬亭山也就成了他唯一的精神寄托。

　　众鸟高飞尽，孤云独去闲。相看两不厌，只有敬亭山。

——《独坐敬亭山》

　　诗人在敬亭山前独坐出神。他寄情于鸟，但众多的鸟儿都高飞远去；寄情于云，孤独的云朵也悠然飘散。天地间只剩下兀然矗立的敬亭山，和他默默相对，久久观望，彼此欣赏不已，互不厌弃，永无厌止之时。诗人似乎是在孤独自守的敬亭山上找到了知音，找到了慰藉，其实正反映出他那种遭人遗弃、无所依归的孤独处境和凄凉心境。"只有"二字表明除了敬亭山外别无相知之人。诗人从天宝三载（744）离开长安至今已经整整十年，长期漂泊无依，怀才不遇，也就增加了他的人生孤寂之感。只不过诗人不甘孤独，不甘落寞。他以结交山水来突破孤独，以泰然自乐来应对落寞。一个

十一、南下宣城

人独坐山前，长久与山对望而不生厌倦，也表明他对自己人格的一种坚守。

这期间太白的心境其实并不平静，更没有超脱。本家叔父、监察御史李华出使东南，路过宣城，他便邀请李华同登谢朓楼，饮酒话别，酒席上话及沧桑世事，心绪难平，写下《宣城谢朓楼饯别校书叔云》（一作《陪侍御叔华登楼歌》）：

弃我去者，昨日之日不可留；乱我心者，今日之日多烦忧。长空万里送秋雁，对此可以酣高楼。蓬莱文章建安骨，中间小谢又清发。俱怀逸兴壮思飞，欲上青天览明月。抽刀断水水更流，举杯消愁愁更愁。人生在世不称意，明朝散发弄扁舟。

谢朓楼原名高斋，在宣城城内陵阳山上。为南齐宣城太守谢朓所建，因此又称谢朓楼、谢公楼。太白有《秋登宣城谢朓北楼》诗，描绘谢朓楼周围的山水景物，表达对前代诗人谢朓的怀念之情："江城如画里，山晚望晴空。两水夹明镜，双桥落彩虹。人烟寒橘柚，秋色老梧桐。谁念北楼上，临风怀谢公。"诗中所写江城山色风光，明丽如画。然而太白这次陪李华登楼，却无意欣赏风景，而登楼放歌，抒发自己忧时伤事的情怀。

太白和李华，一位是诗人，一位是散文家，叔侄二人在谢朓楼上把酒话别，议论国事，谈论诗文，酒酣耳热，情绪激昂慷慨。因而这首诗的发端破空而来，直接抒发诗人心中积聚多日的郁结："弃我去者，昨日之日不可留；乱我心者，今日之日多烦忧。"诗人对弃我而去的昨日心怀留恋无奈：大唐开元盛世如昙花一现，个人凌云壮志付之东流，令他感到非常遗憾，非常惆怅。诗人对扰乱我心的今日感到烦忧难耐：国家危机四伏，山雨欲来，个人怀才不遇，报国无门，使他心中十分焦虑，十分忧郁。诗人抚今追昔，慷慨陈词之后，笔锋突然一转，写到饯别的眼前景、眼前事：面对长风万里，目送秋雁南飞，烦忧为之一扫，心境豁然开朗，酣饮高楼的豪情逸兴也就油然而生：让我们在高楼上开怀畅饮，纵酒高谈。您的文章颇有建安风骨，我的诗作也如谢朓清新秀发。我们都满怀超逸意兴，豪壮情思，雄心飞扬，真想登上九天去揽取明月。叔侄两人在酒席上文思骏发，高谈阔论，以豪言壮语相互嘉许，使他们心中略得宽慰。然而豪言毕竟只是豪言，幻想也代替不了现实。当诗人从幻想回到现实，面对国家危机四伏、个人举步维艰的现实时，就更强烈地感到理想与现实的矛盾不可调和，无法解决，令人更加心烦意乱，愁思万端："抽刀断水水更流，举杯消愁愁更愁。"诗人企图举杯消愁，却陷入更深的忧愁，如同拔刀斩断溪流，而水流得更加凶猛，真是无计可施，万般无奈。既然报国无路，壮志难酬，人生在世万事都不如意，不如学范蠡抛巾散发，驾一叶扁舟去放浪江湖，远离这令人烦忧的尘世。

这首诗是太白这一时期矛盾痛苦心绪的一次爆发。起落无端、跌宕起伏的结构恰如其分地反映了诗人内心的重重矛盾和感情的急剧变化。这时期他报国无门，忧心忡忡，尽管在精神上经受着苦闷的重压，但并没有因此悲观绝望，放弃对高远理想境界的追求，而是在忧愤苦闷中依然显现出豪放不羁、九天揽月的气概。最后"明朝散发弄扁舟"的想法，虽未免有些消极和无奈，但其中也包含着怀才不遇的愤慨，与对自由生活的向往。

天宝时期的宣州（宣城郡，治所宣城），管辖十个县：宣城、南陵、泾县、当涂、秋浦、青阳、溧水、溧阳、宁国、太平，约相当于如今安徽省皖南地区。太白在宣城生活期间，差不多走遍了宣州各县，游遍了宣州的名山胜水，也接近了一些底层民众。

太白来到秋浦县（今安徽池州市贵池区）。秋浦城北瞰长江，

十一、南下宣城

南望九华山,是池州府所在地。在池州西南七十里的秋浦,长八十余里,阔三十里,四时景物,宛如潇湘洞庭,是当地著名的风景胜地。其中的秋浦河、清溪水一带的山川风物异彩纷呈,十分迷人,吸引诗人在这里流连多日,先后写下了70多首诗,为人传诵的有《秋浦歌十七首》等。诗人不仅生动地描绘了秋浦的明山秀水,而且逼真地描绘了当地百姓的劳动生活,为我们留下了一幅幅美丽动人的自然风景画和社会风俗画。

逻人横鸟道,江祖出鱼梁。水急客舟疾,山花拂面香。
——《秋浦歌》其十一

渌水净素月,月明白鹭飞。郎听采菱女,一道夜歌归。
——《秋浦歌》其十三

炉火照天地,红星乱紫烟。赧郎明月夜,歌曲动寒川。
——《秋浦歌》其十四

诗人欣赏逻人矶、江祖潭的山光水色,感受舟行途中"山花拂面香"的美景;欣赏秋浦河畔的"月明白鹭飞"的夜景和采菱女夜归途中的歌声。

据《新唐书·地理志》记载,秋浦在唐时开采银和铜。诗人见到冶炼工场的场景,感到异常振奋:炉火熊熊燃烧,照亮天地;红星满天飞溅,紫烟蒸腾。冶炼工人个个红光满面,在月夜里一边劳作一边引吭高歌,嘹亮的歌声震荡在寒冷的秋浦山川。月夜里热火朝天的劳动场景,红光满面的冶炼工人形象,都给人留下深刻的印象。诗人关注社会生活,体察民情,写出了热情歌颂冶炼工人劳动生活的诗歌,有声有色地塑造了古代冶炼工人的形象,这样的作品在我国诗歌史上是十分罕见的。

秋浦清丽迷人的山水风光和淳朴可爱的民情风俗,给太白带来了些许快慰。然而却无法平息他心头伤时忧国、壮志未酬的愁绪。

"愁作秋浦客,强看秋浦花"(《秋浦歌》其六),是他此时真实心态的写照。

  两鬓入秋浦,一朝飒已衰。猿声催白发,长短尽成丝。
——《秋浦歌》其四

  秋浦长似秋,萧条使人愁。客愁不可度,行上东大楼。正西望长安,下见江水流。寄言向江水,汝意忆侬不?遥传一掬泪,为我达扬州。
——《秋浦歌》其一

  秋浦猿夜愁,黄山堪白头。清溪非陇水,翻作断肠流。欲去不得去,薄游成久游。何年是归日,雨泪下孤舟。
——《秋浦歌》其二

  诗人来到玉镜潭边,潭水清澈有如明镜,临镜照影,惊见满头白发,心里为之一震。鬓染秋霜,头生白发,并非因年纪衰老,而是因为愁绪万千。《秋浦歌》其一、其二,诗人一一倾诉了自己心中挥之不去的愁苦之情。

  诗人去国离乡,只身飘零江南一隅,心中无时无刻不在忧念家国大事。他感到秋浦就像秋天一样,万物萧条,令人悲愁。因为这种悲愁不想渡秋浦水,于是缓步登上大楼山。站立山上西望长安,长安不可见,只见山下奔流不息的江水。诗人寄言江水:长江水啊,你是否还记得我?让我遥传一掬忧国之泪,为我寄往扬州,再通过运河流向遥远的北方。

  秋浦的夜晚更令人难过。小黄山上夜猿的啼叫充满哀愁,让人听了都会愁白头。乐府古辞《陇头歌》曰:"陇头流水,流离四下。念吾一身,飘然旷野。陇头流水,鸣声幽咽。遥望秦川,肝肠断绝。"清溪水并不是陇水,为什么却像陇水一样令人断肠?那是因为我也在"遥望秦川",欲往而不得。薄游成久游,何日是归年?

诗人不禁泪如雨下,滴滴洒落在漂泊的孤舟上。

太白游秋浦期间,曾多次泛舟游览清溪,写下《清溪行》《青溪半夜闻笛》等数首诗,以优美凄清的景色寄托孤寂凄凉的情怀。

清溪清我心,水色异诸水。借问新安江,见底何如此?人行明镜中,鸟度屏风里。向晚猩猩啼,空悲远游子。

——《清溪行》

诗人一开始就抒写对清溪的直接感受。他一生游览过许多江河溪流,唯有清溪的水色给他以"清心"的感受,这就是清溪水不同于其他水流的特异之处。新安江源出徽州,流入浙江,其水一向以清澈著称。诗人却说:借问新安江,你怎能像清溪这样清澈见底呢?以新安江之清衬托出清溪水的清澈无比。接着,诗人用比喻手法正面描写清溪水的清澈:"人行明镜中,鸟度屏风里。"这幅倒影使人如临其境:人在岸上行走,鸟在山中穿度,溪中的倒影,就像在明镜中一样,十分清晰,美丽如画。可是,到了傍晚,两岸猩猩的一声声啼叫,不禁令人感到孤寂和凄凉:一个远离家乡的游子,漂泊无依,一个远离朝廷的志士,报国无门,只有空自悲愁。这表明清溪虽能清心,却不能解诗人的家国之忧。

太白从秋浦漫游来到南陵(今安徽铜陵)五松山:"千峰夹水向秋浦,五松名山当夏寒。铜井炎炉歊九天,赫如铸鼎荆山前。"(《答杜秀才五松山见赠》)附近铜官,是当时南陵利国山铜官治所,因而利国山又名铜官山,藏有铜矿,设有炼铜工场。铜井整天火光炎气冲天,在诗人看来,就像黄帝在荆山采铜冶铸巨鼎。他常与冶炼工人为伍,一起饮酒娱乐,十分开心,酒醉时甚至说:"我爱铜官乐,千年未拟还。"(《铜官山醉后绝句》)五松山距铜矿只五里之程,诗人更多时候在五松山游乐:"我来五松下,置酒穷跻攀。征古绝遗老,因名五松山。五松何清幽,胜境美沃洲。萧飒鸣洞壑,终年风雨秋。响入百泉去,听如三峡流。"(《与南陵常赞府游五松山》)五松山原来是一座无名的奇山,山上有一棵老松树,一本五枝,苍鳞老干,翠色参天。太白询问这棵老松的由来,当地遗老也不清楚,他就根据此松把这座山命名为五松山。从此五松山才闻名江左。太白十分欣赏五松山的清幽,他说五松山的胜境比浙江名胜沃洲山还要美。五松山风生洞壑,非常清凉,四季如同风雨连绵的秋天;众多山泉向山下天井湖奔泻,听起来恍如长江三峡的水声。太白在这里流连忘返,曾经借宿在山下一位姓荀的农妇家中。

我宿五松下,寂寥无所欢。田家秋作苦,邻女夜舂寒。跪进雕胡饭,月光明素盘。令人惭漂母,三谢不能餐。

——《宿五松山下荀媪家》

诗人在五松山游览了一天,下山时天色已晚,只好就近到农家借住一宿。住在这山村里,感到没有什么可以引起他欢乐的事情。他白天看到田家秋收秋种劳作的辛苦,夜晚又听到邻家妇女舂米的声音,感受到了农家生活的几分苦寒。好客的农妇为他做好菰米白饭,恭敬地将饭送到他面前,月光照在饭盘上,菰米显得分外洁白耀眼。在那样艰苦的山村里,老人端出这样一盘菰米白饭来招待他,诗人深深地感动了,他向老人再三致谢,在感激之余又觉得受之有愧,因为自己已经无法像汉代韩信那样有朝一日酬报漂母的一饭之恩。功业难成的感慨使诗人的心情变得沉重,以至食不下咽。一向以高傲著称的诗人,对待一位普通的山村老妇却是如此谦恭,如此诚挚,也充分显示其平民化的一面。

五松山下农家借宿的经历令太白难以忘怀。从此,他与当地农家有了交往,而且关系颇为密切。《南陵五松山别荀七》诗云:"玉隐且在石,兰枯还见春。俄成万里别,立德贵清真。"荀七,詹锳《李白诗文系年》疑为《宿五松山下荀媪家》的荀媪之子。林东海

十一、南下宣城

《李白游踪考察记》亦云:"此荀七或即荀媪之子。"太白给他的临别赠诗中说,美玉藏在石头之中,枯兰还能遇见春天。这是他与农家交往之后的感佩之言:劳苦大众身上拥有美好的品德,使处于困境的我感受到了春天般的温暖。他给荀七的离别赠言"立德贵清真",是告诉荀七立明德贵在保持纯洁质朴的品质,其实也是勉励自己要向劳动人民学习纯真美好的品德。

与南陵县丞常建的结交,让他找到了一位可以推心置腹、倾诉衷肠的朋友,写有《书怀赠南陵常赞府》《与南陵常赞府游五松山》《于五松山赠南陵常赞府》等诗。

岁星入汉年,方朔见明主。调笑当时人,中天谢云雨。一去麒麟阁,遂将朝市乖。故交不过门,秋草日上阶。当时何特达,独与我心谐。置酒凌歊台,欢娱未曾歇。歌动白纻山,舞回天门月。问我心中事,为君前致辞。君看我才能,何似鲁仲尼?大圣犹不遇,小儒安足悲?云南五月中,频丧渡泸师。毒草杀汉马,张兵夺秦旗。至今西二河,流血拥僵尸。将无七擒略,鲁女惜园葵。咸阳天下枢,累岁人不足。虽有数斗玉,不如一盘粟。赖得契宰衡,持钧慰风俗。自顾无所用,辞家方未归。霜惊壮士发,泪满逐臣衣。以此不安席,蹉跎身世违。终当灭卫谤,不受鲁人讥。

——《书怀赠南陵常赞府》

诗人给常赞府的这首赠诗,倾诉了自己心系天下、关切时局的赤子情怀。尽管常赞府以宴游歌舞盛情招待他,仍然无法排遣他的忧思。因此这首诗起势突兀,开头大谈汉代东方朔的遭遇。他说东方朔是星宿下凡,辅佐明主多年不得重用,被视为俳优,受到时人调笑。一旦离开朝廷,就遭旧交疏远,门庭冷落,台阶长满秋草。其实他是借东方朔自喻,暗写自己当年待诏翰林前后的经历,抒写怀才不遇的愤慨。诗人对于自己的不幸境遇，又借孔子来自我宽慰：孔子是大圣人，尚且不遇于时，自己只是一介小儒，失意又何足悲伤！既然个人的得失遭遇已经不在话下，那么诗人忧虑什么呢？他念念不忘的是天下大事，首先他关切边境的战事：朝廷两次出兵征讨南诏，都惨遭失败，旗倒人亡，造成西洱河一带"流血拥僵尸"。诗人认为这是决策失误，将领无能造成的，因而自己产生了鲁女惜葵之心，担忧国家将发生变乱，殃及平民百姓。他还关心京城一带的饥馑：关中连年霖雨成灾，百姓缺粮，物价暴涨，用一斗玉都买不到一盘粟。诗人企盼有一位像契一样的贤能宰相操持国政，关怀民生疾苦。流落江南的诗人，心中时刻忧念的是国家的安危，民生的疾苦。南诏兵祸，京城饥馑，使他预感到时局的危机。"霜惊壮士发，泪满逐臣衣。"他悲叹自己身为壮士却沦落为逐臣，国难将临而不能有所作为，痛苦的煎熬使得头白如霜，泪湿衣衫，以至终日坐卧不宁，虚度年华。但诗人并没有因此颓唐丧气，仍然坚信总有一天能够有所作为，消除世人对自己的讥笑和毁谤。诗人对常赞府忆往事，叙友情，论时事，吐心声，徐徐道来，忧国忧民的情怀交织着怀才不遇的悲愤，诗人的自我形象鲜明突出。他在《于五松山赠南陵常赞府》一诗中，表明自己的为人处世原则："为草当作兰，为木当作松，兰幽香风远，松寒不改容，松兰相因依，萧艾徒丰茸。"他明确宣称要像松兰那样不畏严寒风霜，保持苍劲芳香，而不作萧艾那样的恶草。从中更可见其高远的志趣和坚贞不屈的品格。

　　初冬时节，太白应青阳县令韦仲堪的邀请，游览九华山。九华山原来是道教名山，在青阳县境内，群山连绵，其中一峰突起，数峰环绕，有如众星拱月，奇秀非凡。当地百姓见山上有九座山峰高耸，称它为九子山。太白与几位同游的友人一起饮宴赏景，觉得九

十一、南下宣城

子山这个名字太俗气,商量给它改个名称。他远看凌空卓立的九个山峰像九朵水莲花,提议改名九华山,大家都很赞成。太白写下《改九子山为九华山联句并序》记其事。

青阳县南有九子山,山高数千丈,上有九峰如莲华。按图征名,无所依据。太史公南游,略而不书。事绝古老之口,复阙名贤之纪,虽灵仙往复,而赋咏罕闻。予乃削其旧号,加以九华之目。时访道江、汉,憩于夏侯回之堂,开檐岸帻,坐眺松雪,因与二三子联句,传之将来。

妙有分二气,灵山开九华。(李白)层标遏迟日,半壁明朝霞。(高霁)积雪曜阴壑,飞流喷阳崖。(韦权舆)青荧玉树色,缥缈羽人家。(李白)

太白与几位友人在九华山下夏侯回家的厅堂里,一边饮酒,一边联句吟诗,把九华山的山光景色描写得穷形尽相,熠熠生辉,李白的两联尤为精彩,突出了道教名山的定位:首联说九华山乃是阴阳二气所聚集的精华,使灵秀神山开出九朵莲花,尾联说九华山上仙家玉树似透出青光之色,隐约可见处有仙人居住的家。也就是说,这是最适于修道成仙的地方。从此,九华山名声鹊起,引来八方游客。太白对这件事颇为得意,后来他舟行至秋浦江面,遥望九华山,深为第一次没有入山畅游而遗憾,写了《望九华山赠青阳韦仲堪》一诗,给在青阳任县令的韦仲堪。

昔在九江上,遥望九华峰。天河挂绿水,秀出九芙蓉。我欲一挥手,谁人可相从?君为东道主,于此卧云松。

这又是一曲优美的九华绝唱。诗人十分赞赏九华山的秀美景色,说它仿佛是天河绿水所浇灌的九朵莲花。他希望东道主韦仲堪能邀他上九华山隐居。据《九华山志》记载,山上建有"太白书堂",说明太白事后真的上九华山上住过一些日子。

黄山离九华山不远，只有七八十里路。黄山白鹅岭的温处士与李白是旧友，听说李白到了九华山，立即邀请他往黄山一游。在黄山，李白在温处士陪同下，遍游了三十二峰。后来他在《送温处士归黄山白鹅峰旧居》一诗中，记述了这一次黄山之游，描绘了黄山的壮美景色。

　　黄山四千仞，三十二莲峰。丹崖夹石柱，菡萏金芙蓉。伊昔升绝顶，下窥天目松。仙人炼玉处，羽化留余踪。……去去陵阳东，行行芳桂丛。回溪十六度，碧嶂尽晴空。他日还相访，乘桥蹑彩虹。

此诗的前四句，勾画了黄山山高峰多的总貌：山高四千仞，直上云霄，林立的山峰有三十二座之多。黄山诸峰皆如莲花，红色的山崖环抱巍然中立的石柱，远远看去，有的如菡萏含苞，有的像荷花盛开。"伊昔"两句，回忆往昔自己登临黄山绝顶的情景，以天目山作衬托，极写黄山之高大。"仙人"两句，写上古仙人浮丘公在此为黄帝炼丹，留下了仙迹，渲染了黄山的仙风道气。"去去"四句，写温处士还山，设想友人渐渐远去，越过陵阳山，穿过桂树丛，即可望见山溪曲涧、千岭万嶂之美景。最后两句，遐想自己他日访温处士，定当踏着彩虹般的石桥飞身而来。诗人从不同视角描绘黄山丰姿多彩的景色，历历如在目前。"值得注意的是，李白的这首诗可能是关于黄山景色的最早的一首诗，也是写黄山写得最好的一首，对黄山起了很大的宣传作用。"（葛景春著《李白传》，第277页）

太白漫游到了泾县。泾县以泾川得名。泾川两岸，风光秀美多姿，太白认为胜过著名的会稽若耶溪："泾川三百里，若耶羞见之。锦石照碧山，两边白鹭鹚。佳境千万曲，客行无歇时。"（《泾川送族弟錞》）家住桃花潭附近的汪伦，听说太白将至，立即修书迎接：

十一、南下宣城

"先生好游乎？此地有十里桃花。先生好饮乎？此地有万家酒店。"太白欣然而至，汪伦告诉他："桃花者，潭水名也，并无桃花。万家者，店主人姓万也，并无万家酒店。"太白听了大笑不已。（袁枚《随园诗话》补遗卷六）太白在桃花潭受到汪伦的热情接待，陪同他游览了桃花潭及其上游的名胜逻浮潭、三门六刺滩等地，十分愉快。临别之时，汪伦赠送美酒数坛，还带领村民"踏歌"到渡口来送行。诗人非常感动，立即口占绝句一首相赠。

> 李白乘舟将欲行，忽闻岸上踏歌声。桃花潭水深千尺，不及汪伦送我情。
> ——《赠汪伦》

这首临别赠诗，首先写出主人殷勤送行的热情场景：诗人乘坐的小船正要离岸，忽然听到岸上传来踏歌声，原来是汪伦带领一群村民，边踏足边唱歌来送行了。这出人意料之外的惊喜，让诗人十分感动，他即景言情：眼前的桃花潭水深千尺，也比不上汪伦给我送行的深情厚谊。唐汝询曰："（汪）伦，一村人耳，何亲于白？既酾酒以候之，复临行以祖之，情固超俗矣。太白于景切情真处，信手拈出，所以调绝千古。"（《唐诗解》卷二十五）

天宝十三载（754），太白一度离开宣城，出游南京、扬州等地。在扬州时遇见了正在寻访他的魏万（后改名魏颢）。

> 王屋山人魏万，云自嵩、宋沿吴相访，数千里不遇，乘兴游台、越，经永嘉，观谢公石门，后于广陵相见。美其爱文好古，浪迹方外，因述其行而赠是诗。
>
> 仙人东方生，浩荡弄云海。沛然乘天游，独往失所在。魏侯继大名，本家聊摄城。卷舒入元化，迹与古贤并。十三弄文史，挥笔如振绮。辩折田巴生，心齐鲁连子。西涉清洛源，颇惊人世喧。采秀卧王屋，因窥洞天门。揭来游嵩峰，羽客何双

双。朝携月光子，暮宿玉女窗。鬼谷上窈窕，龙潭下奔潈。东浮汴河水，访我三千里。逸兴满吴云，飘飘浙江汜。挥手杭越间，樟亭望潮还。涛卷海门石，雪横天际山。白马走素车，雷奔骇心颜。遥闻会稽美，一弄耶溪水。万壑与千岩，峥嵘镜湖里。秀色不可名，清辉满江城。人游月边去，舟在空中行。此中久延伫，入剡寻王许。笑读曹娥碑，沉吟黄绢语。天台连四明，日入向国清。五峰转月色，百里行松声。灵溪恣沿越，华顶殊超忽。石梁横青天，侧足履半月。眷然思永嘉，不惮海路赊。挂席历海峤，回瞻赤城霞。赤城渐微没，孤屿前峣兀。水续万古流，亭空千霜月。缙云川谷难，石门最可观。瀑布挂北斗，莫穷此水端。喷壁洒素雪，空濛生昼寒。却思恶溪去，宁惧恶溪恶？咆哮七十滩，水石相喷薄。路创李北海（李公邕昔为括州，开此岭路），岩开谢康乐（恶溪有谢康乐题诗处）。松风和猿声，搜索连洞壑。径出梅花桥，双溪纳归潮。落帆金华岸，赤松若可招。沈约八咏楼，城西孤岧峣。岧峣四荒外，旷望群川会。云卷天地开，波连浙西大。乱流新安口，北指严光濑。钓台碧云中，邈与苍岭对。稍稍来吴都，徘徊上姑苏。烟绵横九疑，漭荡见五湖。目极心更远，悲歌但长吁。回桡楚江滨，挥策扬子津。身着日本裘（李白自注：裘则朝卿所赠，日本布为之），昂藏出风尘。五月造我语，知非伧儜人。相逢乐无限，水石日在眼。徒干五诸侯，不致百金产。吾友扬子云，弦歌播清芬。虽为江宁宰，好与山公群。乘兴但一行，且知我爱君。君来几何时？仙台应有期。东窗绿玉树，定长三五枝。至今天坛人，当笑尔归迟。我苦惜远别，茫然使心悲。黄河若不断，白首长相思。

——《送王屋山人魏万还王屋并序》

十一、南下宣城

魏万是一个太白的崇拜者，以奇才自负，爱文好古，隐居于王屋山，自号王屋山人。他为寻访太白，从梁宋到东鲁，又跑遍吴越各地，历时秋、冬、春三个季节，奔波了三千余里，终于在扬州遇见了诗人。太白虽然比魏万年长二十多岁，但与他意气相投，一见如故，视同兄弟。于是两人同舟入秦淮，游金陵。太白很信任他，拿出自己手头所有的文稿，请他编辑文集。临分手时，太白写了长诗《送王屋山人还王屋并序》。这首诗详尽记叙了魏万千里寻访的经历，并把自己游历吴越的观察体验融入其中，勾画出一轴壮丽多姿的山水名胜长卷：先写其游嵩山、浮汴水，沿吴相访一路上的景色，重点描绘杭州樟亭望海潮之壮观。接着写游越州、台州，重点描绘耶溪、镜湖、天台山、国清寺、石梁之景。然后，描写其从台州泛海游永嘉，又遍游缙云、金华、新安江诸名胜。而后描写其登苏姑山望五湖，到广陵与诗人相见的情景。一路写来，美景迭出，令人目不暇接。诗的最后抒发了自己对魏万依依惜别的真情。魏万也有《金陵酬翰林谪仙子》一诗叙写自己寻访诗人的经历和两人相见以后的兄弟情谊：

君抱碧海珠，我怀蓝田玉。各称希代宝，万里遥相烛。长卿慕蔺久，子猷意已深。平生风云人，暗合江海心。去秋忽乘兴，命驾来东土。谪仙游梁园，爱子在邹鲁。二处一不见，拂衣向江东。五两挂淮月，扁舟随海风。南游吴越遍，高揖二千石。雪上天台山，春逢翰林伯。宣父敬项橐，林宗重黄生。一长复一少，相看如弟兄。惕然意不尽，更逐西南去。同舟入秦淮，建业龙盘处。楚歌对吴酒，借问承恩初。宫买《长门赋》，天迎驷马车。才高世难容，道废可推命。安石重携妓，子房空谢病。金陵百万户，六代帝王都。虎石踞西江，钟山临北湖。湖山信为美，王屋人相待。应为歧路多，不知岁寒在，君游早晚还，勿久风尘间。此别未远别，秋期到仙山。

太白与魏万分别后不久，安史之乱就爆发了，两人再也没有见面。魏万后来给太白编辑了文集，并写了序言。他在《李翰林集序》中，记叙了当年与李白会面及李白诗文集编辑的情况：

> 颢始名万，次名炎。万之日不远命驾江东访白，游天台，还广陵见之，眸子炯然，哆如饿虎，或时束带，风流酝籍。曾受道箓于齐，有青绮冠帔一副。……颢平生自负，人或为狂，白相见泯合，有赠之作，谓余尔后必著大名于天下，无忘老夫与明月奴。因尽出其文，命颢为集。颢今登第，岂符言耶？解携明年，四海大盗。……经乱后，白章句荡尽，上元末，颢于绛偶然得之。沉吟累年，一字不下。今日怀旧，援笔成序，首以赠颢作，颢酬白诗，不忘故人也。次以《大鹏赋》、古乐府诸篇积薪而录；文有差互者两举之。

魏万的诗文，是珍贵的文献，不仅记录了他与太白交游的情况，而且还描绘了太白的音容笑貌、衣着装束和性格习气。当年的太白，眼睛炯炯有神，睁大时如同饿虎一般。身着青绮冠帔，时或束腰带，显得风流蕴藉，风度翩翩。这是魏万给我们留下的一幅太白肖像。李白诗文集的编辑，则历经坎坷。魏万与太白分别第二年，就爆发安史之乱。李白交给他的诗文原稿，在大乱中全部散佚。到上元末（761），魏万又在山西绛县得之。他沉吟累年，终于把李白诗文集编就。其编目篇首为李与魏相互赠答之作，接着是《大鹏赋》、古乐府诸篇，而后则是依次编就的诗文。文字有不同者，异同并存。这就是首部李白诗文集的面貌。可惜原本已无法见到。据称，魏万所编之李集，于北宋熙宁年间，为宋敏求所得，并入其所编的《李太白文集》之中。

魏万在扬州初见太白时，"身着日本裘"，这件裘衣是用朝衡

十一、南下宣城

（晁衡）所送的日本布做的。魏万告诉太白一个不好的消息，晁衡在归日本途中遇暴风去世了。太白听了这个不幸的消息，十分震惊和悲痛，立即写了一首悼念诗。

日本晁卿辞帝都，征帆一片绕蓬壶。明月不归沉碧海，白云愁色满苍梧。

——《哭晁卿衡》

晁衡，又作朝衡，原名阿倍仲麿，日本奈良时代的遣唐留学生，因喜爱中国文化，学成后留唐在朝廷任职。天宝十二载（753），他以唐朝使者的身份，随同日本遣唐使团乘船返回日本，从扬州出发，至琉球一带突遇暴风，与他船失散，漂泊至安南驩州，同行者多为土人所害，晁衡幸免于难，后来辗转回到长安，继续仕唐。当时传闻晁衡已溺海去世。太白在待诏翰林时期与晁衡相识，互有交往，据日本史籍记载，晁衡回国时太白曾有诗赠他。因而听到晁衡遇难的消息，就写了这首哭悼诗，表达自己对日本友人的痛惜之情与哀吊之意：日本晁衡，衔命回国。漂洋过海，孤帆一叶。暴风袭来，舟覆人溺。明月不归，海底沉没。痛悼吾友，衣衫泪湿。大地同悲，天云愁戚。诗写得如泣如诉，情真意切。尽管晁衡没有去世，但太白的诗作留下了对日本友人真诚友情的见证。

晁衡返回长安任职后，看到李白为他写的诗，非常感动，也写了一首诗作为回应。

卅年长安住，归不到蓬壶。一片望乡情，尽付水天处。魂兮归来了，感君痛苦吾。我更为君哭，不得长安住。

——《望乡》

晁衡感念李白的情意，也为李白仕途不幸，不能回长安任职而悲伤。可见两人的真挚友情，丝毫没有受到不同国籍的影响。"四海之内皆兄弟也"，正是一个开放时代健康的文化心态。

太白自天宝十二载（753）秋南下宣城，到天宝十四载（755）十一月安史之乱爆发前，为避乱一直遁迹于皖南山水之间，这期间他身闲而心境并不平静。"当时盛唐已如大厦将倾，祸在眉睫，而李白报国有心，回天无计，避居宣城，意在忘世，实则一腔孤忠，满怀幽愤，无时不在胸中激荡。此期乃李白无可奈何之日，椎心泣血之时也。"［安旗《李太白别传（增订本）》，第205页］他有志难伸，心绪烦忧，写下《宣州谢朓楼饯别校书叔云》《书赠南陵常赞府》等著名的宣泄幽愤之作，并且为自己勾画了"白发三千丈，缘愁似个长"（《秋浦歌》其十五）的惊人形象。特别值得注意的是，这期间他走近下层民众，体察民情，写出了《秋浦歌》其十四（"炉火照天地"）、《宿五松山下荀媪家》等反映工农民众生活的诗篇，难能可贵地塑造出冶炼工人、农家妇女的生动形象。这两年他徜徉于皖南山水之间，写了不少描绘明媚秀丽风光的山水诗，呈现出一派清新淡雅的风格。

十二、奔亡避乱

北上何所苦？北上缘太行。磴道盘且峻，巉岩凌穹苍。马足蹶侧石，车轮摧高岗。沙尘接幽州，烽火连朔方。杀气毒剑戟，严风裂衣裳。奔鲸夹黄河，凿齿屯洛阳。前行无归日，返顾思旧乡。惨戚冰雪里，悲号绝中肠。尺布不掩体，皮肤剧枯桑。汲水涧谷阻，采薪陇坂长。猛虎又掉尾，磨牙皓秋霜。草木不可餐，饥饮零露浆。叹此北上苦，停骖为之伤。何日王道平，开颜睹天光？

——《北上行》

天宝十四载（755）十一月九日，安禄山率领部下将士连同奚、契丹等少数民族士兵一共十五万人，号称二十万人，打着讨伐杨国忠的旗号，从范阳起兵叛乱。随后，率叛军向南进发，一路势如破竹。十二月初三，叛军在灵昌渡过黄河，连克灵昌、陈留、荥阳诸郡。十三日，攻陷了东都洛阳。天宝十五载（756）正月初一，安禄山在洛阳自称"大燕皇帝"，改元"圣武"，任命百官，建立起叛乱政权。

太白在金陵听到安禄山起兵叛乱的消息，十分震骇。虽然这场叛乱早在他预料之中，两三年前他已经在寻找藏身避乱的地方，但事到临头，还是感到措手不及，夫人宗氏还在梁园，子女伯禽他们还在东鲁，他怎么能置之不顾呢？于是他匆匆北上去接家人。《北上行》就是记叙他北上梁园时的经历和见闻。

太白北上之行，亲身体验了安史之乱给乱离百姓带来的苦难。他北上太行山，看见烟尘滚滚来自幽州，烽火遍地连接朔方，杀气冲天，寒风凄厉。叛军已经控制黄河南北，攻陷东都洛阳。人们想越太行山北上，而道路艰险难行，生活饥寒交迫。太行山的磴道盘旋险峻，山崖峭壁高耸凌云，马足常被侧石绊倒，车轮也被山岗摧折。而看战火漫延形势，前往太行山则无回归之日。人们只得在冰雪里风餐露宿，哀伤悲号。身上衣不蔽体，皮肤龟裂甚于枯桑树皮。想要取水被涧谷险阻，要去拾柴又苦于山坡路长。途中还有猛虎出入，磨着白牙要吃人。人们找不到可以食用的东西，无奈之下只能饮露水解渴充饥。乱离北上的人们如此凄苦，诗人不禁停车为之哀伤："何日王道平，开颜睹天光？"诗人期盼天下太平早日到来，让人民重见天日，笑逐颜开。

太白在乱离流民的队伍中经过长途跋涉，历尽艰辛，终于到梁园接上了宗夫人。但他们被困于叛军占领区，回南方的道路不通，只好逃亡西奔，入函谷关，上华山暂时避乱，最后才辗转回到宣城。《奔亡道中五首》，就是这次逃亡经历的纪实之作。

　　苏武天山上，田横海岛边。万重关塞断，何日是归年？
（其一）

　　亭伯去安在？李陵降未归。愁容变海色，短服改胡衣。
（其二）

　　谈笑三军却，交游七贵疏。仍留一只箭，未射鲁连书。
（其三）

十二、奔亡避乱

函谷如玉关,几时可生还?洛川为易水,嵩岳是燕山。俗变羌胡语,人多沙塞颜。申包惟恸哭,七日鬓毛斑。(其四)

森淼望湖水,青青芦叶齐。归心落何处?日没大江西。歇马傍春草,欲行远道迷。谁忍子规鸟,连声向我啼?(其五)

这一组诗,记叙了诗人被困、逃亡和南归的历程,抒写了奔亡道中的种种情怀。

其一,叙写诗人陷困于叛军控制的沦陷区,就像当年苏武被困于天山,田横被困于孤岛,关塞重重,归途断阻,期盼早日归去而不得,只有无可奈何地感叹:"何日是归年?"

其二,叙写诗人在沦陷区看到有的官吏像汉代崔驷一样弃职逃亡,有的像汉代李陵一样投降事敌,自己决不能与这些人同流合污,要想方设法离开这里。于是心生一计,心情顿时开朗:自己也乔装打扮改穿胡服,逃离叛军魔掌。

其三,抒写诗人在奔亡途中想要为国解难而无缘的苦恼:自己本可以像鲁仲连那样在谈笑之间从容退敌,但因为被权贵排斥,想要报国也不得其门而入。我手中留有退敌之策,如果给我机遇,可以为国家排忧解难。诗人身处穷途而志不穷,对自己才能仍充满着自信。

其四,叙写诗人一路入函谷关的见闻观感:函谷关已被叛军占领,变成边疆的玉门关,不知何时才能生还入关?洛川、嵩岳本是中原山水,如今都已变成安禄山的老巢易水、燕山一样,这里听到的都是胡语,看到的都是胡人的面孔。面对这种国破家亡、华夏沦丧的情景,自己真想效仿申包胥哭秦廷,请求解救国家危难。

其五,叙写自己逃回南方的情事:诗人穿越重重险阻回到南方,到了长江附近,见湖水渺茫,春草萋萋,茫然不知所向:"归心落何处?"什么地方可以让我落脚归心呢?眼看太阳已在大江西头沉没了，自己仍歇马道旁草地，迷惘不知去处。这时路旁树上的子规鸟不停地啼叫"不如归去，不如归去"，更增加了诗人无家可归、心肠欲碎的沉痛。

太白在这次奔亡途中，还写了"西上莲花山"一诗：

> 西上莲花山，迢迢见明星。素手把芙蓉，虚步蹑太清。霓裳曳广带，飘拂升天行。邀我登云台，高揖卫叔卿。恍恍与之去，驾鸿凌紫冥。俯视洛阳川，茫茫走胡兵。流血涂野草，豺狼尽冠缨。

——《古风》其十九

这首诗，诗人用游仙体叙写现实时事，寄寓自己的心理矛盾。他逃离叛军沦陷区，过函谷关，来到西岳华山，有一种如释重负的轻松。登上华山，面对莲峰插天、云雾缥缈的境界，诗人求仙访道的逸兴油然而发，仿佛远远地看见了明星玉女，纤纤素手拈着粉红色芙蓉凌空而行，霓裳曳着宽大的长带迎风飘举，飞升天际。登上云台峰，恍惚仙人邀请自己去揖见卫叔卿，驾鸿雁同游天空仙府。正当诗人飘飘然跟着仙人飞向太空的时候，突然惊醒过来，他怎能忘记在洛阳一带目睹的惨痛景象？他怎能不顾国难当头，撒手尘寰自去游仙？于是他蓦然回首，面向现实，从高空俯视人间：茫茫洛阳大地到处是叛军横行，百姓惨遭屠戮，血流遍野，而逆臣贼子却衣冠簪缨，封官晋爵，坐了朝廷。这一幕是诗人前几天在洛阳耳闻目睹的现实情景，使他难以忘怀。正是这难忘的一幕惊破了诗人幻想超脱现实的美梦，使他猛然从神仙幻境折回到现实世界中来，积极用世的思想终于战胜了消极出世的情怀。诗人用游仙诗的形式，反映自己出世和用世思想的矛盾，怒斥安史叛军屠杀人民、倾覆社稷的罪行，表现对国家命运和人民苦难的关切。

十二、奔亡避乱

太白回到南方,携宗夫人在宣城暂住,准备到越中去避难。然而爱子伯禽仍远在东鲁,使他放心不下。这时正好门人武谔来探望他,听说他的牵挂,愿意冒险穿过胡兵控制地区,到东鲁去替他接回伯禽。太白写诗表达感激之情。

门人武谔,深于义者也。质木沉悍,慕要离之风,潜钓川海,不数数于世间事。闻中原作难,西来访余。余爱子伯禽在鲁,许将冒胡兵以致之。酒酣感激,援笔而赠。

马如一匹练,明日过吴门。乃是要离客,西来欲报恩。笑开燕匕首,拂拭竟无言。狄犬吠清洛,天津成塞垣。爱子隔东鲁,空悲断肠猿。林回弃白璧,千里阻同奔。君为我致之,轻赍涉淮源。精诚合天道,不愧远游魂。

——《赠武十七谔并序》

武谔骑马过吴门,西来就是为报师恩。他笑开短剑,拂拭光芒,虽没多说话,见其迫不及待的神态,可知其急人之难的一片诚意。诗人对于武谔自告奋勇、慷慨相助的行为,十分感激。因为中原战乱形势不断扩大,安史叛军已占领东都洛阳,洛水上的天津桥都成了边关。爱子伯禽远在东鲁,令人牵肠挂肚,十分伤心。自己虽有林回弃白璧而负赤子之心,但因远隔千里,道路梗阻,无法携子一起逃难。今武谔冒险北上,涉淮而去东鲁救回伯禽,帮助我完成心愿,真是精诚所至,天道相助。不管此行能否成功,也算尽我一份父子之情。万一不幸,魂其有知,也就无愧了。

天宝十五载(756)春,太白离开宣城,前往剡中(在今浙江省东北部嵊州市和新昌县一带)避乱。

双鹅飞洛阳,五马渡江徼。何意上东门,胡雏更长啸?中原走豺虎,烈火焚宗庙。太白昼经天,颓阳掩余照。王城皆荡覆,世路成奔峭。四海望长安,颦眉寡西笑。苍生疑落叶,白骨空相吊。连兵似雪山，破敌谁能料？我垂北溟翼，且学南山豹。崔子贤主人，欢娱每相召。胡床紫玉笛，却坐青云叫。杨花满州城，置酒同临眺。忽思剡溪去，水石远清妙。雪昼天地明，风开湖山貌。闷为洛生咏，醉发吴越调。赤霞动金光，日足森海峤。独散万古意，闲垂一溪钓。猿近天上啼，人移月边棹。无以墨绶苦，来求丹砂要。华发长折腰，将贻陶公诮。

——《经乱后将避地剡中留赠崔宣城》

诗人给宣城县令崔钦的这首留赠之作，首先叙写安史之乱给天下造成的巨大灾难：安禄山叛乱，中原沦陷，豺狼虎豹横行。烽火遍地，家国宗庙焚毁。王城荡覆，四海万众同悲。苍生流离失所，可悲白骨遍地。皇朝大军，如同雪山不堪一击，破敌平叛，前景谁能预料？面对如此形势，诗人心急如焚，而又一筹莫展，有心报国而无门可入。只有收敛鲲鹏羽翼，学习南山玄豹，藏身远害，避难剡中。剡中山水宜人，风光明媚，尚可暂且安居度日，闷时吟洛生咏，醉时发吴越调。最后他还规劝崔钦远离官场，同自己一起隐居学道，否则白发弯腰逢迎长官，将被陶渊明所耻笑。从字面上看，诗人似乎把去剡中隐居的生活描写得很美好，其实他并没能在山水胜境中"独散万古意"，而是独发万古愁，内心时常在为洛阳沦陷而愁闷，借酒浇愁也无法摆脱报国无门的苦恼。

诗人赴越途中，经过溧阳（今江苏溧阳市西北）。

李斯未相秦，且逐东门兔。宋玉事襄王，能为《高唐赋》。尝闻《渌水曲》，忽此相逢遇。扫洒青天开，豁然披云雾。葳蕤紫鸾鸟，巢在昆山树。惊风西北吹，飞落南溟去。早怀经济策，特受龙颜顾。白玉栖青蝇，君臣忽行路。人生感分义，贵欲呈丹素。何日清中原，相期廓天步？

——《赠溧阳宋少府陟》

十二、奔亡避乱

诗人到了溧阳,县尉宋陟是一个性格爽朗的文人,两人相见有一种忽遇知音、云天顿开的感觉。因为是初次见面,所以诗人作了一番自我介绍:早年怀有经世济民的策略,后来受到皇上的恩宠,供奉翰林。但由于小人进谗诬陷,君王与自己突然疏远,如同路人,因此请求还山。诗人最后与宋陟推心置腹畅叙情义,以"清中原""廓天步"相期:希望共同努力平定叛乱,廓清中原大地,重振大唐国运,耿耿忠心溢于言表。

  洛阳三月飞胡沙,洛阳城中人怨嗟。天津流水波赤血,白骨相撑如乱麻。我亦东奔向吴国,浮云四塞道路赊。东方日出啼早鸦,城门人开扫落花。梧桐杨柳拂金井,来醉扶风豪士家。扶风豪士天下奇,意气相倾山可移。作人不倚将军势,饮酒岂顾尚书期?雕盘绮食会众客,吴歌赵舞香风吹。原尝春陵六国时,开心写意君所知。堂中各有三千士,明日报恩知是谁?抚长剑,一扬眉,清水白石何离离。脱吾帽,向君笑,饮君酒,为君吟。张良未逐赤松去,桥边黄石知我心。

——《扶风豪士歌》

溧阳主簿窦嘉宾设宴款待太白。这位主簿是扶风人,性情豪爽,热情好客,因而诗人称他为豪士。为了感谢主人的盛情款待,诗人写了这首《扶风豪士歌》相赠。

诗人首先告诉主人自己南奔吴越的原因:如今洛阳已陷入胡人手中,他们烧杀掳掠无所不为,洛阳城中人们怨声载道。胡人肆意残杀无辜百姓,造成天津桥下血流成河,洛阳郊外白骨如麻,令人惨不忍睹。我为避乱向东南奔亡,沿途乌云密布,道路艰难而漫长。

接着诗人即景即事,叙写自己来溧阳以后的感受:这里太平宁静,日出鸦啼,梧桐金井,人扫落花,使我感到和平环境的安乐。主人的奇士风采,慷慨好客,使我产生意气相投的快意。然而诗人并没有在酣乐中沉醉,他无法忘却天下安危、人生事业,表示愿效仿战国时著名四君子的门客,以智勇为国家建立奇功,来报答主人的盛情。酒席间他的情绪一下子激昂起来,抚剑扬眉,脱帽高吟,披肝沥胆向主人表白心志:我的心如清水白石,明亮可鉴。我像张良一样并没有弃世,一定要干出一番事业,然后再功成身退。当今我之所以没有随赤松子去学仙,那是因为功业未成。他把扶风豪士比作信任张良的黄石公,希望他能理解自己的心思,相信自己在国难当头之际会有所作为,能为国家贡献力量。

在溧阳,太白还遇到了张旭(据研究者考证并非唐代大书法家张旭,而另有其人。书法家张旭已于天宝十载去世,而此诗作于天宝十五年春)。老朋友相见,欢聚于溧阳酒楼,太白作《猛虎行》相赠。

　　朝作《猛虎行》,暮作《猛虎吟》。肠断非关陇头水,泪下不为雍门琴。旌旗缤纷两河道,战鼓惊山欲倾倒。秦人半作燕地囚,胡马翻衔洛阳草。一输一失关下兵,朝降夕叛幽蓟城。巨鳌未斩海水动,鱼龙奔走安得宁?

　　颇似楚汉时,翻覆无定止。朝过博浪沙,暮入淮阴市。张良未遇韩信贫,刘项存亡在两臣。暂到下邳受兵略,来投漂母作主人。贤哲栖栖古如此,今时亦弃青云士。有策不敢犯龙鳞,窜身南国避胡尘。宝书玉剑挂高阁,金鞍骏马散故人。昨日方为宣城客,掣铃交通二千石。有时六博快壮心,绕床三匝呼一掷。

　　楚人每道张旭奇,心藏风云世莫知。三吴邦伯皆顾盼,四海雄侠两追随。萧曹曾作沛中吏,攀龙附凤当有时。溧阳酒楼三月春,杨花茫茫愁杀人。胡雏绿眼吹玉笛,吴歌《白纻》飞梁尘。丈夫相见且为乐,槌牛挝鼓会众宾。我从此去钓东海,

十二、奔亡避乱

得鱼笑寄情相亲。

——《猛虎行》

正值国难当头的时候,老朋友相聚也是热议国事,忧念时局。因此诗一开始就把安史叛军比作吃人的猛虎。诗人说自己朝夕愁肠寸断,伤心落泪,不为他事,只为国家的安危和苍生祸福:河北、河南两道相继被叛军占领,战鼓惊动山河,有大厦将倾之势。安禄山攻破洛阳后,朝廷派大将高仙芝率兵到陕州抵抗,被安禄山击败,他部下的秦兵多半做了叛军的俘囚。东都洛阳胡骑充斥,郊野成为胡马牧场。高仙芝兵败安禄山,而唐明皇失策杀大将,这一输一失大伤国家元气。河北诸郡朝降夕叛,形势反复不定。安禄山如海中巨鳌搅得四海翻腾,致使海中鱼龙(指各阶层人民)流离失所,不得安宁。诗人关切时局种种变化,伤心百姓受苦受难,情真意切,令人感动。

面临国家危亡的时局,自己本可有所作为而无法有所作为,诗人感慨万千:如今世道就像楚汉时代,局势翻覆无定。那时左右大局的谋臣张良和大将韩信,都有过困顿不遇的经历,像汉高祖那样的明君,尚有不明之时,那么"今时亦弃青云士",才智之士怀才不遇,就不足为怪了。我虽有安邦济世之策,但不敢犯颜进谏,只好挂书剑于高阁,送马鞍给友人,收起雄心,窜身南国躲避战乱。我无法有所作为,整天在诸侯门庭饮酒作客混日子,心有一腔愤懑之气,有时只好在赌博场上吆三喝四,搏髀大呼,一吐为快。

但是诗人并没有丧气,而是与张旭相互鼓励,寄希望于未来:你张旭身怀奇才,胸藏风云,一定会有风云际会、"攀龙附凤"的时候。我打算到越中"钓东海",寻找报国时机,若有所得,再给你报告喜讯。

诗人说"我从此去钓东海,得鱼笑寄情相亲",并不是真的要去东海隐居垂钓，而是别有所指。诚如阎琦先生论文中所说："李白一再闪烁其词宣称钓东海、得鱼的所指，就是徐王延年。明确地说，就是要鼓动延年以李唐宗室、当今天子从兄弟的身份，召集东南军事力量，北上勤王，挽救行将倾颓的唐室天下。而李白，则可以在这次宏伟的政治、军事行动中建立奇勋，实现其平生抱负。"（阎琦《李白三至越中考索》，载《唐代文学研究》第6辑，广西师范大学出版社1996年版）

徐王延年，是唐高祖第十子元礼曾孙，开元二十六年封嗣徐王，充员外洗马，天宝初贬文安郡别驾、彭城长史，时任余杭郡司马。太白离开溧阳，就前往余杭游说徐王延年及其从弟延陵。但是延年顾虑重重，考虑个人安危，以顾全大局为辞，表示不敢擅自轻举妄动，且看他年衰有病，也不具备号呼响应、募兵勤王的能力，劝说李延年出兵勤王的事只好作罢。临别时，太白写了长诗《感时留别从兄徐王延年从弟延陵》，大力称颂徐王李延年在诸王中的功业、道德、地位及其才能，其中也有耐人寻味的微谏："兄弟八九人，吴秦各分离。大贤达机兆，岂独虑安危？"意思是说，正值中原战乱，天子分旗，李唐王室兄弟八九人，奉诏分制于秦吴各地，大贤（指延年）既知时局变化的征兆，怎能只考虑个人的安危？诗最后说："策马摇凉月，通宵出郊圻。泣别目眷眷，伤心步迟迟。愿言保明德，王室仦清夷。"诗人夜间策马出郊，依依不舍地挥泪而别，仍希望徐王延年保持明德，以藩卫王室平安。可见诗人告别延年时的无奈心情。

在杭州，太白还遇到一位叫裴泽的朋友，此人奉命要到庐州（今合肥）任职，临别时诗人赋诗送行。

　　　　西江天柱远，东越海门深。去割辞亲恋，行忧报国心。好风吹落日，流水引长吟。五月披裘者，应知不取金。

　　　　　　　　　　　　——《杭州送裴大泽时赴庐州长史》

十二、奔亡避乱

此诗头两句说,裴泽去庐州在西江天柱附近,自己则拟往浙东。傍晚在江边分别之际,他勉励友人辞亲远行,要全力以赴为报效国家而操劳,为官应该不谋求私利。"行忧报国心",也是诗人自己情怀的写照。

接着诗人就前往浙东海滨避乱,在那里他生活艰难,不得不向人求助,但仍心怀青云之志。

> 慢世薄功业,非无胸中画。谑浪万古贤,以为儿童剧。立产如广费,匡君怀长策。但苦山北寒,谁知道南宅?岁酒上逐风,霜鬓两边白。蜀主思孔明,晋家望安石。时来列五鼎,谈笑期一掷。虎伏避胡尘,渔歌游海滨。弊裘耻妻嫂,长剑托交亲。夫子秉家义,群公难与邻。莫持西江水,空许东溟臣。他日青云去,黄金报主人。

——《赠友人三首》其三

诗人这首求人相助的诗,写得气概非凡。他说自己傲慢处世轻视功名,调笑古贤以为儿戏,如疏广那样随意消费而不为子孙立产业,志在匡辅君王,怀有济世良策。但得不到礼遇、重用。他以孔明、谢安自喻,相信总有刘备三请诸葛、谢安东山再起的时候。时来运转,享受五鼎之食的一天就会到来。今天虎伏避胡来到海滨,资用乏绝,生活困难,希望得到友人慷慨相助。他日一旦青云得志,必定以黄金相报。诗人在落拓不遇的情况下,对前途仍然充满自信。

至德元年(756)秋天,当他听到玄宗逃亡蜀中,京城长安陷落的消息,十分伤心,随即返回金陵,然后沿长江西上,准备到庐山隐居,避乱待时。

> 庐山东南五老峰,青天削出金芙蓉。九江秀色可揽结,吾将此地巢云松。

——《望庐山五老峰》

昔别黄鹤楼,蹉跎淮海秋。俱飘零落叶,各散洞庭流。中年不相见,蹭蹬游吴越。何处我思君?天台绿萝月。会稽风月好,却绕剡溪回。云山海上出,人物镜中来。一度浙江北,十年醉楚台。荆门倒屈宋,梁苑倾邹枚。苦笑我夸诞,知音安在哉?大盗割鸿沟,如风扫秋叶。吾非济代人,且隐屏风叠。中夜天中望,忆君思见君。明朝拂衣去,永与海鸥群。

——《赠王判官时余归隐居庐山屏风叠》

诗人来到庐山东南五老峰前,看到五老峰像一朵盛开的金芙蓉,亭亭耸立云天。站在五老峰上,九江一带的秀美风光可以一览无余。他感到此地环境优雅宜人,就准备在这里的白云青松之下筑巢隐居。

诗人给故友王判官写诗时,已经在五老峰下屏风叠住下。他追忆与王判官早年的交谊,回顾自己漫游南北的经历,感叹自身才能可以倾倒当年的屈原、宋玉和邹阳、枚乘,可无论走到何处,总是被人笑我夸诞,很少有知音。最后他告诉王判官,大盗安禄山已割据半壁河山,其攻城略地之势如同秋风扫落叶。而我不是那种能够匡救时世的人,只好隐居在屏风叠。明天当拂衣而去,永与海鸥为伍。诗人报国无门,世无知音者,无奈之下,只有隐居避乱。

诗人隐居在屏风叠,心绪并不平静。他怀念长安,心悲故国,写下词二首:

平林漠漠烟如织,寒山一带伤心碧。暝色入高楼,有人楼上愁。玉阶空伫立,宿鸟归飞急。何处是归程?长亭连短亭。

——《菩萨蛮》

箫声咽,秦娥梦断秦楼月。秦楼月,年年柳色,灞陵伤

十二、奔亡避乱

别。乐游原上清秋节，咸阳古迹音尘绝。音尘绝，西风残照，汉家陵阙。

——《忆秦娥》

关于这两首词，历来众说纷纭。清人刘熙载独具慧眼，首先提出独到的见解："太白《菩萨蛮》《忆秦娥》两阕，足抵少陵《秋兴八首》。想其情境，殆作于明皇西幸后乎？"（《艺概·词概》）今人安旗更明确阐释了这两首词的思想内涵："显然就在这年秋天避地庐山时，就在这种忧国不已与报国无路情况下，有此词二首。《忆秦娥》是闻箫起兴，心悲故国。《菩萨蛮》是登高望远，怀念长安。"[安旗《李太白别传》（人民文学版），第221页]

诗人在屏风叠登楼远望长安，只见平林漠漠，烟横如织，林外寒山一带翠碧如新，看了反而使人伤心。夜幕渐渐降临入室，诗人独处高楼，一腔愁绪难解。伫立阶前仰望天际，只见宿鸟归飞，急于投宿，更令人触景伤情，想到自己的前途归宿。"何处是归程？长亭连短亭。"诗人自问自答，慨叹道路连绵，没有尽头，但不知自己的归程，究竟在何处？诗人怀念长安，感到有国难投，前途迷惘，心情无比惆怅。

诗人以秦楼美女自喻，身处五老峰下，心思秦楼明月。当他听到外面传来呜咽悲凉的箫声，感叹自己已经梦断长安，再也见不到秦楼明月了。难忘长安的年年柳色，更难忘辞京还山时灞陵伤别的那一幕。如今长安乐游原正当清秋时节，而君王从咸阳古道奔蜀之后，音信全无。君王行踪，朝廷庙略，都不得而知。可叹国运衰落，长安沦陷，大唐帝王陵阙残留在西风夕照之中，令人不堪回首。诗人心系故国，感时伤今，心情无比忧伤。

"安史之乱的爆发使他从理想的设想回到现实之中，其创作在战乱之初表现出充实的社会内容和强烈的忧患意识。"（吕蔚《安史之乱与盛唐诗人》，第203页）北上行的经历使诗人从理想走向现实。面对国家危局和民生灾难，诗人的关切与追求都随之发生转折性的变化。由"西上莲花山"（《古风》其十九）我们可以看到他从"诗仙"到"诗史"下凡的轨迹。

十三、志扫胡尘

谷口郑子真,躬耕在岩石。高名动京师,天下皆籍籍。斯人竟不起,云卧从所适。苟无济代心,独善亦何益?惟君家世者,偃息逢休明。谈天信浩荡,说剑纷纵横。谢公不徒然,起来为苍生。秘书何寂寂,无乃羁豪英?且复归碧山,安能恋金阙?旧宅樵渔池,蓬蒿已应没。却顾女几峰,胡颜见云月?徒为风尘苦,一官已白发。气同万里合,访我来琼都。披云睹青天,扪虱话良图。留侯将绮里,出处未云殊。终与安社稷,功成去五湖。

——《赠韦秘书子春》

天宝十五载(756)七月,玄宗奔蜀行至普安郡时,为整顿官军力量,下诏分制:以太子亨为天下兵马元帅,领朔方、河东、河北、平卢诸道兵马,收复长安、洛阳;以永王璘为山南东道、岭南、黔中、江南西道四道节度采访使以及江陵大都督,经略东南一带。实际上,在玄宗普安下诏前三天,太子李亨已在灵武(今宁夏灵武)接位,是为肃宗,改年号为"至德",尊玄宗为太上皇。当时玄宗还不知道这件事。等消息传到成都,玄宗只得承认既成事实，派大臣把传国玉玺送到灵武，正式禅位。

李璘是玄宗的第十六子，肃宗李亨异母弟，被封为永王，遥领荆州大都督。他接到玄宗诏命后，于至德元年（756）九月出镇江陵，招募将士数万人，以李台卿、韦子春为谋主，以季广琛、浑惟明为大将，领兵东巡，沿长江而下，欲取金陵。

至德元年（756）岁暮，韦子春奉永王李璘之命，上庐山拜访太白，邀请太白入幕。

韦子春是太白的故交，曾任玄宗朝秘书省著作郎。如今作为永王李璘谋主之一，来招聘太白入幕。太白开始不明情况，迟疑未决，妻子宗氏也加以劝阻。韦子春三次上山，说服动员，太白觉得这是一个东山再起、为国出力的机会，也就同意应征入幕。他给韦子春的赠诗，坦陈了自己的考虑，表明了自己的决心。他首先说贤者不应该像汉代郑子真一样终身高隐，而应当适时济世。"苟无济代心，独善亦何益？"如果没有济世之心，独善其身有什么意义？基于这样的认识，他称赞韦子春才华卓异、知识渊博，虽曾弃官归隐，但能像谢安一样，待机而起，拯救苍生。如今跟我意气相投，不远千里上庐山来访问我，使我恍然大悟，如同拨开云雾而见青天，于是我们在一起共商济世安邦的良策。既然你像汉代张良延请商山四皓一样邀请我出山，我将与你一起去成就安定社稷的大业，待到功成之后就仿效范蠡放浪江湖，决不贪图荣华富贵。

至德二年（757）初，太白下山准备西去江陵赴永王李璘的征召，临别时写了《别内赴征三首》：

王命三征去未还，明朝离别出吴关。白玉高楼看不见，相思须上望夫山。（其一）

出门妻子强牵衣，问我西行几日归？归时傥佩黄金印，莫见苏秦不下机。（其二）

翡翠为楼金作梯,谁人独宿倚门啼?夜坐寒灯连晓月,行行泪尽楚关西。(其三)

韦子春三次上山传达永王征聘的命令,妻子宗氏才勉强同意太白应征。临别时诗人从夫妻相思入手,以戏谑语开解妻子:我明天就要应征出山,此去不知何日能还家。别后相思,站在高楼上看不见我,只好烦你上望夫山了。可是到出门时宗氏仍然依依不舍,拉着太白的衣裳不肯放手,问他什么时候回来?诗人反用苏秦的故事来回答:"如果我佩着黄金印回来,你不会见我是个追名逐利之人而不理睬吧!"他又故意用俏皮话,逗引妻子破涕为笑,不要为离别而悲伤。然而恩爱夫妻离别以后,相互思念总是难免的。因此第三首诗着力抒写别后两地思念之情。诗人不说自己思念妻子,而是说妻子独守玉楼,倚门而望,夜夜寒灯独坐,为远行夫婿泪洒衣襟,将妻子的情感转化为自己的心理,更显得情真意切。

太白下山时,永王东巡大军已经到了浔阳。永王接见李白,立即任命他为"永王璘江淮兵马都督从事",还大摆筵席,给李白接风。太白即席赋诗,慷慨明志,博得幕僚们的齐声喝彩。

月化五白龙,翻飞凌九天。胡沙惊北海,电扫洛阳川。虏箭雨宫阙,皇舆成播迁。英王受庙略,秉钺清南边。云旗卷海雪,金戟罗江烟。聚散百万人,弛张在一贤。霜台降群彦,水国奉戎旃。绣服开宴语,天人借楼船。如登黄金台,遥谒紫霞仙。卷身编蓬下,冥机四十年。宁知草间人,腰下有龙泉?浮云在一决,誓欲清幽燕。愿与四座公,静谈《金匮》篇。齐心戴朝恩,不惜微躯捐。所冀旄头灭,功成追鲁连。

——《在水军宴赠幕府诸侍御》

诗人面对永王及其幕府诸位侍御,纵论天下时局,畅谈平叛报国的心愿:如今月化为龙,叛臣僭位称帝。安禄山起兵范阳,闪电般攻陷了洛阳。叛军箭矢像密雨似的射向京城宫阙,天子难以安身,只好起驾奔蜀。永王殿下遵照帝王制定的克敌谋略,率领水军镇守南方。军旗招展如海涛,武器林立如江烟。永王一人统帅百万大军,指挥若定,张弛有方。四方群贤毕至,纷纷参与水军。永王大宴群士,楼船聚会,鄙人身处其中,犹如登上燕昭王的黄金台,又如同得见紫霞中的神仙。回想屈居草野之中,冥机长达四十余年。诸位可曾知道我这个身居草泽的人,腰间一直佩戴着龙泉宝剑?如今终于有了用武之地。"浮云在一决,誓欲清幽燕",决心劈开盖天的浮云,横扫安禄山的老巢幽燕。我愿与在座诸公一起讨论用兵的策略,齐心协力报答朝廷的恩德,哪怕捐躯沙场,也在所不惜!只期盼早日消灭叛军,大功告成。那时候我将像鲁仲连那样,不受重赏,退隐而去。这首诗充满昂扬的爱国激情,表明诗人是以一个爱国志士的姿态亮相永王幕府的。正如有的学者所说:安史之乱"是一次边将叛乱,又带有民族矛盾性质","早日平定这次叛乱,使社会恢复安定,便成了当时最迫切、最符合历史发展和人民利益的正义事业。正是在这个紧要的历史关头,李白一反其傲世常态,以在野之人挺身而出,投笔从戎;同那些逃跑者、隐遁者、报降者以及借机钻营晋升者相比,他的行为可谓光明磊落,大气凛然!"(裴斐《李白十论》,第84页)

太白在随永王水军东下金陵途中,意气风发,一路高歌,写下《永王东巡歌十一首》:

永王正月东出师,天子遥分龙虎旗。楼船一举风波静,江汉翻为雁鹜池。(其一)

三川北虏乱如麻,四海南奔似永嘉。但用东山谢安石,为君谈笑静胡沙。(其二)

雷鼓嘈嘈喧武昌,云旗猎猎过寻阳。秋毫不犯三吴悦,春

十三、志扫胡尘

日遥看五色光。(其三)

龙盘虎踞帝王州,帝子金陵访古丘。春风试暖昭阳殿,明月还过鸤鹊楼。(其四)

二帝巡游俱未回,五陵松柏使人哀。诸侯不救河南地,更喜贤王远道来。(其五)

丹阳北固是吴关,画出楼台云水间。千岩烽火连沧海,两岸旌旗绕碧山。(其六)

王出三江按五湖,楼船跨海次扬都。战舰森森罗虎士,征帆一一引龙驹。(其七)

长风挂席势难回,海动山倾古月摧。君看帝子浮江日,何似龙骧出峡来?(其八)

祖龙浮海不成桥,汉武寻阳空射蛟。我王楼舰轻秦汉,却似文皇欲渡辽。(其九)

帝宠贤王入楚关,扫清江汉始应还。初从云梦开朱邸,更取金陵作小山。(其十)

试借君王玉马鞭,指挥戎虏坐琼筵。南风一扫胡尘静,西入长安到日边。(其十一)

诗人坚信永王东巡,是奉天子旨命,分以龙虎之旗,必能马到成功,平定叛乱,因此他随军东进,一路昂扬高歌。他讴歌永王水军南下吴中,秋毫无犯,屯师扬州,水陆并进;讴歌水军到达金陵,使龙盘虎踞的六代帝都恢复了元气。他还期望永王能远道出师,夺回东都洛阳,收复河南河北失地,建言永王舟师跨海,直取幽燕,功成还朝。他完全陶醉在凯歌前进、收复河山的美梦之中。

诗人把这次参加永王幕府投身平叛事业作为自己东山再起,一展报国宏图的一个好机会。"三川北虏乱如麻,四海南奔似永嘉。但用东山谢安石,为君谈笑静胡沙",他自比可使王朝东山再起的谢安,自信在中原大乱、士人纷纷南奔之际,能够在谈笑之间克敌制胜,辅佐王室平定天下,扫荡敌寇,重建清平的世界。他十分自负地说:"试借君王玉马鞭,指挥戎虏坐琼筵。南风一扫胡尘静,西入长安向日边。"他勇赴国难,毛遂自荐,自许能够轻松对敌:只要借用玉马鞭一挥,叛军即会纷纷弃甲乞降,自己高坐琼筵之上,于觥筹交错之间,就能指挥戎虏,化干戈为玉帛,坚信永王大军定能一扫胡尘,平定安史之乱,西入帝都长安,到君王跟前报捷。诗人乐观豪迈的爱国热情溢于言表,潇洒自负的风神意态如在目前。

可是让太白意想不到的是,就在他满腔热情地歌颂"圣主"和"贤王",以为他们是在同心协力平定安史之乱时,他已身陷玄宗与肃宗父子之间、李亨与李璘兄弟之间权力角斗的漩涡之中。太子李亨即帝位后,对掌握南方兵权的永王李璘很不放心,认为他的所作所为是割据之举,诏命他回到蜀中玄宗身边去。永王不从,依然率数万大军东下金陵,李亨大为恼怒,便调兵遣将布置了包围圈,准备一举消灭永王。当永王兵次扬州时,李亨遣将扼守于丹阳、扬州一带,令永王退兵,永王不肯,反而攻占了丹阳郡。李亨便以图谋割据、反叛朝廷的罪名,派兵镇压。于是双方交战。永王大败,南奔晋陵,然后逃回鄱阳,进而又南下逃至大庾岭,中箭被捕,被追兵统领江西采访使皇甫侁处死。当永王兵溃、幕僚星散时,太白还愚直地追随永王南奔晋陵,直到赴鄱阳途中才中道奔走,退居彭泽。

遥夜何漫漫?空歌白石烂。宁戚未匡齐,陈平终佐汉。欃枪扫河洛,直割鸿沟半。历数方未迁,云雷屡多难。天人秉旌钺,虎竹光藩翰。侍笔黄金台,传觞青玉案。不因秋风起,自有思归叹。主将动谗疑,王师忽离叛。自来白沙上,鼓噪丹阳

十三、志扫胡尘

岸。宾御如浮云,从风各消散。舟中指可掬,城上骸争爨。草草出近关,行行昧前算。南奔剧星火,北冠无涯畔。顾乏七宝鞭,留连道傍玩。太白夜食昴,长虹日中贯。秦赵兴天兵,茫茫九州乱。感遇明主恩,颇高祖逖言。过江誓流水,志在清中原。拔剑击前柱,悲歌难重论。

——《南奔书怀》

二月间,永王军队在丹阳溃败,太白匆匆向西南弃亡,在途中写了《南奔书怀》这首诗,记叙永王军队败亡情景,抒写自己所思所感。诗人首先陈述自己参加永王幕府,心想如宁戚、陈平一样有所作为,是因为安禄山叛乱,两京沦陷,河南河北半为割据,国家遇到危难。而天人永王以唐宗室秉承玄宗旨意,兼任四镇节度使,执掌一方兵权,是正统王师。接着说自己在永王幕府中起草军中文书,参加永王宴会,虽蒙礼遇,早有思归之叹。他看到军中主将听到传言产生疑虑(恐背叛逆之名),率众叛离永王。在大军压境、四面楚歌的情况下,宾从幕僚也都一时星散。李亨军队人多势众,永王水军溃败,伤亡惨不忍睹,舟中到处是断指,人骨堆积如柴薪。自己只好火速南奔,别无他计可施。然而自己精诚报国之心,可以上干天象。自己之所以从永王,实因安禄山叛乱,思报明主知遇之恩,心怀祖逖誓清中原之志,如今却陷入了王室争斗之中,兄弟互相攻杀,九州更添动乱,令人悲愤莫名,只有拔剑击柱,慷慨悲歌,难以申论。

永王被执杀之后,肃宗朝廷紧急肃清余党,追捕其宾从人员。太白在彭泽附近被捕,以"附逆作乱"罪关进浔阳牢狱。

太白锒铛入狱,并不明白自己有什么错误。永王分镇,本是玄宗旨意,自己参加永王幕府,完全出于平叛救国的至诚。他认为肃宗与永王之间是一场兄弟的争斗,出于互相猜疑。《箜篌谣》一诗反映了他内心的一些想法：

> 攀天莫登龙，走山莫骑虎。贵贱结交心不移，惟有严陵及光武。周公称大圣，管蔡宁相容？汉谣一斗粟，不与淮南春。兄弟尚路人，吾心安所从？他人方寸间，山海几千重。轻言托朋友，对面九疑峰。多花必早落，桃李不如松。管鲍久已死，何人继其踪？

诗人在狱中思前想后，他想到历史上周公旦堪称大圣人，他辅佐成王摄政，其弟管叔、蔡叔尚且猜疑，与武庚作乱叛周。周公奉命诛杀武庚与管叔，放逐蔡叔。他又想到汉高祖刘邦之子、汉文帝刘恒之弟淮南王刘长，被其兄所废，民谣歌曰："一斗粟，尚可舂。兄弟二人不相容。"当今现实，何其相似！于是诗人感叹道："兄弟尚路人，吾心安所从？"对肃宗执杀永王的行为表示明显不满，感到自己无所适从。这时候，他并不了解肃宗与永王权力斗争的内幕和实质，因此只能从人际交往的视角反思从璘举动的后果，总结经验教训。他感到自己的交友之道也欠慎重。看来交友不可高攀，因为自古以来贫贱相交以至富贵而不相忘者，只有汉光武帝与严子陵。也不能轻易以心托友，因为如今友道之疏如隔山岳，相互猜忌之风盛行于世，管仲与鲍叔牙式的真诚友谊已经不复存在。贵贱结交更应谨慎，切莫登龙攀天，骑虎走山。

> 闻难知恸哭，行啼入府中。多君同蔡琰，流泪请曹公。知登吴章岭，昔与死无分。崎岖行石道，外折入青云。相见若悲叹，哀声那可闻？

——《在寻阳非所寄内》

夫人宗氏在庐山听到太白关进浔阳牢狱的消息，伤心痛哭，立即登上崎岖山道，翻越吴章岭，拼着老命赶到浔阳。先跑到官府，如同蔡琰向曹操恳求释放丈夫董祀，哭哭啼啼向有司求情，请求宽大处置太白。然后来到牢狱探监,见夫君狼狈不堪的情状,哀伤痛哭,令太白辛酸难忍。

接下来,宗夫人到处打听消息,四方奔走求助,寻找营救太白的线索。她打听到当地有一位张秀才,要到扬州参加淮南节度使高适的幕府,呈献灭胡的计策,而太白与高适有过同游齐赵的交情,就叫他修书给高适,托张秀才带去,请高适帮帮忙。太白开始有些犹豫:高适现在身居要津,而自己以重罪之身有求于人,这样的信实在难于措词。但他经过一番考虑,感到机会难得,还是应该试一试。文人交往,不好直接卑词以求,就从狱中读《史记·留侯传》的感受下笔,写了一首诗,题为《送张秀才谒高中丞并序》,送别、求人也就一举两得了。这首诗的前面一大半,都是颂扬留侯张良在秦末乱世辅佐汉室平定天下的功绩,作者借古喻今,既称赞张秀才进献灭胡之策的义举,又期望高适能辅佐唐王朝平息叛乱建立不朽的功业。诗以"我无燕霜感,玉石俱烧焚。但洒一行泪,临歧竟何云"数句收尾,有冤屈又不敢明说,有所求又不愿明求,含不尽之意在一行泪水之中。其中"我无燕霜感"一句,反用邹衍典故:邹衍忠诚事燕而衔冤系狱,仰天痛哭,感动上天,夏五月为之降霜。本有感天动地的冤屈与悲愤,诗人却说"我无燕霜感",有冤而不能喊冤,何其痛苦!因此诗人紧接着又说"玉石俱烧焚",只有临歧洒泪,以泪代言。他以为老朋友之间不必多说,相信高适会理解他的处境,伸出援手来救他。然而高适这时候不知何故并没有理会太白的请求。

太白听说长安旧时相识魏少游在肃宗朝升任右司郎中,辅助尚书右丞管辖刑部,最近还被房琯选为判官,就向他投诗求救。

海水渤潏,人罹鲸鲵。蓊胡沙而四塞,始滔天于燕齐。何六龙之浩荡,迁白日于秦西?九土星分,嗷嗷悽悽。南冠君子，呼天而啼。恋高堂而掩泣，泪血地而成泥。狱户春而不草，独幽怨而沉迷。兄九江兮弟三峡，悲羽化之难齐。穆陵关北愁爱子，豫章天南隔老妻。一门骨肉散百草，遇难不复相提携。树榛拔桂，囚鸾宠鸡。舜昔受禹，伯成耕犁。德自此衰，吾将安栖？好我者恤我，不好我者何忍临危而相挤？子胥鸱夷，彭越醢醯。自古豪烈，胡为此繄？苍苍之天，高乎视低。如其听卑，脱我牢狴。倘辨美玉，君收白珪。

——《万愤词投魏郎中》

这首诗的诗题上冠以"万愤词"，足见诗人满怀激愤，难以名状。诗人身在狱中，心怀天下，悲愤首先缘于安史之乱：安史叛乱如海水狂涛，鲸鲵祸害，从燕塞发难，卷带泥沙铺天盖地而来，很快攻下齐鲁之地。致使君王弃京奔蜀，九州山河破碎，百姓在痛苦呻吟。诗人说自己身为囚徒，对国家忠贞不贰，含冤受屈而诉告无门，只有呼天痛哭，以至泣血泪而落地成泥。国恨连着家愁，诗人在暗无天日的牢狱中，思念双亲，思念兄弟，思念妻儿，一门骨肉星散四方，不禁发出了"遇难不复相提携"的悲叹。而更令人伤心的是朝廷是非不明，贤愚颠倒，重用小人，压抑贤才，德丧而滥用刑罚，使人无法安身立命。诗人面对自己的处境，发出了这样的惊呼：好我者能够怜恤我，不好我者难道忍心落井下石吗？他联想到伍子胥为吴国立下汗马之功，最后竟被以革裹尸抛入江中，彭越对汉初创建有过重大贡献，最后竟被刘邦剁成肉酱。自古以来英豪烈士，为什么命运如此悲惨？对于自己难以预料的前景，真是不敢想象。他只有向苍天发问：既然"天之处高而听卑"，能明察大地上的一切，为什么不解脱我出牢狱？最后诗人以白玉自喻，希望魏郎中辨识无辜，予以求援。诗人在狱中的所思所想，在这首诗中和盘托出。

十三、志扫胡尘

太白又听到崔涣以宰相之尊充任江淮宣渝补选使,发现人才即可加以录用,当时正在浔阳。他就接二连三给他上诗,寻求帮助。

胡马渡洛水,血流征战场。千门闭秋景,万姓危朝霜。贤相燮元气,再欣海县康。台庭有夔龙,列宿粲成行。羽翼三元圣,发辉两太阳。应念覆盆下,雪泣拜天光。

——《狱中上崔相涣》

毛遂不堕井,曾参宁杀人?虚言误公子,投杼惑慈亲。白璧双明月,方知一玉真。

——《系寻阳上崔相涣三首》其二

共工赫怒,天维中摧。鲲鲸喷荡,扬涛起雷。鱼龙陷人,成此祸胎。火焚昆山,玉石相磓。仰希霖雨,洒宝炎煨。箭发石开,戈挥日回。邹衍恸哭,燕霜飒来。微诚不感,犹絷夏台。苍鹰搏攫,丹棘崔嵬。豪圣凋枯,《王风》伤哀。斯文未丧,东岳岂颓?穆逃楚难,邹脱吴灾。见机苦迟,二公所咍。骥不骤进,麟何来哉?

星离一门,草掷二孩。万愤结缉,忧从中催。金瑟玉壶,尽为愁媒。举酒太息,泣血盈杯。

台星再朗,天网重恢。屈法申恩,弃瑕取材。冶长非罪,尼父无猜。覆杯倘举,应照寒灰。

——《上崔相百忧章》

《狱中上崔相涣》一诗,首先描写国家危急形势:安史叛军直渡洛水,战场到处流血,千家万户闭门不出,百姓生命朝不保夕。然后称颂崔相在国难当头、民不聊生之际,辅佐朝廷的功业:善于调理阴阳,使海宇得以安康,能够造贤授能,朝廷百官皆得其所用,竭力辅助君主,使大唐帝业发扬光大。最后,诗人祈望他能够顾念为黑暗所笼罩、沉冤莫白的自己,如果能让自己重见天光,定会感激涕零。

《系寻阳上崔相三首》其二,诗人引用历史故事,说明流言之可怕,为自己入永王幕府辩解:毛遂并没有坠井,曾参难道会杀人?那些耸人听闻的传说,都是一些莫须有的流言。他说自己是一块白璧真玉,可以匹敌明月之珠,意即自己忠贞为国之心,透明光洁,毫无杂质。

《上崔相百忧章》,诗人倾力抒写自己百忧交集的情怀,恳求崔相能为自己平反昭雪。

诗人忧国忧民,心系天下安危:安史之乱有如共工摧折天柱,使唐王朝纲纪中断,其势如鲲鲸兴风作浪,卷起波涛如雷。朝廷中鱼龙相互争斗,是致祸的根源所在。其后果如同火烧昆仑,玉石俱焚,谁也逃脱不了灾祸。面对这样的局面,诗人心急如焚,别无他计,只好仰告苍天,请求快降大雨,浇灭灾火,解民倒悬。

诗人以李广"箭发石开"、鲁阳"挥戈回日"、邹衍含冤大哭而夏天降霜的故事,说明精诚所至,能感动上苍而出现奇迹,而自己的一腔忠诚竟不能感动朝廷,反被下狱。至今还囚禁在狱中,备受铁窗之苦。狱吏凶狠,周围荆棘森严,加之流言蜚语不绝于耳,精神备受摧残。诗人想到上古圣人周公遭流言几乎凋枯,《诗经》中的《王风》都为之哀伤。然而苍天未丧斯文,泰山岂会倾塌?自己不会屈服于目前的遭遇,只是悔恨自己当初没有像古人穆生、邹衍那样见机行事,脱离灾祸。良马用不着急于求用,麒麟何必非其时而出来呢!

诗人对自己在战乱中家人离散,丢下两个子女,也十分忧愁,即使有音乐、美酒,都难以释怀。诗人在狱中含冤受辱,眷国思家,百忧交集,义愤填膺,以致酒食难进,泣血盈杯。

太白陈情告哀,最终请求崔相等朝廷大臣明察冤情,赦免无辜,宽大开恩,弃瑕取材,让自己这块有瑕之玉,为大唐王朝效力,使自己这堆盆下寒灰,能再见三光,重新燃烧发热。

诗人多方求助,终于有了效果。在崔涣和宋若思的协力帮助下,他在当年夏天被释放出狱,并在宋若思幕府中任参谋。

独坐清天下,专征出海隅。九江皆渡虎,三郡尽还珠。组练明秋浦,楼船入郢都。风高初选将,月满欲平胡。杀气横千里,军声动九区。白猿惭剑术,黄石借兵符。戎虏行当剪,鲸鲵立可诛。自怜非剧孟,何以佐良图?

——《中丞宋公以吴兵三千赴河南军次寻阳脱余之囚参谋幕府因赠之》

宋若思是太白早年朋友宋之悌的儿子,时为御史中丞,充任江南西道采访使兼宣城郡太守,方率兵三千沿长江一线奔赴河南途中,行次浔阳,得知太白囚禁狱中。他了解到李白入永王幕府是一心报国,就与崔涣一起为李白开脱罪责,营救其出狱。太白获释之后,立即应邀加入宋若思的幕府,参谋军事,随军到了武昌,并准备赴河南抗敌平叛。

太白这首诗歌颂宋公受皇帝重任,专征出海边,郡治为政清廉,使恶人除而良民归,政绩斐然。节制将兵秩序井然,所率吴兵英勇善战,威震全国。军师武略高超,所向无敌,"戎虏行当剪,鲸鲵立可诛",坚信大军开赴河南,安禄山叛军很快就可消灭,吐露了诗人出狱并获得新的入世机会的兴奋心情。他说自愧才能不如剧孟,无以辅佐宋公的英明才略。这是点题中的"参谋幕府",表示自谦之意。

太白在宋若思幕府期间,写了《为宋中丞祭九江文》《为宋中丞请都金陵表》和《为宋中丞自荐表》。其中《为宋中丞自荐表》是直接叙述自身利害的作品。

臣某闻天地闭而贤人隐,云雷屯而君子用。臣伏见前翰林供奉李白,年五十有七,天宝初,五府交辟,不求闻达。亦由子真谷口,名动京师。上皇闻而悦之,召入禁掖。既润色于鸿业,或间草于王言。雍容揄扬,特见褒赏。为贱臣诈诡,遂放还山。闲居制作,言盈数万。属逆胡暴乱,避地庐山,遇永王东巡胁行,中道奔走,却至彭泽。具已陈首。前后经宣慰大使崔涣及臣推覆清雪,寻经奏闻。

臣闻古之诸侯,进贤受上赏,蔽贤受明戮。若三适称美,必九锡光荣,垂之典谟,永以为训。臣所管李白,实审无辜。怀经济之才,抗巢、由之节。文可以变风俗,学可以究天人。一命不沾,四海称屈。

伏惟陛下大明广运,至道无偏,收其希世之英,以为清朝之宝。昔四皓遭高皇而不起,翼惠帝而方来。君臣离合,亦各有数,岂使此人名扬宇宙而枯槁当年?传曰:举逸人而天下归心。伏惟陛下回太阳之高辉,流覆盆之下照。特请拜一京官,献可替否,以光朝列。则四海豪俊,引领知归。不胜悚悚之至,敢陈荐以闻。

——《为宋中丞自荐表》

这是太白为宋中丞向朝廷举荐自己而代作的一篇表文。

诗人出狱进入宋若思幕府后,重新燃起了进取报国的热情,希望得到肃宗朝廷的启用,实现自己辅君济世的抱负。自荐表首先介绍自己的年龄和天宝初年待诏翰林倍受优宠的荣耀历史。对于入永王幕府一事,则用"胁行"加以开脱,表示被胁迫而行,虽不符合事实,但不得不如此。最重要的是说已经两位大臣推覆,用"实审无辜"说明案情已经清雪。表文陈述举荐的理由,说明为国荐贤是古训,称许自己"怀经济之才,抗巢、由之节。文可以变风俗,学可以究天人",说自己有经世济民的才能,高士逸人巢父与许由的节操,文章可以影响民风习俗,学问可以穷究天人之至理。而朝廷

十三、志扫胡尘

的拜命一次都未能得到,天下人都为之叫屈。诗人对自己的才能、节操和学问,充满着自负和自信,豪情壮志不减当年。他请求朝廷给自己拜授一个京官,强调这样可以为朝廷列官增光,使天下豪俊归心。诗人也许有些自视过高,对肃宗也存在不切实际的幻想,但他获释后并没有消极悲观,而是怀着急切报国之情,热衷仕进之心,还是难能可贵的。

宋若思上书举荐太白后,朝廷久无回音,太白感到前景不妙。这时正好自己身体不适。到九月间,他就离开宋若思幕府,横渡长江到对岸的宿松山养病。

太白来到了宿松,又陷入了孤独无援、不知所措的境地。他用乐府古题写了一首《独漉篇》,抒写自己的所思所想:

> 独漉水中泥,水浊不见月。不见月尚可,水深行人没。越鸟从南来,胡雁亦北度。我欲弯弓向天射,惜其中道失归路。落叶别树,飘零随风。客无所托,悲与此同。罗帷舒卷,似有人开。明月直入,无心可猜。雄剑挂壁,时时龙鸣。不断犀象,锈涩苔生。国耻未雪,何由成名?神鹰梦泽,不顾鸱鸢。为君一击,鹏搏九天。

诗人诉说自己陷入水深泥浊的泥潭之中,处境十分艰危,有被淹没的危险。他仰望天空,见禽鸟南来北往,欲射又罢,怜惜其迷失归路。他想到自己曾一度受到恩主的救援,而如今主客分散,如落叶离枝,无可依托,同样有飘零之悲。自己当初参加永王幕府,实如明月入罗帷,磊落光明,无可猜疑。而如今落得走投无路、报国无门的境地,像雄剑挂壁闲置,不为时用,任其生锈长苔。"国耻未雪,何由成名?"国内叛乱未平,建功立业从何谈起?若有启用之机,我当如神鹰上九天击鹏,以雪国耻。诗人此时惧怕从璘之祸再发,忧虑前途危险,一方面为自己鸣冤辩白,同时又希望能重新证明自己的耿耿忠心，求得救援。

十月，张镐以中书侍郎同中书门下平章事（宰相职）兼河南节度使，持节都统淮南等道诸军事，领兵救睢阳围急，途经宿松。太白与张镐原有交情，当他听到这个消息，立即赠诗求其帮助。

神器难窃弄，天狼窥紫宸。六龙迁白日，四海暗胡尘。昊穹降元宰，君子方经纶。澹然养浩气，欻起持大钧。秀骨象山岳，英谋合鬼神。佐汉解鸿门，生唐为后身。拥旄秉金钺，伐鼓乘朱轮。虎将如雷霆，总戎向东巡。诸侯拜马首，猛士骑鲸鳞。泽被鱼鸟悦，令行草木春。圣智不失时，建功及良辰。丑虏安足纪？可贻帼与巾。倒泻溟海珠，尽为入幕珍。冯异献赤伏，邓生欻来臻。庶同昆阳举，再睹汉仪新。

昔为管将鲍，中奔吴隔秦。一生欲报主，百代期荣亲。其事竟不就，哀哉难重陈。卧病宿松山，苍茫空四邻。风云激壮志，枯槁惊常伦。闻君自天来，目张气益振。亚夫得剧孟，敌国空无人。扪虱对桓公，愿得论悲辛。大块方噫气，何辞鼓青蘋？斯言傥不合，归老汉江滨。（其一。时逃难病在宿松山作）

本家陇西人，先为汉边将。功略盖天地，名飞青云上。苦战竟不侯，当年颇惆怅。世传崆峒勇，气激金风壮。英烈遗厥孙，百代神犹王。十五观奇书，作赋凌相如。龙颜惠殊宠，麟阁凭天居。晚途未云已，蹭蹬遭谗毁。

想像晋末时，崩腾胡尘起。衣冠陷锋镝，戎虏盈朝市。石勒窥神州，刘聪劫天子。抚剑夜长啸，雄心日千里。誓欲斩鲸鲵，澄清洛阳水。六合洒霖雨，万物无凋枯。我挥一杯水，自笑何区区。因人耻成事，贵欲决良图。灭虏不言功，飘然陟方壶。惟有安期舄，留之沧海隅。（其二。书怀重寄张相公）

——《赠张相镐二首》

十三、志扫胡尘

太白第一首赠诗，前半篇歌颂张镐在国难当头之际，出任宰相，统兵出征，肩负平定安禄山叛乱的重任，赞美其为相、统兵的智谋与善于用人的才能，坚信他定能如同汉光武帝刘秀一战平定天下，使人民重见唐王朝的威仪。后半篇诗人借事托志，表示希望能在张相麾下建功立业。"一生欲报主，百代期荣亲。其事竟不就，哀哉难重陈。"自己平生怀抱报国荣亲的壮志，至今未能实现，感慨万千，难以言表。目前自己虽然贫病交加，憔悴不堪，但风云壮志依然激切于胸中，一听说有报国的机会，立即目张气振，跃跃欲试。他十分自负地说：张相若得己能如当年周亚夫得剧孟一样，那就所向无敌、胜券在握了。

太白第二首赠诗，重在抒写怀抱，表明心志，求助提携之心更为迫切。张镐此行调度东南诸军事，太白视之为报国良机，不可放过，因此一再赠诗，书怀述志，字里行间充溢着澄清天下的豪情壮志。此诗首叙自身家世，本汉李广将军之后，秉承英烈遗风。次言自己的经历，曾因诗才为天子赏识，待诏翰林，晚年仍未丧失志向，然受小人谗毁，一直未能得志。然后说到当今之世，有如晋末五胡之乱，刀箭横行，民生遭殃，戎虏遍于朝廷与市井。在此国家危亡之际，自己心绪难平："抚剑夜吟啸，雄心日千里。誓欲斩鲸鲵，澄清洛阳水。六合洒霖雨，万物无凋枯。"诗人雄心勃勃，决心要有所作为，参与平定叛乱，收复洛阳，让天地四方都受到唐王朝的恩泽，拯救黎民百姓于水深火热之中。他说自己向以因人成事为耻，重在施展自己美好的抱负。待灭虏功成，不求封赏，立即飘然退隐江湖，求仙访道。

安史之乱爆发以来，诗人虽历经起落坎坷，囚牢磨难，但志扫胡尘、平叛报国之心始终如一，坚定不移。诗人时刻心系国运，忧念苍生，以"国耻未雪，何由成名"的呐喊，明确宣告自己不再执着于个人功名的追求,决心献身于平叛救国的大业。功成身退的理想这时期也就演绎为"灭虏不言功,飘然陟方壶"了。然而朝廷并不买他的账。宋若思推荐李白的表章送到朝廷,肃宗看后,不但不允,反而大怒:从璘附逆,其罪当诛!在朝的郭子仪为报太白在并州曾为其脱刑之德,"请以官爵赎翰林。上许之,因而免诛"(北宋乐史《李翰林别集序》,《全宋文》卷四九)。因为有了郭子仪等人的求情,李白才免于诛戮,而后改判流刑。

十四、长流夜郎

北阙圣人歌太康，南冠君子窜遐荒。汉酺闻奏钧天乐，愿得风吹到夜郎。

——《流夜郎闻酺不预》

至德二年（757）十二月，肃宗朝廷以李白从璘附逆之罪，也就是谋反罪，判处加役流。加役流者，本是死刑，免死改为加役流，"流三千里，居役三年"（《唐律疏议·名例二十四》）。因此李白长流地为夜郎（唐珍州属县，今贵州铜梓），流期为三年。消息传来，官府随即收押李白，并通知家属准备衣物。没过几天，又听到长安方面传来新消息：唐军已先后收复长安、洛阳，太上皇玄宗由蜀中返回长安，肃宗表示庆祝，下制大赦，广封功臣，并赐酺五日，即赐臣民欢聚五日。但李白被判"长流"，比"常流"罪加一等，是死刑的减等，为常赦所不原。因此太白这首诗，既欢呼皇上颁布大赦令共庆太平安康，又可悲自己"闻酺不预"，没有资格参与欢聚，作为一个囚犯仍得流放南荒。他多么希望宫廷中欢庆胜利的乐曲，随风吹到夜郎，期盼朝廷大赦的恩泽，能够降临到自己身上。只可惜残酷的现实，仍然使他失望，流放启程的日子就在眼前。

> 朝别凌烟楼，暝投永华寺。贤豪满行舟，宾散予独醉。愿结九江流，添成万行泪。写意寄庐岳，何当来此地。天命有所悬，安得苦愁思？
>
> ——《流夜郎永华寺寄浔阳群官》

乾元元年（758）初，太白从浔阳出发，前往夜郎。早晨离开凌烟楼时，为他送行的人不少，"贤豪满行舟"，场景颇为热闹。可是宾客很快散去，自己在船上也就醉倒了。等到酒醒时，船已行到永华寺，不禁为自己长流的遭遇伤心落泪，此去不知何时才能够重返此地？他只能以"天命有所悬，安得苦愁思"聊以自慰，而以天命所系合当如此开说，实为哀痛更深一层。

> 扬帆借天风，水驿苦不缓。平明及西塞，已先投沙伴。回峦引群峰，横壓楚山断。砯冲万壑会，震沓百川满。龙怪潜溪波，候时救炎旱。我行望雷雨，安得沾枯散？鸟去天路长，人愁春光短。空将泽畔吟，寄尔江南管。
>
> ——《流夜郎至西塞驿寄裴隐》

诗人扬帆舟行，借天风而舟行速，天明时先于侣伴到达西塞驿，未能与友人见面。西塞驿即西塞山下的一个驿站，在湖北鄂城东八十里。这里群峰环抱，山势险峻。万壑百川，交汇于长江。诗人即景抒怀：看那水深波溟，好像潜藏着龙怪，可能会带来雷雨，拯救人间的炎热干旱。我亦如枯木散材，期盼有雷雨降临解救自己。前路苦长，春光苦短，朝廷恩泽难期，我只能像当年屈原一样空作泽畔之吟，寄与江南友人付之管弦。

诗人到了江夏（今湖北武昌）。此地朋友和熟人比较多，滞留了一些时日。大概流放没有法定抵达夜郎的日期，所以一路上可以走走停停。

十四、长流夜郎

> 一为迁客去长沙,西望长安不见家。黄鹤楼中吹玉笛,江城五月落梅花。
>
> ——《与史郎中钦听黄鹤楼上吹笛》

诗人与朋友史郎中在黄鹤楼下的一家酒店小聚。忽然听到黄鹤楼上传来了笛声,笛声所奏,是传统笛曲《落梅花》。笛声随风飞扬,撒落四方,仿佛五月的江城落满了梅花。这笛声,引发诗人神驰心动,思绪万千:"一为迁客去长沙,西望长安不见家。"自己如同西汉贾谊忠不见察,无辜被贬,成为一个去国离乡的迁客,长安万里迢迢,望而不见,已经遥不可及,重返长安辅君报国的愿望已经难以实现。此时此刻,《落梅花》的笛声飞满江城,诗人的失望、忧虑和激愤也似乎充塞天地之间了。

诗人登上黄鹤楼,眺望鹦鹉洲,借祢衡的故事,抒发心中的怨愤不平。

> 魏帝营八极,蚁观一祢衡。黄祖斗筲人,杀之受恶名。吴江赋《鹦鹉》,落笔超群英。锵锵振金玉,句句欲飞鸣。鸷鹗啄孤凤,千春伤我情。五岳起方寸,隐然讵可平?才高竟何施,寡识冒天刑。至今芳洲上,兰蕙不忍生。
>
> ——《望鹦鹉洲怀祢衡》

鹦鹉洲因祢衡献《鹦鹉赋》而得名,因而诗人面对鹦鹉洲,自然想起祢衡当年的际遇。祢衡生活在东汉末年,恃才傲物,有"击鼓骂曹"之事,得罪了曹操,曹操不用他,把他送给刘表。刘表又因其傲慢不能相容,把他转送于江夏太守黄祖。黄祖的长子黄射为章陵太守,一次在武昌城南江中沙洲上大会宾客,有人献鹦鹉,他就叫祢衡写赋,以娱乐宾客。祢衡揽笔而作,一挥而就,赋写得华丽动人。后来祢衡终因狂放不逊,被黄祖杀了,埋在沙洲上。因而后人把此处号为鹦鹉洲。太白诗的前八句,就评述祢衡的这一段故事：魏武帝曹操经营天下，唯有一个祢衡视之如同蚁类，但曹操怕受恶名没有杀他。而江夏太守黄祖是才短识浅的小人，不容祢衡就把他杀了，因此得了恶名。祢衡才华出众，在长江作《鹦鹉赋》，下笔敏丽，超越群英，字字如金声玉振，句句似鹦鹉飞鸣。遭遇却如此悲惨！接着，诗人就祢衡的遭遇抒发不平与感慨。他把黄祖之流比作凶猛的恶鸟，而把祢衡比作孤凄的凤凰，恶鸟啄杀凤凰，即才士被凶恶的小人所杀，令诗人心中如五岳突起，不能平复。"才高竟何施，寡识冒天刑。"诗人感叹祢衡才高而识寡，不能韬光养晦，干冒天刑，自丧其身。其冤死之悲，使芳洲上的香草至今不忍生长。这是祢衡的惨痛教训，也是诗人的自我反思。吊古伤今，异代同悲。

在江夏期间，令诗人感到宽慰的一件事，是回朝任职的张镐托人从长安给他带来了罗衣和五月五日赠诗。他立即写了答诗表示感谢："惭君锦绣段，赠我慰相思。"来自长安友人的赠物赠诗，使他感受到友情的温暖，增添了人生的希望。

九月，诗人离开江夏继续溯江前行，至江陵（荆州）又停留了一些时日。

> 窜逐勿复哀，惭君问寒灰。浮云本无意，吹落章华台。远别泪空尽，长愁心已摧。三年吟泽畔，憔悴几时回？
>
> ——《赠别郑判官》

章华台是春秋时楚国离宫，故址在今湖北监利县。诗人说没想到会来此地，竟得到朋友温暖人心的慰问。感叹自己远别长愁，已经泪尽心摧，憔悴不堪。三年的流放生涯，不知何时能够返回？

乾元元年（758）二月，肃宗颁布大赦令，赦免了一批罪犯，但李白不在被赦之列。

十四、长流夜郎

> 天作云与雷,霈然德泽开。东风日本至,白雉越裳来。独弃长沙国,三年未许回。何时入宣室,更问洛阳才?
>
> ——《放后遇恩不沾》

朝廷大赦如天作云雷,丰沛的雨水润泽草木。大唐帝国德泽远播四方,东南邻国使者都宾服进贡。自己却如西汉时洛阳才子贾谊,贬谪长沙三年不得召回。"何时入宣室,更问洛阳才?"他何等期待有朝一日能像贾谊那样后来被皇帝征召,在王宫供奉咨询。

> 巫山夹青天,巴水流若兹。巴水忽可尽,青天无到时。三朝上黄牛,三暮行太迟。三朝又三暮,不觉鬓成丝。
>
> ——《上三峡》

流放的道路漫长,诗人舟行进三峡,只见巫山夹岸高入云天,奔流不息的巴水(指流经巴蜀的长江流水)倏忽间可以渡过,而青天却没有到达的时候。"青天无到时",诗人融情入景,抒写自己在人生道路上理想难以实现的沉痛心情。黄牛山在上三峡的入口处,山势高峻,加上江流宛转曲折难行,上行途中几天几夜都能看到,好像围着它打转。古代歌谣曰:"朝发黄牛,暮宿黄牛,三朝三暮,黄牛如故。"就是形容逆水行舟过黄牛山时行速缓慢的情景,诗人推陈出新,着重抒写自己流放途中愁苦难耐的心情:"三朝上黄牛,三暮行太迟。三朝又三暮,不觉鬓成丝。"诗人说自己舟行进三峡,在不知不觉中头发都熬白了,可见途中愁苦的沉重。

诗人舟行到了涪陵,在乌江(即涪陵江)与长江交汇之处,要与千里同行的宗氏夫人及其弟宗璟分别,赋《双燕离》赠别宗氏,作《窜夜郎乌江留别宗十六璟》诗以辞别妻弟,抒写伤别情怀。

> 双燕复双燕,双飞令人羡。玉楼珠阁不独栖,金窗绣户长

相见。柏梁失火去,因入吴王宫。吴宫又焚荡,雏尽巢亦空。憔悴一身在,孀雌忆故雄。双飞难再得,伤我寸心中。

——《双燕离》

君家全盛日,台鼎何陆离。斩鳌翼娲皇,炼石补天维。一回日月顾,三入凤凰池。失势青门傍,种瓜复几时?犹会众宾客,三千光路歧。皇恩雪愤懑,松柏含荣滋。我非东床人,令姊忝齐眉。浪迹未出世,空名动京师。适遭云罗解,翻谪夜郎悲。拙妻莫邪剑,及此二龙随。惭君湍波苦,千里远从之。白帝晓猿断,黄牛过客迟。遥瞻明月峡,西去益相思。

——《窜夜郎于乌江留别宗十六璟》

《通典》卷一六五云:"诸谋反及大逆者,皆斩。……父子、母女、妻妾流三千里。"原来按大唐律令,犯谋反罪的家属也要判流刑三千里。李白经人说情得以免斩,改判流行,家属并没有减刑。这样,宗氏夫人就与太白一道自浔阳踏上了长流夜郎的旅程。其弟宗璟送姊也一道前行。乾元元年(758)十月初四甲辰,朝廷册天子,大赦天下,见禁囚徒以下罪,一切放免。赦书到涪陵,宗氏获释,放还豫章。太白不在免限,要继续前往夜郎服刑。诗人离别妻子,以乐府旧题写下《双燕离》。他以双燕比喻自己与宗氏的情意。燕子是多情鸟,历来都是同居双飞的。诗言原本燕子双飞双栖于玉楼珠阁,何等令人羡慕。可是因为不幸的灾祸接二连三,弄得没有安身立命之地。尽管折腾得一身憔悴,双方依然情深意浓。"双飞难再得,伤我寸心中",诗人直抒胸臆:如今一别,天各一方,双飞难以再得,令我五内俱伤,肝肠寸断。

太白辞别妻弟诗,先述相门宗家的家世盛衰,然后自叙与宗氏联姻,说自己并非东床佳婿,而令姊颇为贤惠,相敬如宾。又说自

十四、长流夜郎

己浪迹无为,徒有虚名动于京师。不幸从璘入狱刚刚获释,又遭长流夜郎。拙妻与我如同莫邪、干将两把剑,化为二龙理应常相随。璟弟不畏风波劳顿,伴随千里远送我们,实在令我惭愧不安。我们就此作别,西去夜郎,遥望明月峡,道路悠长,对亲人的思念将渐行渐深。

太白与家人分手之后,只身溯乌江舟行前往夜郎。到达珍州夜郎(今贵州桐梓),就在一个叫木瓜庙的山神庙里安下身来,过起度日如年的迁客生活。

早起见日出,暮见栖鸟还。客心自酸楚,况对木瓜山。

——《望木瓜山》

诗人孤身独处边荒之地,举目无亲,环境单调,无所事事,十分孤寂难耐。他独自站在木瓜庙前,整天远望木瓜山,早晨看太阳出山,傍晚见飞鸟归巢,心里本就痛苦不已,何况天天面对木瓜山,不禁令人联想到吃木瓜的酸味,心中更加酸楚不堪。

他孤苦无依,十分思念家人,期盼家书能给自己带来些许慰藉。

夜郎天外怨离居,明月楼中音信疏。北雁春归看欲尽,南来不得豫章书。

——《南流夜郎寄内》

这首从夜郎寄给妻子宗氏的诗,抒写诗人身处天外荒远之地夜郎,与家人离居,音信疏断,十分忧怨。他总是翘首南望,眼看从南方北归的大雁快要飞尽了,仍然没有接到豫章家妻的书信,令他怅然若失。

水色南天远,舟行若在虚。迁人发佳兴,吾子访闲居。日落看归鸟,潭澄怜跃鱼。圣朝思贾谊,应降紫泥书。

——《送别》

此诗"所送何人不载,或有所回避。仔细揣摩诗意,当是作于夜郎,故诗中自称'迁人',羡慕鱼鸟之自得,又结联'圣朝思贾谊,应降紫泥书',当是盼望得到赦免。"(林东海《李白游踪考察记》,第 637 页)诗人以西汉才子贾谊自喻,期待朝廷下诏书召回自己。

> 惭君能卫足,叹我远移根。白日如分照,还归守故园。
> ——《流夜郎题葵叶》

诗人在夜郎村野漫步散心时,看到农家植于陇上篱边的蜀葵,叶子硕大,想到古诗云:"采葵不伤根,伤根葵不生。"颇有感慨,自惭才智短浅不如蜀葵,蜀葵尚能护足,而自己无力自保,终至远流夜郎,移根边地。诗人这时候也在冷静反思自己过往的行为,后悔为人处世不懂得保护自己。他说如果有一天帝恩及己,得以赦还,我也想回归故园,落叶归根。

诗人流放夜郎,身处边荒,想到三国时虞翻得罪孙权被逐,虽处流放之中,仍有所作为,讲学不倦,收授门徒数百人。感到自己也应该以此自励励人,决不能自暴自弃。

> 少年解长剑,投赠即分离。何不断犀象,精光暗往时?蹉跎君自惜,窜逐我因谁?地远虞翻老,秋深宋玉悲。空摧芳桂色,不屈古松姿。感激平生意,劳歌寄此辞。
> ——《赠易秀才》

诗人与易秀才早年相识,长期分离。这位朋友向他诉说自己的坎坷境遇,叹惜年华虚度。诗人写诗相赠,对易秀才的蹉跎不遇表示惋惜,而自己也不知道被无辜窜逐边荒究竟为什么?"地远虞翻老,秋深宋玉悲。"他以三国时虞翻因触怒孙权远谪交州,自比长流夜郎;以战国时诗人宋玉悲秋,形容自己当时的心境。但他认为人生失意的时候要坚守节操:"空摧芳桂色,不屈古松姿。"诗人以

十四、长流夜郎

四季常青的古松自喻,表明自己虽在罹难之中而心志如前,坚强不屈;寒风可以摧残芳桂之艳色,而古松依然挺立,保持昂扬不屈的雄姿。诗人以此勉励友人也勉励自己,说明长流夜郎的打击并没有使他倒下。

> 桃花春水生,白石今出没。摇荡女萝枝,半挂青天月。不知旧行径,初拳几枝蕨?三载夜郎还,于兹炼金骨。
>
> ——《忆秋浦桃花旧游时窜夜郎》

诗人在夜郎,环境单调,忆想起旧时秋浦春天桃花盛开的美好景色,又惦念旧时小路边蕨菜初拳几枝。他寄语秋浦旧游:我三年流刑期满后从夜郎回去,将在秋浦与你们一道修道炼丹,以求长生。

诗人想不到也有时来运转的时候:乾元二年(759)三月,朝廷因为春荒,颁布《以春令减降囚徒敕》:"其天下见禁囚徒,死罪从流,流罪已下一切放免。"(《唐大诏令集》卷八四)赦书传到夜郎。"传闻赦书至,却放夜郎回。"(《经乱离后天恩流夜郎忆旧游书怀赠江夏韦太守良宰》)诗人于几近绝望之际,忽然喜从天降,接到赦书,获得自由,可以从夜郎回到江南去了。

太白获释后立即离开谪居的夜郎,溯綦江至渝州,经万县到夔州(白帝城)。

> 朝辞白帝彩云间,千里江陵一日还。两岸猿声啼不尽,轻舟已过万重山。
>
> ——《早发白帝城》

太白回到白帝城后,立即乘舟东下。朝辞白帝城于彩云之间,顺流而下。诗人站在船头,昂首迎风。船在奔腾的长江中轻疾如飞,一日千里,傍晚便回到繁荣的江陵。"两岸猿声啼不住,轻舟已过万重山。"诗人目不暇接,只有两岸猿声一路上充盈双耳，不知不觉间轻舟已经穿越万重山峦，向江陵飘去。在这一日千里、轻舟如飞的快意之中，洋溢着诗人经历艰难岁月之后突然重获人身自由的欢悦，顿时摆脱枷锁、卸除思想重负的轻快。这种获赦急切东归的欢快喜悦之情，与当年赴夜郎上三峡时"三朝又三暮，不觉鬓成丝"（《上三峡》）那种沉重悲苦的心情，正好形成鲜明的对照。

十五、老骥伏枥

> 虽有玉山禾,不能疗苦饥。严霜五月凋桂枝,伏枥衔冤摧两眉。请君赎献穆天子,犹堪弄影舞瑶池。
>
> ——《天马歌》(节录)

诗人从夜郎回到江夏(今湖北鄂州),又开始关切时局,广事交游,寻求引荐,希望重新获得施展才华、报效国家的机会。他以老马见弃自况:老骥衔冤伏枥,仍思东山再起,期盼能为朝廷所用。

> 黄口为人罗,白龙乃鱼服。得罪岂怨天?以愚陷网目。鲸鲵未剪灭,豺狼屡翻覆。悲作楚地囚,何由秦庭哭?遭逢二明主,前后两迁逐。去国愁夜郎,投身窜荒谷。半道雪屯蒙,旷如鸟出笼。遥欣克复美,光武安可同?天子巡剑阁,储皇守扶风。扬袂正北辰,开襟揽群雄。胡兵出月窟,雷破关之东。左扫因右拂,旋收洛阳宫。回舆入咸京,席卷六合通。叱咤开帝业,手成天地功。大驾还长安,两日忽再中。一朝让宝位,剑玺传无穷。愧无秋毫力,谁念䂬砾翁?弋者何所慕?高飞仰冥鸿。弃剑学丹砂,临炉双玉童。寄言息夫子,岁晚陟方蓬。
>
> ——《流夜郎半道承恩放还兼欣克复之美书怀示息秀才》

诗人流放夜郎刑期未满，中途遇赦放还，看到平叛形势尚好，两京收复，十分高兴，但又担忧自己报国忠心不为人明白，得不到朝廷昭雪启用，心情也很复杂。他对自己从璘获罪的遭遇并没有怨尤，而是首先反躬自省，说因为自己愚昧无知乃至自陷法网，如雏鸟贪食落入罗网，白龙化鱼为渔人射击，都是咎由自取，不必怨天尤人。而真正令人痛心疾首的是，安史大盗还没有歼灭，豺狼降而复叛，自己却沦为可悲的囚徒，不得像申包胥哭秦廷一样，请兵讨伐叛贼，以雪国耻。自己遭逢明主而两次被放逐，以误罪长流夜郎，窜身荒谷之地，幸亏中途遇赦放还，有如鸟出牢笼总算可以自由飞翔了。个人际遇不足为悲。回想当初两京沦陷时皇帝幸蜀，太子驻扶风，扬袂正位，开襟用人，又请回纥出兵助战，唐军左右扫荡叛军，终于收复两京，成就天地之大功。令人欣喜的是玄宗回京，两日复中，传让宝位，唐朝皇室传之无穷。而惭愧的是自己无法为国施展秋毫之力，如今谁人还会顾念我这个尚且健壮的老人？报国无门，功业如高飞的冥鸿遥不可及，只好弃剑去炼丹学道了。

其实太白这时候最大的愿望，还是希望朝廷能够启用自己，为平叛报国贡献一些力量。至于诗中歌颂玄宗、肃宗的文字，说明诗人在安史之乱中思想上存在的矛盾："一方面对唐统治者怀有新仇旧怨，极不信任，对他们的弃国逃跑，自相残杀和'囚鸾宠鸡'充满忿恨；但大敌当前、民族危亡，出于爱国热肠并因历史条件所限，又只能把平乱复国的希望寄托在腐败无能的统治者身上。"（裴斐《李白十论》，第97页）诗人在当时要参与平叛报国，也不能不依靠朝廷的启用。

　　去岁左迁夜郎道，琉璃砚水长枯槁。今年赦放巫山阳，蛟龙笔翰生辉光。圣主还听《子虚赋》，相如却欲论文章。愿扫鹦鹉洲,与君醉百场。啸起白云飞七泽,歌吟渌水动三湘。莫惜连船沽美酒,千金一掷买春芳。

——《自汉阳病酒归寄王明府》

诗人以汉代司马相如自况。他对王明府说,去年贬流夜郎之时,很少动用笔墨写作,砚水常常干枯,今年遇赦巫山之南,如蛟龙得云雨,笔翰随之生发光辉。圣主还喜好《子虚赋》的话,司马相如就有论文献赋的机遇。他希望能够施展自己的文才辅君济世,为国效力。他在同年写的《江夏送倩公归汉东序》中亦说:"今圣朝已舍(赦)季布,当征贾生。开颜洗目,一见白日。"他以项羽部将为刘邦赦免的季布和被汉文帝贬谪长沙后被征召的贾谊自喻,认为自己已经遇赦,相信朝廷一定还会征召自己,有望东山再起,实现辅君济世的理想。他有些盲目的乐观,以为自己"啸起白云飞七泽,歌吟渌水动三湘",文采风流依然可以惊天动地。

诗人前去拜访旧日的老友、江夏太守韦良宰。此时,韦良宰在江夏太守任上的任期届满,要回京述职升迁,需找一位名士为他写德政碑。太白感到自己责无旁贷,很快为他写出了《天长节使鄂州刺史韦公德政碑并序》。借着这个机会,太白又写了一首长诗相赠,详细陈述自己的生平、志向和抱负,期望他能入朝荐举自己。

天上白玉京,十二楼五城。仙人抚我顶,结发受长生。误逐世间乐,颇穷理乱情。九十六圣君,浮云挂空名。天地赌一掷,未能忘战争。试涉霸王略,将期轩冕荣。时命乃大谬,弃之海上行。学剑翻自哂,为文竟何成?剑非万人敌,文窃四海声。儿戏不足道,五噫出西京。临当欲去时,慷慨泪沾缨。叹君倜傥才,标举冠群英。开筵引祖帐,慰此远徂征。鞍马若浮云,送余骠骑亭。歌钟不尽意,白日落昆明。

十月到幽州,戈铤若罗星。君王弃北海,扫地借长鲸。呼吸走百川，燕然可摧倾。心知不得语，却欲栖蓬瀛。弯弧惧天狼，挟矢不敢张。揽涕黄金台，呼天哭昭王。无人贵骏骨，绿耳空腾骧。乐毅倘再生，于今亦奔亡。蹉跎不得意，驱马过贵乡。逢君听弦歌，肃穆坐华堂。百里独太古，陶然卧羲皇。徵乐昌乐馆，开筵列壶觞。贤豪间青娥，对烛俨成行。醉舞纷绮席，清歌绕飞梁。欢娱未终朝，秩满归咸阳。祖道拥万人，供帐遥相望。一别隔千里，荣枯异炎凉。

炎凉几度改，九土中横溃。汉甲连胡兵，沙尘暗云海。草木摇杀气，星辰无光彩。白骨成丘山，苍生竟何罪？函关壮帝居，国命悬哥舒。长戟三十万，开门纳凶渠。公卿如犬羊，忠谠醢与菹。二圣出游豫，两京遂丘墟。帝子许专征，秉旄控强楚。节制非桓文，军师拥熊虎。人心失去就，贼势腾风雨。惟君固房陵，诚节冠终古。仆卧香炉顶，餐霞嗽瑶泉。门开九江转，枕下五湖连。半夜水军来，寻阳满旌旃。空名适自误，迫胁上楼船。徒赐五百金，弃之若浮烟。辞官不受赏，翻谪夜郎天。夜郎万里道，西上令人老。扫荡六合清，仍为负霜草。日月无偏照，何由诉苍昊？良牧称神明，深仁恤交道。一忝青云客，三登黄鹤楼。顾惭祢处士，虚对鹦鹉洲。樊山霸气尽，寥落天地秋。江带峨眉雪，川横三峡流。万舸此中来，连帆过扬州。送此万里目，旷然散我愁。纱窗倚天开，水树绿如发。窥日畏衔山，促酒喜得月。吴娃与越艳，窈窕夸铅红。呼来上云梯，含笑出帘栊。对客《小垂手》，罗衣舞春风。宾跪请休息，主人情未极。览君荆山作，江鲍堪动色。清水出芙蓉，天然去雕饰。逸兴横素襟，无时不招寻。朱门拥虎士，列戟何森森。剪凿竹石开，萦流涨清深。登楼坐水阁，吐论多英音。片辞贵白璧，一诺轻黄金。谓我不愧君，青鸟明丹心。五色云间鹊，

十五、老骥伏枥

飞鸣天上来。传闻赦书至,却放夜郎回。暖气变寒谷,炎烟生死灰。君登凤池去,勿弃贾生才。桀犬尚吠尧,匈奴笑千秋。中夜四五叹,常为大国忧。旌旆夹西山,黄河当中流。连鸡不得进,饮马空夷犹。安得羿善射,一箭落旄头?

——《经乱离后天恩流夜郎忆旧游书怀赠江夏韦太守良宰》

韦良宰是诗人待诏翰林时结识的老朋友,安史之乱发生前后,太白曾三次与韦良宰聚散:第一次是太白待诏翰林被玄宗放还离开长安时,韦良宰在骠骑亭为他饯行;第二次是太白北上幽州返回途中,韦良宰在魏州贵乡县衙热情款待他;第三次是太白长流夜郎途经江夏时,韦良宰在黄鹤楼宴请他。太白赠诗就以回忆与韦良宰的交游为线索,陈述自己一生坎坷不平的遭遇,诉说自己在不同时期的思想情怀。

太白高傲自负,他认为历代帝王都如同浮云过目,徒有虚名,不懂得治理之道,只知道以战争取胜。而自己"颇穷乱理情",研究过治乱之道,略通争王称霸的韬略,并期望以此取得功名。但是由于时运不济,学剑不成器材,学文徒得虚名,虽曾待诏翰林,终被赐金放还。"临当欲去时,慷慨泪沾缨。"他挥泪告别长安,主要为个人的命运悲叹。

安史之乱前夕,他北上幽州寻求出路,看到安禄山地盘兵器如林,正在加紧扩军备战,蓄意反叛朝廷,感到国家面临危机,而自己又无法有所作为,只好一个人跑到燕昭王黄金台遗址诉苦:"揽涕黄金台,呼天哭昭王。"他呼天痛哭,为贤能之士报国无门悲愤不已。

安史之乱爆发,中原横溃,潼关失守,两京陷落,军民惨遭杀戮,到处尸横遍野。诗人惊呼:"白骨成丘山,苍生竟何罪?"他大声疾呼,为黎民百姓的悲惨遭遇伤心不已。诗人参加永王幕府,从政遭受挫败，长流夜郎遇赦归来，看到安史余党尚未消灭，朝廷宰辅不力，叛贼难以速歼，他夜不成寐："中夜四五叹，常为大国忧。"这时候他日夜担忧，为国家的前途命运担忧不已。"安得羿善射，一箭落旄头？"他期盼当今能涌现后羿那样的英雄，一箭射杀叛贼，让天下恢复清明，人民安居乐业。

诗人的自我回顾，清晰地显示了他在安史之乱前后思想感情发展的轨迹。他忧国忧民的思想随着形势发展与时俱进，在人生逆境中达到了前所未有的高度。正是出于忧国忧民的情怀，他郑重嘱托韦良宰："君登凤池去，勿弃贾生才。"希望友人回京能向朝廷举荐自己，让自己有参与平叛报国的机会。他看到黄河两岸旌旗密布，战乱未息，战事并不顺利，多么希望自己能够为国出力，争取平叛战争的最后胜利。

太白在江夏逗留数月，为了东山再起，多方求人荐引，均无任何结果。"报国有壮心，龙颜不回眷。"（《江夏寄汉阳辅录事》）他感到走投无路，前途渺茫，常常以痛饮狂歌发泄胸中的愁苦郁闷。

胡骄马惊沙尘起，胡雏饮马天津水。君为张掖近酒泉，我窜三巴九千里。天地再新法令宽，夜郎迁客带霜寒。西忆故人不可见，东风吹梦到长安。宁期此地忽相遇，惊喜茫如堕烟雾。玉箫金管喧四筵，苦心不得申长句。昨日绣衣倾绿樽，病如桃李竟何言？昔骑天子大宛马，今乘款段诸侯门。赖遇南平豁方寸，复兼夫子持清论。有似山开万里云，四望青天解人闷。人闷还心闷，苦辛长苦辛。愁来饮酒二千石，寒灰重暖生阳春。山公醉后能骑马，别是风流贤主人。头陀云月多僧气，山水何曾称人意？不然鸣笳按鼓戏沧流，呼取江南女儿歌棹讴。我且为君捶碎黄鹤楼，君亦为吾倒却鹦鹉洲。赤壁争雄如

十五、老骥伏枥

梦里,且须歌舞宽离忧。

——《江夏赠韦南陵冰》

南陵县令韦冰是太白的一位故友,两人在安史叛军横行的年代,天各一方,历经艰辛,只有相互思念。如今在江夏意外相遇,令人惊喜交加,恍惚如堕烟雾。诗人由此引发对自身坎坷经历的回顾,往昔备受天子恩宠赏赐,如今却曳裾诸侯之门,使他备感郁闷痛苦。友人劝导,醉酒行乐,虽可解一时的烦闷,但不能使他摆脱报国无门的深重苦闷。"人闷还心闷,苦辛长苦辛",当这种缠绕不已的苦闷实在无法排遣时,满腔愤郁便像压抑已久的熔岩,一下子喷射而出:"我且为君捶碎黄鹤楼,君亦为吾倒却鹦鹉洲。"他看不惯一切现实存在,扬言要清除即目所见的事物,甚至不辨别美丑。正如有的学者所解读的:"这仿佛是酒徒醉后的狂言,但它实际上蕴含着天才诗人对污浊黑暗的社会环境的深沉愤慨,表现了他对现实秩序的强烈抗议,在走投无路的绝望情绪中透露出对现实的否定倾向。"(刘学锴《唐诗选注评鉴》三,第211页)诗人悲愤情绪发泄之后又说:"赤壁争雄如梦里,且须歌舞宽离忧。"当年的魏、吴赤壁争雄之战已成梦幻,让江南儿女的歌舞来宽慰我们的忧愁吧!他以为历史、人生、功名事业皆如梦一样虚幻,歌舞戏乐才是现实的生活,这不是与世无争、四大皆空的虚无主义,而是走投无路、无可奈何的自我宽解。

与韦冰分别后,太白本欲回庐山。可不巧遇到了襄阳守将康楚元、张嘉延据州作乱,将长江封锁了,回家之路不通。于是,太白应裴侍御之邀往游洞庭湖,来到岳阳。在岳阳遇见了贾至和李晔。贾至是太白的故友,天宝末年为中书舍人,后出为汝州刺史,乾元二年秋因事贬为岳州司马。李晔为太白族叔,原任刑部侍郎,乾元二年因得罪宦官李辅国,卷进一桩冤案,被贬为岭下某县尉,赴任途中经过岳阳。三人都是长安的老相识，意外聚首，悲喜交集，感慨良多。

　　洞庭西望楚江分，水尽南天不见云。日落长沙秋色远，不知何处吊湘君？（其一）

　　南湖秋水夜无烟，耐可乘流直上天？且就洞庭赊月色，将船买酒白云边。（其二）

　　洛阳才子谪湘川，元礼同舟月下仙。记得长安还欲笑，不知何处是西天？（其三）

　　洞庭湖西秋月辉，潇湘江北早鸿飞。醉客满船歌《白苎》，不知霜露入秋衣。（其四）

　　帝子潇湘去不还，空余秋草洞庭间。淡扫明湖开玉镜，丹青画出是君山。（其五）

　　——《陪族叔刑部侍郎晔及中书贾舍人至游洞庭五首》

太白陪同李晔、贾至夜游洞庭湖，自黄昏直至天明。湖光山色，美不胜收。三人在船上纵酒狂歌，尽情欢娱，借以宣泄胸中郁积的痛苦与辛酸。

八百里洞庭西通长江，诗人在舟中极目西望，只见水天相接，一片混茫，大概那就是长江分两道入湖的地方了。极目南望，则碧水连天，见不到一丝云彩。到了日落时分，在暮色苍茫中长沙的秋色更显得杳远，天高水长，不知何处去凭吊湘君？为国事捐躯的湘君（舜帝）不知今在何处？

月夜泛舟湖上，看洞庭湖汪洋万顷，清澈平静。迷人的湖光月色顿时激起诗人羽化遗世之想：怎么才能乘着水流直上青天？即便不能上青天，那就姑且在湖中借一点月色，驾船到白云边买酒取乐，远离尘世，把人世间的一切烦恼抛到九霄云外。

太白、李晔、贾至三人都是才高命蹇，有过荣辱两重天的际

十五、老骥伏枥

遇,因此在杯酒言谈间难以抑制内心的酸楚:"记得长安还欲笑,不知何处是西天?"念念不忘长安真让人好笑,回京报国之门还不知在哪儿呢!诗人身在江湖,心怀魏阙,而不为朝廷启用,只有无奈地自我调侃。

秋月西斜,早鸿腾飞,天色将明,而舟中三个醉客仍沉迷在歌唱之中,全然不觉秋霜秋露已经侵入内衣。为了排遣心中的烦恼和痛苦,他们醉歌湖上,穷极欢乐,以致沉醉麻木了。

诗人伫立舟中,环顾洞庭,忠诚于舜帝的娥皇、女英早已不见踪影,只留下一片秋草在洞庭湖边。水天渐明,一湖清波洁净似玉镜,托出湖心如画的君山。自然美景的清新可爱,聊可慰藉迁客骚人之心。

诗人失意的愤懑是难以平息的。另一次他陪族叔李晔游洞庭时,两人在船上饮酒叙怀,彼此都为人生坎坷境遇感慨不已。当舟行至君山跟前,感到君山突兀矗起,阻挡前行,诗人竟然突放狂言:

> 划却君山好,平铺湘水流。巴陵无限酒,醉杀洞庭秋。
> ——《陪侍郎叔游洞庭醉后三首》其三

诗人异想天开,宣称要铲掉湖中屹立的君山,让湘水毫无阻拦地平稳奔流。这看似酒后狂言,突发奇想,却吐露了诗人郁积胸中的愤懑,表达了他对畅适无碍境界的向往。他在人生道路上壮志难酬,屡受挫折,前后两次遭放逐,遇赦后期待能被朝廷重用,也渺无希望。满腔悲愤不平,无处发泄。眼看湖中横阻流水的君山,仿佛就是自己人生道路上的障碍。因此他要愤然铲掉它。诗人不仅要铲平君山,还要把洞庭湖水变成饮不尽的巴陵美酒,这样不仅自己可以尽情一醉,还可以使整个洞庭秋天"醉杀"了。诗人希望在醉酒的天地中消除壮志未酬的千古愁,万古愤。

太白告别贾至等人，乘着湘江上的船准备到零陵（今湖南零陵）去。贾至写下《洞庭送李十二赴零陵》诗，为之送行。

太白滞留巴陵时，襄州叛将康楚元、张嘉延攻破荆州，祸害民生。诗人关切时局，忧念国事，写下《荆州贼乱临洞庭言怀作》等作品。

> 修蛇横洞庭，吞象临江岛。积骨成巴陵，遗言闻楚老。水穷三苗国，地窄三湘道。岁晏天峥嵘，时危人枯槁。思归阻丧乱，去国伤怀抱。郢路方丘墟，章华亦倾倒。风悲猿啸苦，木落鸿飞早。日隐西赤沙，月明东城草。关河望已绝，氛雾行当扫。长叫天可闻，吾将问苍昊。
>
> ——《荆州贼乱临洞庭言怀作》

诗人面临烟波浩渺的洞庭湖，想到战乱频仍的时局，思绪万端，忧从中来。他首先记述从楚老处听到的巴蛇的传说：古代巴陵一带出大蛇，能吞食大象，三年后才吐出象骨。尧为民除害，派后羿斩杀巴蛇。这条巴蛇死后，蛇骨堆积成丘陵，因此人们把这个地方取名为巴陵。如今荆州贼乱，就像巴蛇要吞食大象，在洞庭湖一带地方横行无忌，作恶多端，祸害国计民生，应该尽快铲除才是。而自己目前遭遇贼乱被困于这穷乡僻壤，处境艰难，归心似箭又为烽火阻隔，远离长安又无计可施，真令人心焦如焚，形容憔悴。富庶之郢都今成丘墟，章华高台亦已倾倒，风悲猿啸，木落雁飞。日落赤沙湖，月明青草湖，遥望关河（函谷关、黄河，指代京城长安所在的地方）哪可见得，荆州叛贼的烟氛迷雾必须扫清！诗人抬头问苍天：我要求扫平叛乱的呼叫声你到底听见没有？诗人呼天寓意双关，既希望苍天悯人，使人民免遭涂炭，亦呼吁朝廷派兵，赶快平定叛乱。

> 九日天气清，登高无秋云。造化辟川岳，了然楚汉分。长

十五、老骥伏枥

风鼓横波，合沓蟠龙文。忆昔传游豫，楼船壮横汾。今兹讨鲸鲵，旌旆何缤纷。白羽落酒樽，洞庭罗三军。黄花不掇手，战鼓遥相闻。剑舞转颓阳，当时日停曛。酣歌激壮士，可以摧妖氛。龌龊东篱下，渊明不足群。

——《九日登巴陵置酒望洞庭水军》

九月九日重阳节，秋高气爽，诗人无心登高赏菊，而是登上巴陵（今湖南岳阳市）城楼观看洞庭水军演武。当时襄、荆叛军正进逼岳州华容县，前线战斗激烈，洞庭水军准备前往讨伐叛贼。诗人望洞庭湖长风鼓浪，波如龙纹，见讨伐叛乱的洞庭水军，旌旗缤纷，战鼓震天，当即"酣歌激壮士，可以摧妖氛"，他尽情高歌激励将士，相信他们定能旗开得胜，平定叛乱。诗人最后感叹道：在这战乱年代谁也不能超然局外，像陶渊明那样隐居避世、采菊东篱，是不足为伍的。可见他安社稷、济苍生的志向一如既往。

诗人以乐府旧题作的《临江王节士歌》，则直接抒发自己此时的壮士情怀。

洞庭白波木叶稀，燕鸿始入吴云飞。吴云寒，燕鸿苦，风号沙宿潇湘浦。节士悲秋泪如雨，白日当天心，照之可以事明主。壮士愤，雄风生。安得倚天剑，跨海斩长鲸。

诗人以节操高尚之士慷慨悲秋起兴，抒发自己滞留潇湘，岁月蹉跎，无机事君报国的沉痛心情和决心慷慨杀敌的雄心壮志。他谓太阳正当天心，可以照见自己事君报国之心，壮士要愤然挺身而出，发挥雄风，拔剑奔赴疆场，跨海斩杀长鲸，平叛报国，俨然有一副老当益壮的英雄气概。诗人所说的"长鲸"，既近指当时的荆州乱贼，更远指尚未平息的安史叛贼，因此有"跨海"之语。

诗人经历了系狱浔阳、长流夜郎的沉重打击之后，依然壮心不已，面对反唐乱贼居然有这样一种英姿勃发、勇往直前的精神状态，对于平定安史之乱更是时刻忧念在心，欲献一己之力，可见诗人始终保持着一个爱国志士的堂堂本色。

太白继续南行，边走边游，终于来到了永州零陵。这里有他的老朋友卢象。卢象时任永州司户参军。太白天宝初供奉翰林时，卢象在朝廷任司勋员外郎，两人结识。天宝四载（745）夏季李白与杜甫、高适在济南会见北海太守李邕时，卢象时为永州司马，又一次与李白见面相聚。如今卢象贬官在永州，见太白来访分外高兴，在家中接待他。太白《赠卢司户》诗云：

秋色无远近，出门尽寒山。白云遥相识，待我苍梧间。借问卢耽鹤，西飞几岁还？

诗人笔下的永州秋色，一片凄凉。卢象的接待，倒还殷勤。他住在卢象家中，见厅堂里立着一幅草书屏风，字写得如骤雨狂风，龙飞凤舞，章法多变，变而不乱，十分赞赏。他问卢象："写这幅字的怀素是什么人？"卢象说："怀素是本地绿天庵的和尚，一个二十三四岁的少年上人。"太白很想见见这个出手不凡的人物。

第二天，卢象领着太白到零陵城东的东山上，踏进绿天庵，只见一大片芭蕉林，绿叶蔽天。穿过芭蕉林，来到僧房前。怀素出门迎接，他见是大诗人李白光临，高兴万分。他把两位客人请进房内，拿出自己以前所写的书法作品请客人指教，并且挥笔做了一番现场表演，然后介绍自己的习书经历："贫僧自幼父母早亡，只得到寺院为僧。因为沙弥无钱买纸，只好种此芭蕉林，取芭蕉叶当纸练字。"太白听了怀素苦练书法的事，颇为感动，对他富有独创性的草书作品，非常赞赏，当场写了一首《草书歌行》相赠：

少年上人号怀素，草书天下称独步。墨池飞出北溟鱼，笔锋杀尽中山兔。八月九月天气凉，酒徒词客满高堂。笺麻素绢排数箱，宣州石砚墨色光。吾师醉后倚绳床，须臾扫尽数千张。飘风骤雨惊飒飒,落花飞雪何茫茫。起来向壁不停手,一行数字大如斗。恍恍如闻神鬼惊,时时只见龙蛇走。左盘右蹙如惊电,状同楚汉相攻战。湖南七郡凡几家,家家屏障书题遍。王逸少,张伯英,古来几许浪得名。张颠老死不足数,我师此义不师古。古来万事贵天生,何必要公孙大娘浑脱舞?

此诗生动描写了怀素挥笔书写狂草的现场情景,对其书法造诣作了极高评价:怀素学书积年,其墨池深如北溟,写成草书如飞腾的大鹏。他写字用笔之多,几乎要杀尽中山之兔。他写起字来,其势如惊蛇飞龙,骤雨狂风。太白认为他的草书天下独步,其成就超过晋代书法家王羲之(字逸少)、东汉书法家张芝(字伯英),赞美怀素书艺本自天生,而不必像当代草书家张旭(时人号张颠)那样,从公孙大娘浑脱舞中获取书法创作的灵感。"此诗中对怀素草书成就的推崇,实际上是对青年书法家怀素的一种鼓励,是前辈对后辈的扶持和关心。'我师此义不师古',是在推崇一种艺术的创作精神。虽然此诗在语言上夸张了一点,但这也是李白诗风的一个特点。"(葛景春《李白传》,第339页)

卢象还陪同李白到九嶷山、衡山游览了一遭,后来听说荆州康楚元、张嘉延之乱已平,李白便又回到江夏。

诗人回到江夏,多方打听,仍无长安方面传来的利好消息,他明白自己重返京城的愿望再次落空。他抚今思昔,感慨身世,写了一首《天马歌》,以天马自况。

> 天马来出月支窟,背为虎文龙翼骨。嘶青云,振绿发。兰筋权奇走灭没,腾昆仑,历西极,四足无一蹶。鸡鸣刷燕晡秣越,神行电迈蹑恍惚。天马呼,飞龙趋。目明长庚臆双凫。尾如流星首渴乌,口喷红光汗沟朱。曾陪时龙跃天衢,羁金络月照皇都。逸气棱棱凌九区,白璧如山谁敢沽?回头笑紫燕,但

觉尔辈愚。

　　天马奔,恋君轩,骁跃惊矫浮云翻。万里足踯躅,遥瞻阊阖门。不逢寒风子,谁采逸景孙?白云在青天,丘陵远。崔嵬盐车上峻坂,倒行逆施畏日晚。伯乐剪拂中道遗,少尽其力老弃之。愿逢田子方,恻然为我悲。虽有玉山禾,不能疗苦饥。严霜五月凋桂枝,伏枥衔冤摧两眉。请君赎献穆天子,犹堪弄影舞瑶池。

诗人身处逆境,但并不自卑,乃以天马自喻。诗的前半,叙写天马的出身、能耐和荣光的历史:它来自西域大宛国,虎文龙骨,嘶鸣震天,疾行如飞,越过昆仑山,走过西极地,从不颠仆,早晨尚在燕地洗刷鬃毛,晚上已在越地吃草,可谓神行电迈。这是一匹飞龙之驹,双目明亮,胸脯饱满,尾如流星,头如渴乌,口喷红光,流汗如血,是真正的汗血宝马。它曾经受过皇上的恩遇,陪同御马在京师大道上奔跑,豪华的装饰光耀皇都。其气势昂扬,威严可以凌轹九州,其身价高于如山璧玉,谁能买得起它?再看历史上的名马紫燕,相形之下可谓愚不可及。

诗的后半,叙写天马失意之后的境遇和心愿:天马不为君王所用,依依不舍地离开皇都,虽然身影依然矫健,能万里奔腾,但却徘徊不进,它即使行至万里之外也眷恋朝廷,遥望着天门。但没有了寒风子这样识马的人,谁还会理会你这匹天马的子孙?如今它只能像凡马一样,拉盐车,上山陵,负辕做苦役,这样倒行逆施恐怕很快老衰,余日无多。它虽然曾经受到过伯乐的赏识,但半途又被抛弃,虽然青壮年时尽过大力,但如今年老力衰被人遗弃。只愿能遇见田方子这样的仁人,能收养被人遗弃的老马。目前的境遇凄凉,虽然有玉山之禾,也不能解救它的创伤。它如同五月突遭霜打的桂枝,老骥含冤伏枥,心怀痛楚。诗的最后两句"请君赎献穆天子，犹堪弄影舞瑶池"，用周穆王宴游瑶池的典故，表明自己返朝辅佐天子的心愿，其意思是期盼有人帮他报告天子，自己晚年还能为朝廷贡献绵薄之力。

李白的这首《天马歌》，记叙了一匹来自西域的神马的一生，寄托了自己的人生经历和感慨，而在失意的感慨中仍不失自负，虽老马见弃，但"天生我材必有用"的信念依然存在，"安社稷，济苍生"的壮志并未泯灭，积极用世、赤心报国的精神一如既往。"从李白这首《天马歌》诗中我们可以看出，李白自比天马，对自己的才华是非常自信的。他对自己晚年的遭遇虽觉不幸，但对前途仍满怀憧憬；虽历经坎坷，备受委屈，其报国之心却始终不渝。"（葛景春《李白传》，第351页）

《天马歌》咏物写人，以一匹老马形象地写出了李白的主要精神品格。"李白的思想无论多复杂，自有他的主心骨；李白的性格再是多侧面，自有他光辉的正面；李白的情绪尽管多反复，却是万变不离其宗。归根到底，李白是一个抱有伟大理想的人，富于用世热情的人，对国家和人民的命运极为关心的人。为了实现他的理想，他一生追求不已，奋斗不止。虽然屡遭失败，历尽坎坷，却是九死不悔，直到生命最后一息。"（安旗《论李白》，见《李白全集编年注释》）

十六、天夺壮心

  我本楚狂人，凤歌笑孔丘。手持绿玉杖，朝别黄鹤楼。五岳寻仙不辞远，一生好入名山游。
  庐山秀出南斗傍，屏风九叠云锦张，影落明湖青黛光。金阙前开二峰长，银河倒挂三石梁。香炉瀑布遥相望，回崖沓嶂凌苍苍。翠影红霞映朝日，鸟飞不到吴天长。登高壮观天地间，大江茫茫去不还。黄云万里动风色，白波九道流雪山。
  好为庐山谣，兴因庐山发。闲窥石镜清我心，谢公行处苍苔没。早服还丹无世情，琴心三叠道初成。遥见仙人彩云里，手把芙蓉朝玉京。先期汗漫九垓上，愿接卢敖游太清。

        ——《庐山谣寄卢侍御虚舟》

  上元元年（760）秋，太白从江夏回到浔阳，再登庐山。
  诗人在江夏多方求助，期望朝廷昭雪重用的努力失败之后，就告别黄鹤楼，决心回到庐山求仙访道，寻求解脱。这首《庐山谣》的开头一段，抒怀述志："我本楚狂人，凤歌笑孔丘。"他觉得自己原本是狂楚接舆一样的草野狂人，却偏偏要像孔丘那样去奔波从政，那不是自寻烦恼吗？"五岳寻仙不辞远，一生好入名山游。"手持绿玉杖，游名山，访仙道，回归自然，自由自在，那才是自己平生的性情所好。诗人反思自己历年来所走过的人生道路,空怀济世报国的抱负,四处奔波,却无人赏识,得不到一展宏图的机会。"我本不弃世,世人自弃我。"(《答蔡山人》)无奈之下,还是回归山林,在自然中寻找自我,在仙境中获得超生,而庐山就是一个理想的归宿之地。

诗的第二段,用浓彩重墨描写庐山的雄奇壮观,丰姿多彩。首先写从鄱阳湖中遥望庐山之景:庐山秀丽挺拔,高耸入云,上接星汉,山峰九叠像锦绣屏风般张开,鄱阳湖中的倒影闪耀青黛莹光。接着写庐山几处最壮美的景色:金阙岩前耸立着两座高峰,三石梁瀑布如银河倒挂,香炉峰瀑布与它遥遥相望,那层峦叠嶂在云中莽莽苍苍。而后,又用彩笔总绘全景:朝阳初升,满天红霞与苍翠山色交相辉映,吴天寥廓,飞鸟也难越出这广远的空间。诗人登高纵览,只见长江浩浩荡荡,奔流赴海,一去不返,黄云随风飘浮万里,天色瞬息变幻,茫茫九派白浪滔天,犹如雪山奔涌。诗人移步换景,美不胜收,身心沉醉于江山胜景之中。

诗的第三段,抒写江山胜景兴起的游仙之情。诗人闲窥石镜,顿觉神清气爽,了无世情,只可惜当年谢灵运行走之处,已被苍苔淹没无痕。由此感到自然的永恒和人生的短暂,因而触发游仙的意兴。他希望自己能早服仙丹,摆脱世俗尘心,怡神宁静修炼初成,到达虚幻仙境。他仿佛远远望见仙人站在云彩里,手拿着芙蓉花去朝拜玉京。自己早已约好在九天之上,迎接卢虚舟共游天庭。诗人以幻境为目接实境,亦幻亦真,在游仙中获得精神上的自我满足,借以表达超脱黑暗现实,向往自由天地的心愿。

诗人醉心山水景物,热衷求仙学道,有其深层的思想感情动因,即对当时政局的不满和对仕途从政的失望。事实上,诗人并没有真正超尘出世,飘然寻仙,现实时局和民生疾苦仍不时牵动着诗人的心。

> 胡风吹代马,北拥鲁阳关。吴兵照海雪,西讨何时还?半渡上辽津,黄云惨无颜。老母与子别,呼天野草间。白马绕旌旗,悲鸣相追攀。白杨秋月苦,早落豫章山。本为休明人,斩虏素不闲。岂惜战斗死,为君扫凶顽?精感石没羽,岂云惮险艰?楼船若鲸飞,波荡落星湾。此曲不可奏,三军发成斑。
>
> ——《豫章行》

诗人从庐山下来,在回豫章的路上,正遇见官军在鄱阳湖边的落星湾集结北上,去鲁阳关(在今河南省鲁山县西南)支援平叛战争。当新征调士兵从辽津上船出发时,"老母与子别,呼天野草间",母子生离死别,呼天哭地,白马悲鸣,让诗人不禁为之恻隐心动。但他转念又想,叛乱不平,百姓亦难以安居乐业。于是他又代征人抒发报效国家、不惜牺牲的情怀:本来生活在和平年代的人,平素没有杀敌的本领,但为了扫除叛贼,怎能畏惧艰险,害怕牺牲?而当水军出发,楼船飞越落星湾时,他又不忍再奏《豫章行》(古乐府伤离别的乐曲),怕引起三军忧愁而鬓成尽白。诗人这种看似矛盾的心理纠结,如实反映了他忧国忧民的思想情怀。

诗人回到豫章家中,与妻子宗氏团聚,悲喜交集,相对无言。他从夜郎获赦之后,在江夏等地漂流了一年多,原想争取朝廷昭雪重用,再体面地回家,然而经多方努力都毫无结果,才百无聊赖地返回家中与家人团聚。

上元二年(761)春,妻子宗氏提出要上庐山跟从女道士李腾空幽居修道,诗人无奈只好尊重夫人的选择,写诗为她送行。

> 君寻腾空子,应到碧山家。水春云母碓,风扫石楠花。若恋幽居好,相邀弄紫霞。(其一)
>
> 多君相门女,学道爱神仙。素手掬青霭,罗衣曳紫烟。一

十六、天夺壮心

往屏风叠,乘鸾着玉鞭。(其二)

——《送内寻庐山女道士李腾空二首》

诗人祝愿宗夫人上庐山屏风叠跟李腾空幽居,可与之共游云霞之境;相门之女学道求仙,能够乘鸾凤挥玉鞭飞升上天。这是诗人送给宗氏的最后一份礼物。送别以后,他也就离开豫章,开始新的流寓生活。

诗人在江南漂泊,景况凄凉,走投无路:"天涯失归路,江外老华发"(《江南春怀》)。但他仍期待有人引荐,能见用于朝廷:"应须救赵策,未肯弃侯嬴"(《赠升州王使君忠臣》)。而实际并没有人理会他的要求。他流落金陵一带,靠别人周济为生,可是当前赈济他的人已今非昔比,因而生活过得很窘迫,有时甚至连饮酒的钱都没有。

马上相逢揖马鞭,客中相见客中怜。欲邀击筑悲歌饮,正值倾家无酒钱。江东风光不借人,枉杀落花空自春。黄金逐手快意尽,昨日破产今朝贫。丈夫何事空啸傲?不如烧却头上巾。君为进士不得进,我被秋霜生旅鬓。时清不及英豪人,三尺童儿唾廉蔺。匣中盘剑装鲻鱼,闲在腰间未用渠。且将换酒与君醉,醉归托宿吴专诸。

——《醉后赠从甥高镇》

有一天,诗人在路上遇见从甥高镇,同为沦落之人,客中相见,客中相怜,便想邀请他到酒楼一叙,饮酒悲歌,怎奈已倾家荡产,手中没有钱,只好把多年挂在腰间的宝剑解下来换酒请客。两人在酒楼叙谈中,倾诉了人生失意的怨愤。诗人说:你身为进士不得进阶任职,我在漫游中虚度年华白了鬓发。所谓清明时代却不重视英雄豪杰,连三尺儿童都唾弃廉颇、蔺相如那样贤良之人。你看何等荒唐!他在给高镇的赠别诗中说:"自笑我非夫,生事多契阔。

积蓄万古愤,向谁得开豁?"(《赠别从甥高五》)可见穷愁潦倒的诗人心中有多少无处诉说的怨愤与不平。白天拿身上佩剑换酒,晚上借宿在吴国侠士家里,也可见诗人当时生计窘迫的境况。

诗人在赠高镇的诗中以廉颇、蔺相如自喻,他确有一股廉颇虽老而壮心不已的志气。当他听到李光弼率百万大军出征东南平叛时,竟不顾年老体衰,毅然前往请缨参军。《闻李太尉大举秦兵百万出征东南,懦夫请缨,冀申一割之用,半道病还,留别金陵崔侍御十九韵》一诗,记叙了事情的始末。

秦出天下兵,蹴踏燕赵倾。黄河饮马竭,赤羽连天明。太尉仗旄钺,云旗绕彭城。三军受号令,千里肃雷霆。函谷绝飞鸟,武关拥连营。意在斩巨鳌,何论鲙长鲸?

恨无左车略,多愧鲁连生。拂剑照严霜,雕戈鬘胡缨。愿雪会稽耻,将期报恩荣。半道谢病还,无因东南征。亚夫未见顾,剧孟阻先行。天夺壮士心,长吁别吴京。

金陵遇太守,倒屣欣逢迎。群公咸祖饯,四座罗朝英。初发临沧观,醉栖征房亭。旧国见秋月,长江流寒声。帝车信回转,河汉复纵横。孤凤向西海,飞鸿辞北溟。因之出寥廓,挥手谢公卿。

上元二年(761)五月,朝廷任命李光弼为天下兵马副元帅,统帅八道节度使的百万大军,出镇临淮,扫除史朝义叛军,平定浙东袁晁之乱。太白时年六十一岁,听到这个消息,不顾自己年迈体衰,立即奋然而起,奔赴临淮行营请缨:铅刀虽钝,仍望一试,决心为平定叛乱尽自己一份绵薄之力。他推想李太尉举兵百万出征,燕赵必倾,饮马黄河,河水立竭。歌颂太尉奉命统帅大军,战胜彭城之敌,号令三军,千里奔驰,声势浩大,军纪整肃。称赞太尉周密部署,从函谷关到武关,连营千里,飞鸟也难以出入。其战略目

十六、天夺壮心

标是扫荡安史叛军残部，至于袁晁之流，则不在其话下。他坚信平叛取胜指日可待。

诗人自愧军事才能有限，以为自己虽然没有当年李左车胸有成竹的谋略，也没有鲁仲连排难解纷的本领，而要坚决请缨从军，挥剑举戈上战场："愿雪会稽耻，将期报恩荣。半道谢病还，无因东南征。"他意在为国报仇雪耻，报效家国对自己的养育之恩。只是天不遂人愿，在半路上病倒了，只好返还，无缘参与征讨东南叛贼。别说得到赞许，连李太尉的面都未能见到。诗人只得仰天长叹："天夺壮士心，长吁别吴京。"他悲叹失去最后一次报效国家的机会，怀着悲痛的心情离开金陵。

诗人告别金陵，金陵太守与朋友们为他饯别。在暮秋时节，他与各位送行官员挥手告别后，如同孤凤西飞，漂泊在寥廓的天地之中。

离开金陵以后，诗人感到走投无路，只有到当涂去投靠族叔李阳冰。他在《献从叔当涂宰阳冰》诗中说：

> 小子别金陵，来时白下亭。群凤怜客鸟，差池相哀鸣。各拔五色毛，意重太山轻。赠微所费广，斗水浇长鲸。弹剑歌《苦寒》，严风起前楹。月衔天门晓，霜落牛渚清。长叹即归路，临川空屏营。

诗人离开金陵时，一些官员同情他的处境，曾经拔毛相助，但意重礼轻，费多赠微，犹如斗水以救长鲸，不足以活命。到当涂已是风严夜寒之时，只好像战国时冯谖那样弹剑哀歌，请求主人帮助。当涂月明天门山，霜落牛渚矶，可哪里是我的归宿之处？面临大江我彷徨很久，最终还是决定来投奔族叔。

李阳冰时任当涂县令，善于词章，尤工小篆书法。他素闻太白诗名，如今前来求助，自然慷慨允承。李阳冰热忱地接待了太白，还派人把他的儿子伯禽一家人从东鲁兖州接到当涂来照看他,并为伯禽在当地找了一份差事,妥善解决一家人的生计问题。

诗人在当涂静心地养息了一段时间之后,病情好转,心情也好了许多,便又出游附近的历阳、宣城、南陵等地。

诗人来到宣城,旧地重游,自然要去探访一些熟人和朋友。

一生嗜酒的太白,以前在宣城时,三天两头要到纪家酒店,那里的老春酒让他十分陶醉,他与酿酒主人纪老汉关系也很好。这次回到宣城。他首先想去纪家酒店看看纪老汉。可是到了酒店,只见大门紧闭,人去楼空。一打问,才知道纪老汉已经去世了,令他十分悲痛和惋惜。诗人陷入忆念故人的沉思默想之中:本来你酿酒我饮酒,我们两个谁也离不开谁呀!如今竟然死生分离,阴阳相隔,你在阴间地府,还在酿造老春酒吗?想到这里,诗人不禁怆然泪下,挥笔写下《哭宣城善酿纪叟》一诗:

> 纪叟黄泉里,还应酿老春。夜台无李白,沽酒与何人?

这首诗,诗人以自己独特的思维,倾诉了对宣城善酿纪叟深深的怀念。他破涕为笑,以自己同阴间善酿纪叟的一段问话,像是老朋友之间亲切随便的打趣,传达彼此间不可分割的亲密关系:戴老头啊,如今你到了地下黄泉,还在酿造老春美酒吧!生死殊途,阴阳相隔,冥间没有我李白,你酿了了美酒又能卖给谁呢?一个善于酿酒,一个善于品酒,彼此知心知己,才有这种不拘形迹的亲密关系和真挚情谊。

诗人流连宣城山水之间,看见杜鹃花开,灿烂红火,想起了蜀中家乡的杜鹃鸟,思乡之情油然而生。

> 蜀国曾闻子规鸟,宣城还见杜鹃花。一叫一回肠一断,三春三月忆三巴。
>
> ——《宣城见杜鹃花》

十六、天夺壮心

在蜀中，杜鹃花开的时候，子规鸟就叫了，因而子规鸟又名杜鹃。这种鸟相传是由古蜀帝杜宇的精魂转化而成的，到暮春时节就啼叫起来，像是在呼叫"不如归去，不如归去"，昼夜不止，直到啼出血来。诗人青少年时代在蜀中生活二十来年，常闻子规鸟啼，常见杜鹃花开，可是自从二十四岁辞亲远游以来，一直没有回过故乡。如今已年过花甲，在宣城看到杜鹃花开，听见子规鸟在啼叫"不如归去"，勾引起他浓重的乡愁，令人肝肠寸断。春天的三个月里，他都在忆念巴山蜀水和故乡亲友。年老体衰，欲归不能，愁思绵绵不绝。

宝应元年（762）秋，太白回到当涂。由于病情日益严重，自知不久于人世，他将平生著作手集交付给李阳冰，拜托他整理编集并为其作序。李阳冰连日写成《草堂集序》，序言中记载了相关事宜。

> 阳冰试弦歌于当涂，心非所好，公遐不弃我，乘扁舟而相顾。临当挂冠，公又疾亟，草稿万卷，手集未修。枕上授简，俾予为序。论《关雎》之义，始愧卜商；明《春秋》之辞，终惭杜预。自中原有事，公避地八年，当时著述，十丧其九，今所存者，皆得之他人焉。时宝应元年十一月乙酉也。

广德元年（673）春天，太白的病情好转，可以走动了。他开始出门到附近景区走走，写有《游谢氏山亭》等诗。

> 沦老卧江海，再欢天地清。病闲人寂寞，岁物徒芬荣。借君西池游，聊以散我情。扫雪松下去，扪萝石道行。谢公池塘上，春草飒已生。花枝拂人来，山鸟向我鸣。田家有美酒，落日与之倾。醉罢弄归月，遥欣稚子迎。
>
> ——《游谢氏山亭》

诗人游览当涂青山谢公亭，写下这首诗。"再欢天地清"，阎琦曰:"当指代宗广德元年(763)正月史朝义势穷自缢死事,历时八年的安史之乱至此宣告结束。"(《再论李白不卒于宝应元年》,载《中国李白研究》2000年集)薛天纬按:"再欢天地清",意即"欢天地再清"(《李白诗解》,第296页)。诗人谓自己迟暮之年寄身于远离朝廷之地,幸遇安史之乱终于平定天下得以清明,真是令人欢欣不已。长时间的卧病闲居也很寂寞,病体复苏,又当春暖花开时,他就到附近的谢公亭游览,遣散烦闷之情。他把地上的残雪扫到松树下面,不时抚摸着藤萝在石道上散步,沿途观赏花枝招展,聆听山鸟鸣唱。傍晚还到田家喝了几杯美酒,醉后戴月回家,又有孙子(伯禽之子)前来迎接,心情十分愉悦。

九月重阳,他还到当涂县南的龙山,登高举觞,写下《九日龙山饮》《九月十日即事》两首诗。

当年冬天,太白病情恶化。不久,在一个狂风呼啸、大雪纷飞的深夜,诗人逝世于当涂,享年六十三岁。逝世前作有绝笔诗一首,抒写自悼、自伤、自信之情。

> 大鹏飞兮振八裔,中天摧兮力不济,余风激兮万世。游扶桑兮挂左袂,后人得之传此,仲尼亡乎谁为出涕?
> ——《临路歌》

诗人一生为实现济世安邦的远大理想,不断地奔波求索,不息地追求奋斗,如今他感到身衰力竭,难以为继了。在人生行将结束的时刻,他写下《临路歌》,给自己一生做了一个形象化的总结。太白从年轻时代开始就把大鹏作为自己的精神化身,直到临终依然如此。他以为自己的一生是大鹏展翅高飞,中途遭遇摧折的一生。他素怀鲲鹏之志,向往一飞冲天,展翅飞翔,能够振动四面八方。可不幸的是天夺壮心,大鹏飞到半空翅膀摧折了,再也无力翱翔了。但他并没有悲观丧气,深信自己中途摧折从云天坠落之际,其

十六、天夺壮心

余风仍然可以激荡千秋万代。"他将以太阳升起的旸谷扶桑作为自己的归宿处,并且要在这千丈高树上挂上一幅衣片,希望后人有一天能得到,把这衣袂,不,把他那有似屈原那种'虽九死其犹未悔'的对理想道义不懈追求的精神一代一代传下去。"(赵昌平《李白诗选评》,第230—231页)把承载他这种精神的千篇诗文一代一代传下去。他感到此生最大的遗憾是世上没有知音,当年鲁人西狩擒获麒麟时孔子曾为之哭泣,而如今孔子已死,有谁会为大鹏中天摧折悲伤哭泣呢?诗人带着壮志未酬、怀才不遇的感慨走了。他九死未悔的精神永远传扬人间,他豪放飘逸的诗篇传诵千秋万代。

太白逝世后,葬于当涂县采石矶的大江边。因此就有李白"水中捞月"而终的传说。历来也有的学者认为李白就是"醉入水中捉月而死"的。但有关李白的碑文传记史料都说李白是病死的,是不是古人以为溺水而死不是善终祥举,有意为之避讳?

肃宗去世,代宗接位之后,对永王璘一案予以昭雪。广德二年(764)初,代宗授予李白为左拾遗,朝廷诏书送达当涂县,却无人接旨,因为在年前李白已经离开人世。但后代还是有人称李白为左拾遗的。

贞元三年(787),刘赞为宣城太守,兼宣、歙、池团练使及采石军使时,为整修扩建采石防务设施,把太白坟迁出采石矶,改葬于龙山东麓。采石矶的空坟后来便成了李白的衣冠冢,为后人所凭吊。

元和十二年(817),范传正任宣、歙、池三州观察使时,到当涂找李白墓,并与当涂县令诸葛纵一起寻访李白后裔。李白的儿子伯禽早已去世,伯禽的两个女儿都已经和当地农民结婚。李白这两个孙女说:"有兄一人,出游一十二年,不知所在。"并且说,先祖志在青山,希望将他迁葬到青山,了结他的心愿。于是,范正传便令诸葛纵把太白坟迁葬于当涂东南的谢家青山之阳，还亲笔撰写了一篇《唐左拾遗翰林学士李公新墓碑并序》，详尽记载李白生平及其子孙下落。铭文中说："谢家山兮李公墓，异代诗流同此路。旧坟卑庳风雨侵，新宅爽垲松柏林。"青山李白墓留存至今，为全国重点文物保护单位，前来凭吊者络绎不绝。

青山常在，松柏常青，太白诗魂千古不朽！

太白诗魂光辉夺目，又五彩斑斓。人们认识它，从不同视角往往有不同看法。清代龚自珍独具慧眼，高瞻远瞩，从中国传统思想文化中寻找李白精神的渊源，透过五彩斑斓的现象看到了问题的本质，他指出："庄、屈实二，不可以并，并之以为心，自白始；儒、仙、侠实三，不可以合，合之以为气，又自白始也。其斯以为白之真原也已。"（《最录李白集》，载《龚自珍全集》第三辑）薛天纬先生对龚自珍的话作这样的解读："按照我们的理解，屈、儒、侠的影响，形成李白建功立业的用世精神；庄、仙的影响，引导李白超脱尘凡，追求终极的精神自由。二者看似相反，其实相成，它们相互制约，又相互充实并提升着对方，从而构成了李白最具理想色彩、近乎绝对完美的人生追求。龚自珍的看法，可以说从一个独特角度揭示了李白精神的本质。"（薛天纬《李白唐诗西域》，第44页）太白立足于现实土壤，以开放包容的胸怀，吸纳中国传统思想文化的多种元素，将儒家的人生理想、道家的自由精神、纵横家的济世之术和游侠的侠义风骨融合凝练为一体，在盛唐时代的风云际会中铸就了自己心高气盛的诗魂——一个追求人生理想，为济世安邦而不屈奋斗的爱国志士；一个追求人格独立，为身心自由而率意抗争的狂放斗士。

太白诗魂，胸怀社会责任，倾心爱国爱民，刚毅有为，是标志中华民族精神的一面旗帜。

十六、天夺壮心

太白诗魂,守望人格独立,渴求自由平等,狂放不羁,是划破宗法社会长夜的一颗明星!

太白一生既为人生发展、功业理想而奋斗,又为人格独立、精神自由而抗争,追求人生价值和人性需求的完美实现,这种个性解放意识是他比同时代人高明的地方。但是太白期望人生功业与精神自由两者兼得的追求,盛唐时代给予他启示却没有为他提供实现的条件,因而他的悲剧命运也就在所难免。他入世报国的奋斗始终没有取得什么业绩,他精神自由的追求也只是在出世求仙的虚幻世界里获得某些慰藉。诚如有的学者所说:"李白一生都在追求建功立业与坚持精神自由的矛盾中跌荡拼搏,这种矛盾无法调和、克服,所以李白的遭遇始终是'大道如青天,我独不得出',是'欲渡黄河冰塞川,将登太行雪满山'。由此造成了他的'万古愁',造成了他满含悲壮色彩的诗意人生。"(薛天纬《李白诗选·前言》,第8页)"天才诗人李白的一生其实是一出悲剧,一出中国文化史上的悲剧。"(赵昌平《李白诗选评》,第232页)

十七、千载独步

李太白一生怀抱报国立业的志向，却在实践中屡遭挫折，壮志未酬，在政治功业上是一个沦落无为的失败者，而在文学创作上大展宏才，取得辉煌成就，是一个出类拔萃的成功者。正如白居易《李白墓》一诗所说的：

> 采石江边李白坟，绕田无限草连云。可怜荒陇穷泉骨，曾有惊天动地文。但是诗人多薄命，就中沦落不过君。

太白传世诗文约千篇，其中确有不少惊天动地的诗文。他所以能写出惊天动地的诗文，在文学上取得千载独步的成就，首先取决于他有报效国家、济世安民的宏伟政治理想，并为之奋斗终生，而政治上的沦落不遇，追求理想过程中的坎坷挫折，在某种意义上也成就了诗人的创作事业。理想和现实的矛盾冲突，激发了诗人的创作冲动与才智发挥，推动着诗人思想认识和艺术表现力的不断提高，诚如有的学者指出："李白诗歌是随着他身世坎坷逐渐成熟的，政治上的重大挫折也就是创作上的新起点。"（裴斐《李白十论》，第81页）惊天动地的诗文也就在沉落的境遇中涌现。杜甫在《天末怀李白》中说："文章憎命达"，感慨之论却是知人之言，既同情其命途坎坷不达，又庆幸其诗文因而成就卓著，通达天下。

十七、千载独步

太白能在诗歌创作上取得伟大成就，也取决于他有传承风雅、注重美刺的明确文学主张，并为之身体力行。太白纵观千年文学发展历史，深深懂得一个人胸无大志，冷漠现实，热衷于吟风弄月，雕章琢句，成就不了文学大业。

大雅久不作，吾衰竟谁陈？王风委蔓草，战国多荆榛。龙虎相啖食，兵戈逮狂秦。正声何微茫，哀怨起骚人。扬马激颓波，开流荡无垠。废兴虽万变，宪章亦已沦。

自从建安来，绮丽不足珍。圣代复元古，垂衣贵清真。群才属休明，乘运共跃鳞。文质相炳焕，众星罗秋旻。我志在删述，垂辉映千春。希圣如有立，绝笔于获麟。

——《古风》其一

这是太白的一篇文学宣言。他在宣言中以《诗经》雅、颂精神为准则，对历代诗赋作了概括性的总结和评价，批判一味追求绮丽的文风，宣布了自己的文学主张和奋斗目标。

"大雅久不作，吾衰竟谁陈？"诗人开篇明志，豪气凛然。他认为《诗经》的雅正之声已经久衰不兴，在当今之世振兴雅正之声，舍我而谁呢？他把复兴《诗经·大雅》美刺褒贬的优良文学传统，作为自己的责任和使命。他回顾历史，春秋时期雅正之声已经衰微，诗坛上蔓草丛生。从战国纷争到强秦统一天下，兵戈不止，相互吞并，诗坛上更是荆棘丛生，荒芜不堪。只有屈原骚体诗发出哀怨之声，还留正声于微茫一脉之中。汉代扬雄、司马相如遏制颓波，开拓宏大的汉赋之流。以后虽有废有兴，而文章的法度已经沉沦丧失，未能从根本上恢复正声。诗人在回顾诗歌发展史的过程中，反复慨叹王风萎靡、正声微茫、宪章沦丧，充满着对诗道沉沦的殷忧，强调重振诗风是历史赋予的责任。

接着诗人论及唐代文坛：自从建安以来追求人工雕饰，这种绮丽诗风不足珍贵。当今时代恢复了西周盛世，天下风尚推崇纯真自然之美。于是众多文才乘时而起，如鱼龙腾跃各显其能，作品文质兼备，相互辉映，如繁星布满清秋天空。在这种群星灿烂的形势下，诗人立下了宏大的志向，期望踵武先圣而有成："就是要追踪孔子，对盛唐诗歌进行整理和编订，使它的光辉垂映千秋万代。他仰慕孔子作《春秋》，期待自己亦能在创作上完成清真自然的一代诗风，如果达到这个目标，他将像孔子一样'绝笔于获麟'，搁笔不再著述。"（郁贤皓校注《李太白全集校注》，第10页）诗人对自己期许很高，有一种"舍我其谁"的自信，毅然要担当继承优良传统，开创一代诗风的重任，要让大雅振新声。孟棨《本事诗》高逸第三记载："白才逸气高，与陈拾遗子昂齐名，先后合德。其论诗云：'梁陈以来，艳薄斯极，沈休文又尚以声律，将复古道，非我而谁与！'"也可以作为一个印证。

　　诗人认为要开创一代诗风，蔚为风雅大观，就必须在创作上反对模拟因袭，提倡自我创新；反对雕琢涂饰，崇尚自然清新。

　　　　丑女来效颦，还家惊四邻。寿陵失本步，笑杀邯郸人。一曲斐然子，雕虫丧天真。棘刺造沐猴，三年费精神。功成无所用，楚楚且华身。大雅思文王，颂声久崩沦。安得郢中质，一挥成风斤？

　　　　　　　　　　　　　　——《古风》其三十五

　　这首诗，诗人首先用两个寓言故事，陈述模拟因袭作风的危害：

　　美女西施因为心痛而蹙额皱眉，东邻丑女见了觉得很美，也依样仿效，结果丑上加丑，邻人见了都感到可怕。

　　寿陵一个少年见邯郸人走路很美，就模仿着走，但没有学会，反而忘了自己原来的走法，只好爬着回去，令邯郸人笑煞。

十七、千载独步

诗人认为文学创作上东施效颦、寿陵学步一类的做法之所以好笑,那是因为这种亦步亦趋、矫揉造作的做法,违背了文学创作应有的真实性和独创性,丧失了文学的生机活力,有失雅正之旨。

诗人还评述了卫人在棘刺上雕刻猕猴的做法,他认为这种雕琢工艺毫无用处,白费精神。文学创作上雕章琢句,华而不实,同样如此。他感叹当代诗风衰落,主张恢复《诗经》雅颂正声的传统,回归高雅而朴实的诗风,希望自己能如郢中石匠运斤成风,施展绝技,非常巧妙地创作出天真自然的诗篇来。

太白在诗歌创作上,践行了自己的文学主张,在继承优秀传统的基础上开拓创新,以独特的成就,登上了盛唐诗歌的高峰,实现了一代诗风的开创。李阳冰《草堂集序》当时就作过这样的评价:

> 凡所著述,言多讽兴。自三代已来,风骚之后,驰驱屈、宋,鞭挞扬、马,千载独步,唯公一人。故王公趋风,列岳结轨,群贤翕习,如鸟归凤。卢黄门云:陈拾遗横制颓波,天下质文翕然一变。至今朝诗体,尚有梁、陈宫掖之风,至公大变,扫地并尽。今古文集,遏而不行,唯公文章,横被六合,可谓力敌造化欤。

李阳冰高度评价李白诗歌言多讽兴,千载独步的成就,以及群贤翕习,如鸟归凤的影响力,充分肯定其在我国诗歌史上的历史地位,从古今诗风变化说明李白完成了开创一代诗风的历史使命:唐代陈子昂首先倡导的反齐梁、复汉魏的诗歌革新运动,经过李白的努力实践,终于大功告成,宫体柔靡的诗风一扫而光,清新雄健的唐音席卷天下,响彻神州。

太白为实现"安社稷""济苍生"的崇高政治理想,奔波四方,奋斗一生。他的诗歌抒怀言志,美刺褒贬,关切国计民生,感应时代风云,以昂扬奋发的基调唱出了时代的最强音,成为时代的伟大歌手。

太白生活在唐玄宗和唐肃宗在位的开元、天宝年间,这时期,正是唐王朝登上极盛的巅峰,又从巅峰跌落下来的历史转折时期。他的诗歌以敏锐的感觉、独特的视角,全面而深刻地反映了那个时期的精神风貌和社会真相。

开元、天宝时期是一个富于理想和进取精神的时代。封建社会全盛时期的文明富足,产生了人们进取、自信的生活态度,普遍有一种勇于追求理想、建功立业的精神。李白前期的诗歌所表现的立功报国的愿望,奋发图强的精神,就是这种时代精神的写照。他在《长歌行》中,描写春天草木欣欣向荣的景象,借以抒发自己积极进取的情怀:

> 桃李得日开,荣华照当年。东风动百物,草木尽欲言。枯枝无丑叶,涸水吐清泉。大力运天地,羲和无停鞭。功名不早著,竹帛将何宣?桃李务青春,谁能贳白日?富贵与神仙,蹉跎成两失。金石犹销铄,风霜无久质。

此诗说,桃李之花待日而开,荣华只照当年。东风吹动,草木生机勃勃,枯枝发芽,干河也流清泉。天地自然运行,岁月不会停留。不及早建立功名,何以名垂青史?桃李争春尽情开放,只因无人能留住时光。蹉跎岁月,则富贵与神仙两失,风霜之下,没有经久不变的物质。

"《长歌行》所热烈歌唱的春光春景,即他所适逢其时的太平时节的象征",诗人从中受到鼓舞,产生了及时建立功业的愿望。"全诗充满了奋发图强的精神。表明他受春天的激发,也受时代的激发,急于建树,要为时代作出贡献。"(乔象锺、陈铁民主编《唐代文学史》,第 457、447 页)这种不负圣明时代,及时建功立业的愿望,实际上也是盛唐时期昂扬奋发时代精神的一个写照。

十七、千载独步

诗人是敏感的,他也看到繁荣背后的危机。

> 一百四十年,国容何赫然。隐隐五凤楼,峨峨横三川。王侯象星月,宾客如云烟。斗鸡金宫里,蹴鞠瑶台边。举动摇白日,指挥回青天。当涂何翕忽,失路长弃捐。独有扬执戟,闭关草《太玄》。
>
> ——《古风》其四十六

诗人以自己对东都洛阳的观感,为我们展现了一幅唐王朝繁盛中滋长腐朽乱象的历史画卷。大唐帝国经过一百多年的发展,国力空前强大,国容显赫壮观。摩天五凤楼高耸入云,河、洛、伊三川景色非凡。王侯众多如同星月罗列,宾客如云济济一堂。然而在这一片繁荣景象的背后,却危机四伏。如今小人得势,宫廷活跃着一班靠斗鸡、踢球之类雕虫小技得到宠幸的人,他们气焰熏天,不可一世。大权在握者气势何其煊赫,贤能之士却被弃置道边。诗人表示自己要学习扬雄闭门著书,以道自守,不以得丧为心。

诗人在这首诗中,光明与阴暗交错,赞颂与讽刺并用,为我们展现了唐王朝由盛转衰的某些迹象。同样,诗人在其他一些诗作中,既赞美帝都的壮丽雄伟、城邑的繁荣富庶和农村欢乐富足的太平景象,反映了唐帝国的文明昌盛,也揭露社会的阴暗面,鞭挞丑恶事物,对于宦官专权,奸臣弄权,穷兵黩武,边将邀宠,以至帝王的穷奢极欲、求仙入魔,都给予无情的讽刺与鞭挞。可以说,太白"用他如椽的巨笔,为唐代写下了一部有韵的《春秋》。盛唐的光明面和阴暗面,玄宗作为英主和昏君的形象,整整一个时代可歌可泣之事,兴衰治乱之由,都在这里了。"(安旗《论李白》)"文学作品中对天宝时期政治黑暗面的反映,应该说主要是由李白担当并出色完成的。"(刘学锴《唐诗选注评鉴》三,第281页)李白不愧为时代歌手。

太白的诗,直接取材于现实生活的作品并不很多,他的诗大多以自我为中心言情述志,以直抒胸臆的方式抒发自己的所思所想、所爱所仇、所喜所忧,通过个人感情的多棱镜来反映社会现实和时代精神。

莫道无心恋清景,已将书剑许明时。

——《别匡山》

大鹏一日同风起,扶摇直上九万里。

——《上李邕》

天生我材必有用,千金散尽还复来。

——《将进酒》

仰天大笑出门去,我辈岂是蓬蒿人!

——《南陵别儿童入京》

长风破浪会有时,直挂云帆济沧海。

——《行路难》其一

俱怀逸兴壮思飞,欲上青天揽明月。

——《宣城谢朓楼饯别校书叔云》

珠玉买歌笑,糟糠养贤才。

——《古风》其十四

霜惊壮士发,泪满逐臣衣。

——《书怀赠南陵常赞府》

但用东山谢安石,为君谈笑净胡沙。

——《永王东巡歌十一首》其二

白骨成丘山,苍生竟何罪?……中夜四五叹,常为大国忧。

——《经乱离后天恩流夜郎忆旧游书怀赠江夏韦太守良宰》

从太白历年这些抒情言志的诗句,我们不仅可以看到一个具有豪情壮志和忧国忧民怀抱的诗人自我形象,而且可以看出诗人喜怒

十七、千载独步

哀乐的神经无不随时代脉搏而跳动。正因为如此，诗人在不同时期的种种感应形诸笔墨，也就自然而然反映时代的昌盛与衰落，彰显不同时期的时代精神风貌。

除了直接抒情言志之外，太白还经常以比兴言志的方法，比拟讽兴，褒贬美刺，反映盛唐时代的兴衰治乱和诗人处世的是非好恶。他"运用比兴言志的方法，发扬褒贬美刺的传统，言小指大，言浅意得，微而彰，曲而达，乃至反言若正，以美为刺。虽只字而寓褒贬，即片言可别善恶。""掌握了李诗比兴言志的特点，特别是领会了李白继承和发扬这一传统的重大意义，我们就会发现：李白写高山大川、风花雪月、奇禽异兽、醇酒美人、神仙幻境以及其他一些似乎远离社会、远离现实、远离政治的事物，常常不是他的创作目的，而是他的比兴手段。他或借大鹏展翅抒发他的壮志凌云，或借行路艰难形容世途坎坷，或借仙山幻境象征待诏翰林，或借生离死别寄托辞都之苦，或借日昏月蚀预言国运之衰，或借任侠饮酒一豁胸中块垒，或借学道求仙暂解心底愤懑；而大量的历史题材更是他借古讽今的手段，屡见不鲜的旷男怨女之情却是他孤臣孽子之心。正是在这些远离政治的事物中，李白寄寓着强烈的政治热情。正是运用这些丰富多彩的比兴，李白写了一大批政治抒情诗。"〔安旗主编《李白全集编年注释》，《论李白（代前言）》〕例如《长相思》《蜀道难》《梦游天姥吟留别》《梁园吟》《将进酒》等，都是比兴言志的名篇。《古朗月行》也是比兴言志的佳作：

> 小时不识月，呼作白玉盘。又疑瑶台镜，飞在青云端。仙人垂两足，桂树何团团。白兔捣药成，问言与谁餐？蟾蜍蚀圆影，大明夜已残。羿昔落九乌，天人清且安。阴精此沦惑，去去不足观。忧来其如何？凄怆摧心肝。

这首诗从一个儿童的视角观看月亮从月明到月蚀的变化，其实是以月亮比喻朝政，寄寓诗人对开元盛世的怀念和对天宝季叶昏暗时局的殷忧。开元盛世如同儿时心目中的明月，像玉盘，似明镜，给人带来许多美好的幻想和希望。可到天宝后期，奸佞当道，朝政日见沦替，如同蟾蜍蚀月，圆月变残，清辉不再，天地为之昏暗。期望出现羿射九日，恢复"天人清且安"的局面，然而君主已经沉沦，大局无可挽回。诗人为月亮的"沦惑"而感到无比痛心。全诗以月亮为比兴，寄托忧国情怀，言近旨远，更加发人深思。

太白的诗歌，以自己真率的感情、充沛的气势、神奇的构思和清新自然的语言，构成了个性鲜明的艺术风格和动人心魄的艺术魅力，把我国古代的诗歌艺术推到了直上云天的高峰。

太白为人真诚率直，他的诗任情率真，发自肺腑。他在一些作品中坦陈对家人、对朋友、对国家、对人民的真挚感情，真切动人。他所抒写的亲情、友情、思乡之情和家国之情，以其情真词切赢得了人们的广泛共鸣。

> 别来几春未还家？玉窗五见樱桃花。况有锦字书，开缄使人嗟。至此肠断彼心绝，云鬟绿鬓罢梳结，愁如回飙乱白雪。去年寄书报阳台，今年寄书重相催。东风兮东风，为我吹行云使西来。待来竟不来，落花寂寂委青苔。
>
> ——《久别离》

太白有不少写给妻子的诗，这一首写得最为情意缠绵。诗人有几年在外奔波没有回家了，十分思念久别的家室。诗却以其妻子望夫的口气道出，更见彼此感情的深挚。别后几年妻子一直为思念而痛苦，虽有书信来，未见有人归，她无心梳结，首如飞蓬，因为愁苦鬓发都变得乱如白雪。年年写信催夫君归来，甚至期盼东风吹送他归来，结果还是"待来竟不来，落花寂寂委青苔"，久待不来，如今落花又飘委青苔，今年春天又过去了，不知何时能够相聚，令

十七、千载独步

人十分焦急,无比伤心。

> 吴地桑叶绿,吴蚕已三眠。我家寄东鲁,谁种龟阴田?春事已不及,江行复茫然。南风吹归心,飞堕酒楼前。楼东一株桃,枝叶拂青烟。此树我所种,别来向三年。桃今与楼齐,我行尚未旋。娇女字平阳,折花倚桃边。折花不见我,泪下如流泉。小儿名伯禽,与姐亦齐肩。双行桃树下,抚背复谁怜?念此失次第,肝肠日忧煎。裂素写远意,因之汶阳川。
>
> ——《寄东鲁二稚子》

这是一首思念家中儿女的诗。诗人当时滞留金陵一带已有三年,而女儿平阳、儿子伯禽在东鲁兖州家中。他从江南春色想到自己在东鲁的家,想象三年前在酒楼前亲手栽种的桃树已经长得楼一样高,而自己还在南方没有回去。他想念女儿平阳在桃树边摘花,因见不到父亲而泪流如泉,儿子伯禽个子也长得与姐一样高,两人同在桃树下玩耍,有谁会抚背爱怜他们?想到这里,他乱了方寸,整天忧心如焚,只有用白绢写成此诗,寄往东鲁聊表心意。诗中写的家中日常生活场景,虽为异地悬想,但处处可见骨肉真情。正如清人沈德潜所评的:"家常语琐琐屑屑,弥见其真。"(《唐诗别裁》卷二)

诗人一生重交谊,旧朋新友很多,抒写真挚友情的诗篇也很多。

> 青山横北郭,白水绕东城。此地一为别,孤蓬万里征。浮云游子意,落日故人情。挥手自兹去,萧萧班马鸣。
>
> ——《送友人》

这首送别诗用比较含蓄的语言,情景交融的意境,表达对友人的一片深情。诗人为友人策马送行,来到了郊外,两人仍然并肩缓辔,依依不舍,只见青山横亘在外城的北面,河水绕东城潺潺流过。此地一别,友人就要像蓬草飞转,万里远行。诗人温情宽慰对方：游子虽然如同浮云漂流无定，任意东西，而故友之情却会像日落日出一样，天天伴随着你。当两人挥手告别之际，两匹马都昂首萧萧长鸣，不愿脱离同伴。马犹如此，人何以堪！两人的依依离别之情自在言外。

    杨花落尽子规啼，闻道龙标过五溪。我寄愁心与明月，随君直至夜郎西。

          ——《闻王昌龄左迁龙标遥有此寄》

  这是一首寄赠友人之作。首句从眼前景物发兴，以漂泊无定的杨花，啼叫着"不如归去"的子规，渲染凄凉哀愁的气氛，景中见情。次句直叙其事，惊闻王昌龄被贬到荒远之地，处境艰难。三、四句抒写自己听到这个消息后的心情：自己满怀愁心，同情遭远谪的朋友，但人隔两地，无可告诉，而月照中天，千里可共，于是诗人只有将自己的"愁心"托之于天上明月，让明月随着长风带到辽远的夜郎之西，与友人相随相伴，让友谊的光波给远贬者些许精神抚慰。诗人对月抒怀，以飘逸灵动之笔传达深挚感人之情，彰显了李白抒写友情之作非同一般的特色。

  太白自少怀四方之志，有辅君济世、报效家国之心，一生为之奋斗，虽屡遭挫折而不气馁。眷恋祖国，怀念长安，是他终生挥之不去的情结。安史之乱爆发以后，他更心系国家安危，决心参与平叛，不惜为国捐躯："宁知草间人，腰下有龙泉？浮云在一决，誓欲清幽燕。愿与四座公，静谈《金匮》篇。齐心戴朝恩，不惜微躯捐。"（《在水军宴赠幕府诸侍御》）他对国家怀有一种血洒沙场在所不惜的赤胆忠心。

  诗人在漫游生活中，逐渐接近下层人民，也与他们产生了感情。他在《丁都护歌》《宿五松山下荀媪家》《秋浦歌》《哭宣城善酿纪叟》等诗篇中，热情赞颂劳动者的优良品质，对他们的生活遭

十七、千载独步

遇表示了深切的同情。

诗人情真气盛,诗作有着异常充沛的气势。他的诗如长江大河,奔泻而下,浪涛滚滚,不可遏止;如天风海涛,席卷千里,不知自何而来,自何而去。他擅长直接抒发自己热烈的感情,使诗作具有一种喷薄而出、一泻千里的气势。宋人严羽《评李太白诗》云:"盖他人作诗用笔想,太白但用胸口一喷即是。此其所长。"太白神完气足,常常壮怀激烈,喷泻而出,即成诗篇。如"大道如青天,我独不得出",就是义愤填膺,冲口而出的诗。

明人王世贞云:"太白以气为主,以自然为宗,以俊逸高畅为贵。"(王世贞《艺苑卮言》卷四)王世贞首先明确提出太白诗以气为主,并且指出这种气是内心感情的自然迸发,贵在气质俊逸,抒发畅达。

当代学者袁行霈先生以为:"气的充沛与浩大是盛唐文化的特点,也是李白诗歌具有特殊魅力的一个重要原因。""李白乃是以气夺人","李白的诗以气胜","李白的诗里有一股与云天比高、与历史等量的气回荡着,使人不得不慑服于他的力量。李白的诗,综而言之,其气奇,其气逸,其气壮。析而论之,有气骨,有气象,有气势。"(袁行霈《李白诗歌与盛唐文化》,载《中日李白研究论文集》第1—14页,中国展望出版社,1986年)

阎琦先生对太白的气在诗歌创作中的体现,做了具体阐释:"奔逸之气在李白诗歌中的体现,最突出的两点是感情抒发的流畅动荡和透彻明白。感情抒发的流畅动荡就是绝不生涩,绝不窒碍。读李白的诗,读者的感觉犹如水从高处泻下,一日千里,滔滔汩汩,奔流不止;又如万斛泉源,潺潺湲湲,永无遏止。有些诗,如《宣州谢朓楼饯别校书叔云》,中间做了数次大的转换跌宕,甚至形成诗歌意脉的隔断和空白,但依然使人有喷口而出、鼓荡而下的感觉。李白最能使人感受到流畅动荡的诗是七言歌行和七言绝句，题材则以政治抒情诗和山水诗最为突出。"（阎琦《李白诗选评》导言）

如《西岳云台歌送丹丘子》本是一篇送行之作，也写得气势充沛，淋漓尽致：

> 西岳峥嵘何壮哉，黄河如丝天际来。黄河万里触山动，盘涡毂转秦地雷。荣光休气纷五彩，千年一清圣人在。巨灵咆哮擘两山，洪波喷流射东海。三峰却立如欲摧，翠崖丹谷高掌开。白帝金精运元气，石作莲花云作台。云台阁道连窈冥，中有不死丹丘生。明星玉女备洒扫，麻姑搔背指爪轻。我皇手把天地户，丹丘谈天与天语。九重出入生光辉，东求蓬莱复西归。玉浆倘惠故人饮，骑二茅龙上天飞。

元丹丘从东蒙山到西岳华山求仙修道，诗人写这首诗给他送行。诗的前半为"西岳云台歌"，一开篇即先声夺人，气壮山河："西岳峥嵘何壮哉，黄河如丝天际来。黄河万里触山动，盘涡毂转秦地雷。"极写由华山远望黄河的雄阔景象和澎湃气势，有引人入胜之妙。然后插叙黄河千年一清的祥瑞和河神用力为黄河劈山开道的神话，更反映黄河的神威。接着写西岳华山的由来和华山三峰、仙人掌的形态，也壮美如画，气象万千。然后又描叙华山云台是由白帝运用元气形成的，高入云天，宛如青色莲花开于云台之上，开拓了更为遥远的想象空间。诗的后半转入"送元丹丘"，说元丹丘到华山寻仙修道，有明星玉女为其洒扫，麻姑为其搔痒。又说元丹丘曾经出入朝廷，与天子谈论天地的玄妙话题。最后说如果元丹丘愿意惠赐玉浆，提携自己学仙，我们俩即可共骑茅龙上天成仙。此等虽为道家言语，也写得神奇飘逸，非同凡响。

太白的诗还有一个鲜明的特点，就是逸兴飞扬，想落天外，构

十七、千载独步

思神奇。杜甫首先发现这个特点:"白也诗无敌,飘然思不群。"(《春日忆李白》)他认为太白的诗之所以无以匹敌,是因为他的思路特立不群,诗风飘逸。同时代著名选评家殷璠在《河岳英灵集》中也指出:"其为文章,率皆纵逸。至如《蜀道难》等篇,可谓奇之又奇。"所谓"纵逸",就是指太白的诗作独立特行,不受规矩约束,自由发挥,独出新意,自铸伟词。殷璠认为此即为奇,而《蜀道难》等篇是奇中又奇。当代已故学者裴斐说:"太白的奇,盖自气生也!"(裴斐《李白个性论》,载《中国李白研究》1900年集上)说明了太白诗的"奇"与"气"之间的内在关系:有充沛的气势才有神奇莫测之笔。太白诗的神奇,具体表现在两个方面:一是思路奇特,出人意表;一是夸张神奇,令人惊愕。二者共同之处是突破一般生活逻辑,超越现实生活常态,以虚构的意象表现生活的本质属性和诗人的充沛感情,显示其独特的个性风格。

  天下伤心处,劳劳送客亭。春风知别苦,不遣杨柳青。

——《劳劳亭》

  劳劳亭是金陵著名的送别之地。"劳劳"二字,形容忧愁伤感的样子。所谓"劳劳亭",实则为离别伤心亭。诗人在早春时节来到劳劳亭,亭边的杨柳尚未发青,只见光秃秃的柳枝在寒风中摇曳。劳劳亭本是离人伤别之处,古人又有折柳送别的习惯,诗人触景生情,顿生奇想:"春风知别苦,不遣杨柳青。"春风大概也懂得人间离别之苦,不忍心看到折柳送别的场景,因此故意迟迟不让杨柳枝叶发青吧!春风本为无情之物,经诗人奇思驱遣,寄情授意,竟成了同情离愁别恨的仁爱之灵,真是别出心裁,奇警绝伦。

  白发三千丈,缘愁似个长。不知明镜里,何处得秋霜?

——《秋浦歌》其十五

  诗人面对玉镜潭水中的自我形象,触目惊心,发出"白发三千丈"的惊叹，令人生奇发懵，白发怎能有三千丈呢？下句"缘愁似个长"才作交代：原来三千丈的白发因愁而生，因愁而长。愁生白发，人所共知，而白发长达三千丈，该是多么深重的愁思！"不知明镜里，何处得秋霜？"诗人明知故问：如此浓愁，从何而得？他半生奋斗，壮志难酬，战乱未平，报国无门，因此而愁生白发，鬓染秋霜，皆亲历亲感，何由不知！知不发问，是因为他不明白为何天道如此不公，现实如此不平，激愤之情溢于言表。诗人以"白发三千丈"比喻自己怨愁的深长无比，可谓奇人奇想；以"何处得愁霜"的发问控诉摧残贤才的现实，可谓别出心裁。

诗人表现生活，抒写情思，总是不落俗套，喜欢异想天开，别出新招。抒写自己孤独，说"相看两不厌，只有敬亭山"（《独坐敬亭山》）；求人接济帮助，说"欲折月中桂，持为寒者薪"（《赠崔司户文昆季》）；怀念长安朝廷，说"狂风吹我心，西挂咸阳树"（《金乡送韦八之西京》）；同情贬谪远地的朋友，说"我寄愁心与明月，随风直至夜郎西"（《闻王昌龄左迁龙标尉遥有此寄》）；抒写幽州思妇的悲愤，说"黄河捧土尚可塞，北风雨雪恨难裁"（《北风行》）；等等，无不令人耳目一新，拍手称奇。

太白诗歌情真、气盛、思奇，形成雄奇、奔放、飘逸的独特风格，而在诗歌语言上却追求朴素自然。他主张"清水出芙蓉，天然去雕饰"（《赠江夏韦太守良宰》）。反对雕章琢句，艳丽粉饰，崇尚天然情趣，朴素之美。他的诗任情而发，不刻意雕琢，自然天成。他善于用明朗直率的笔调表达自己的思想感情，语言浅近通俗，但"浅近而不浅薄，通俗而不庸俗"（林庚《诗人李白》，第60页）。

　　　　蜀僧抱绿绮，西下峨眉峰。为我一挥手，如听万壑松。客心洗流水，遗响入霜钟。不觉碧山暮，秋云暗几重。

　　　　　　　　　　　　　　——《听蜀僧濬弹琴》

十七、千载独步

这首诗，用浅近的语言，写出悠远的音乐意境，徐徐道来，浑然天成。开头两句，写蜀僧抱着名贵的绿绮琴，从西边的峨眉山下来，交代了琴师的身份，并说明琴师是自己的同乡。起得潇洒自然。三、四句正面描写蜀僧弹琴，一出手便不同凡响，使人如闻千山万壑的松涛声，把人引入广阔而富动感的艺术意境。接着，就写听了蜀僧的琴声之后的心灵感受，进一步渲染琴声的艺术意境：听此琴声，如流水洗心，令人俗虑尘念顿消。曲终余音袅袅，如霜钟之悠然不尽。诗人沉醉于琴声之中，在不知不觉间青山已罩上一层暮色，秋云重重布满天空。这就进一步烘托出音乐境界的吸引力和感染力。全诗"四十字中，写出如许层次，而一气挥斥，绝无艰深刻画之态，可见太白天才神力"（富寿荪《百家唐宋诗新话》，第163页）。

语言清纯如水，朴素自然是太白诗歌的总体特征，然而太白的思想性格具有多面性，他诗作的题材、内容和体裁也具有多样性，因此语言风格也自然呈现多元化倾向。一般地说，诗人在表达其在日常生活、在大自然怀抱所产生的情趣和获得的审美感受时，语言清新自然，呈现一种舒卷自如的柔美风格；在抒发其由于主客观激烈冲突所产生的悲愤时，语言豪放雄健，呈现一种豪纵奔逸的壮美风格。前者读来清人心神，如《静夜思》《峨眉山月歌》《望天门山》《赠汪伦》《宿五松山下荀媪家》等诗作，后者读来惊人心魄，如《将进酒》《行路难》《远别离》《梦游天姥吟留别》《答王十二寒夜独酌有怀》等诗作。即使是后一类作品，语言虽豪放雄健，但也不加雕饰，同样呈现清如江水、自然流畅的本色，它和前一类作品相比，只是水面风浪大小不同而已。

李白诗歌，异彩纷呈，具有神奇魅力，千载独步，是继屈原之后我国又一位伟大的浪漫主义诗人。

十八、继往开来

伟大的诗人并不是"太白星"下凡,而是人世间造就的。太白在诗歌创作上取得登峰造极的成就,自有多方面的因素,除社会历史条件与个人先天素质而外,勤奋好学,积蓄文化修养,自觉继承历史传统,借鉴历代诗歌艺术经验,悉心学习古今民间歌谣,都是其获得成功的重要条件。"脚踏谢公屐,身登青云梯"(《梦游天姥吟留别》),太白穿着前代诗人发明的登山鞋,登上了直上云霄的高峰。登山如此,文学创作上亦是如此。

太白"五岁诵六甲,十岁观百家",从小勤奋学习中国传统文化,阅读诸子百家文化典籍,对于黄帝以来的华夏历史兴趣浓厚,不仅年轻时喜欢阅读史书,后来在翰林院里、浔阳狱中,还在手不释卷地阅读《史记》等书。良好的传统文化修养,为他的诗文创作奠定了扎实的根基。他对古代典籍、文史掌故,无不烂熟于胸,因此他在写作时驱事用典、遣词造句,就得心应手,左右逢源。

"大雅久不作,吾衰竟谁陈"(《古风》其一),太白以继承《诗经》风雅传统作为自己的使命,自然要在诗歌创作上踵武《诗经》,学习赋、比、兴艺术典范。他常常运用比兴的方法抒情言志,发扬褒贬美刺的传统,可谓得《诗经》之真传。前人评论太白《古风》

五十九首云:"以《王风》起,以《春秋》终,已隐自寓诗史。自后数十章,或比或兴,无非《国风》《小雅》之遗。"(陈仅《竹林答问》)

李阳冰在《草堂集序》中称赞太白能够"驰驱屈、宋,鞭挞扬、马",意思是说他能够驾驭屈原、宋玉、扬雄、司马相如等辞赋作家。事实上,太白对战国、两汉辞赋的刻苦学习是从少年时代开始的。屈原是他十分关注和崇拜的一位作家。太白在早年写的《拟恨赋》中就有一段专写屈原的:

昔者屈原既放,迁于湘流。心死旧楚,魂飞长楸。听江风之嫋嫋,闻岭狖之啾啾。永埋骨于渌水,怨怀王之不收。

这一段赋文,表达了少年太白对屈原放逐湘流、自沉汨罗的境遇的深切同情。从这段赋文的遣词造句,还可以看出太白对屈原作品的用心学习。"魂飞长楸"一句,化用《九章·哀郢》:"望长楸而太息兮,涕淫淫其若霰。""听江风之嫋嫋"一句,化用《九歌·湘夫人》:"嫋嫋兮秋风,洞庭波兮木叶下。""闻岭狖(似猿)之啾啾"一句,化用《九歌·山鬼》:"雷填填兮雨冥冥,猿啾啾兮狖夜鸣。"可谓字字有来历。太白对屈原作品烂熟于胸中,可以信手拈来,随意驱遣。这种情况在他的其他作品中也不少,有时甚至直接袭用楚辞的成句。至于骚体句式在太白诗中的运用,更是司空见惯的事。

太白对屈原辞赋的学习没有止步于词句的效仿,更着力于艺术创作经验的借鉴,从而探索自己继往开来、推陈出新的诗歌创作道路。太白和屈原有类似的人生理想和坎坷遭遇,思想感情上有心心相印的共鸣,这是太白喜爱楚辞、接受楚辞的基础。屈原辞赋中绚丽多彩的意象和新奇多样的表现方法,给予了太白丰富的艺术滋养,启示了广阔的创新天地。他从中借鉴了虚实结合、想象、夸张、象征、比喻等多种艺术手段，挥洒自如地抒情言志，创造出神奇多彩的艺术形象。他的不少作品都在学习楚辞的基础上进行创新，如《远别离》《梁甫吟》《梦游天姥吟留别》等诗作，都明显有脱胎于屈原辞赋的痕迹，其中又有自己的发展。《远别离》云："远别离，古有皇英之二女，乃在洞庭之南，潇湘之浦。海水直下万里深，谁不言此离苦……帝子泣兮绿云间，随风波兮去无还。恸哭兮远望，见苍梧之深山。苍梧山崩湘水绝，竹上之泪乃可灭。"这首诗中营构的意境和表现手法，明显脱胎于屈原的《湘君》《湘夫人》，而借历史传说以抒写幽愤，又有自己更为深刻的思想艺术内涵，在形象的虚实结合方面也有所发展。

太白对屈原辞赋有很高的评价，并把它作为自己人生追求的一个目标。

> 木兰之枻沙棠舟，玉箫金管坐两头。美酒樽中置千斛，载妓随波任去流，仙人有待乘黄鹤，海客无心随白鸥。屈平词赋悬日月，楚王台榭空山丘。兴酣落笔摇五岳，诗成啸傲凌沧洲。功名富贵若长在，汉水亦应西北流。
>
> ——《江上吟》

这首诗写于诗人长流夜郎遇赦放还，留滞江夏期间。这时他求人引荐、希望昭雪重用的努力已告失败，他感到前途渺茫，往往以痛饮狂歌发泄心中的苦闷。诗的首段写他得到地方官吏的优待，泛舟江上游乐，有丝竹歌舞、美酒佳肴相伴，载妓随波而游，虽足以尽诗酒之兴，极声色之娱，也无法驱除内心的痛苦。他颓卧船舱，任船随波漂流。他纵观古今，思前想后，考虑今后的出路，脑海里出现四个古人：等待驾鹤而去的仙人，热衷狎鸥的隐士，撰写辞赋的屈原和富贵一时的楚王，自己何去何从呢？他说仙人仍有所待，没有黄鹤就上不了天，而海客没有心机，整天与白鸥一起嬉游，也只能快乐一时。屈原尽忠爱国,反被放逐,但他的辞赋可与日月争光,千古不朽,而楚王穷奢极欲,建造许多宫楼台榭,如今荡然无存,空见荒凉山丘。他对求仙、隐居和富贵一一予以否定,而高度赞扬屈原的文学成就,强调文学乃不朽之盛事。"这个取舍趋从,反映了李白对自己短暂余生将走之路的认定(即以诗歌创作传不朽),也是他对自己过去生涯的总结(即求仙隐逸的无补于事和功名富贵的虚妄)。"诗的最后四句,"诗人继续发挥自己文学事业可以步武屈原的坚强信心,并以此信心否定神仙丹液,睥睨功名富贵。"(安旗、薛天纬、阎琦《李诗咀华》,第352-353页)从此可见,太白决心把屈原辞赋创作成就作为自己人生追求的崇高目标,并且满怀信心达到这个目标。"兴酣落笔摇五岳,诗成啸傲凌沧洲",他对屈原长期的学习、追随也就达到了一个新的境界:落笔时五岳为之摇动,可见笔力何等雄健;诗成后笑傲沧洲,又是何等气派。

太白对于汉代的赋,既有批评,又有继承和发展。

司马相如、扬雄这两位辞赋大家,都出于蜀中。太白在蜀中时期从小就读他们的作品:"余小时,大人令诵《子虚赋》,私心慕之。"(《秋于敬亭送从侄耑游庐山序》)他把司马相如作为自己写作上赶超的对象:"十五观奇书,作赋凌相如。"(《赠张相镐二首》其二)他对于扬雄献赋得官的做法十分钦羡:"因学扬子云,献赋甘泉宫。天书美片善,清芬播无穷。"(《东武吟》)他在诗作中还常以扬雄自喻。但太白对司马相如和扬雄也不盲目崇拜,认为他们的一些辞赋作品只是夸大其词,其实狭小之极,"不能以大道匡君",是不足取的。

太白在蜀中时期学习汉赋,从模拟入手。现存《大猎赋》就是这个时期的模拟习作。他于辞赋写作方面在学习前人的基础上,也有自己的某些发展。他写作大赋时，发挥自己天才的想象力，极尽夸饰铺陈之能事，从而将辞赋的特点推向了极致。他的《大鹏赋》，托物言志，大气磅礴，具有以往同类辞赋从未曾有的气概。

更值得注意的是，太白大胆汲取辞赋的表现技巧，运用于七言古诗的写作之中，以赋笔强化了诗歌的表现力，使他的七言古诗大放异彩，取得了突破性的发展。王志清先生说："李白七言古诗的赋化，追求一种宏富巨丽的气势，一种壮肆超迈的精神，一种神逸排宕的张扬。""李白的这些七言古诗，多方面地汲取了赋的表现形式与艺术养分，甚至在外形上也大类于赋的形态。""汉大赋对李白最深刻的影响，就是追求奇之又奇，宏大瑰丽。……李白以赋为诗，不只是表现在对外部世界做宏衍巨丽的铺陈上，重要的是其以'言出天地外，思出鬼神表'的奇特表现力和丰富想象力，表现征服和驾驭一切的异常自信的精神力量，创造出变化莫测、恢弘神奇的境界。""李白的《将进酒》《蜀道难》《梦游天姥吟留别》等篇，正是李白汲取辞赋营养，整合乐府、骚体与大赋等多种艺术成分，生成雄奇瑰伟、纵横捭阖而震烁古今的艺术魔力，这样的诗歌也最能够表现诗人的傲岸人格和潇洒风神，最能够凸显其天马行空、纵横恣肆的自由意志。"（王志清《唐诗十家精讲》，第四章"神气飘逸"的李白）

太白对魏晋南北朝文学，同样采取批判继承的态度。魏晋南北朝四百年间，是文学自觉和诗歌繁荣的时代，文学的内容和形式都有新的开拓，艺术风格呈现个性化色彩，但中间也出现了齐梁绮靡诗风，词繁意寡，讲究雕琢藻饰成了那个时代诗歌存在的普遍毛病。太白站在唐代主张文学革新的立场上，贬责齐梁诗风，说"自从建安来，绮丽不足珍"，但他并没有否定整个魏晋南北朝文学，而是对其中的好作家、好作品以及艺术表现技巧，给以充分肯定，并身体力行，努力学习，自觉加以借鉴。太白是个勤奋学习、善于学习的人，对于著名的前代文学选集《昭明文选》，认真学习，并且以它为范本反复模拟，练习写作。宋人朱熹曾指出："李太白始终学《选》诗，所以好。"（《朱子语类》卷一百四十）所谓《选》诗，主要指魏晋六朝的文人诗。在太白文集中，留下了许许多多学习、借鉴魏晋南北朝诗文的痕迹。

太白对正始诗人阮籍及其《咏怀诗》十分喜爱。阮籍志气宏放，追求个体人格自由，鄙视世俗礼法。他夹在当时两个水火不容的政治集团之中，难有作为，表面上狂放不羁，终日饮酒，其实内心十分痛苦。他常常独自驾着牛车出游，随意而行，行到路的尽头，无法再前行，他会嚎啕痛哭而返。他以《咏怀诗》表达自己的情志，宣泄积郁的幽愤，旨意遥深，颇能引起太白共鸣。他在诗中几次将阮籍比喻为自己的亲友，如："何时竹林下，更与步兵邻。"（《对雪奉钱任城六父秩满归京》）"三杯容小阮，醉后发清狂。"（《陪侍郎叔游洞庭》）太白被赐金放还，游梁园平台时，想起阮籍的诗，并且放声吟诵起来，借以抒发自己的情怀："平台为客忧思多，对酒遂作梁园歌。却忆蓬池阮公咏，因吟渌水扬洪波。洪波浩荡迷旧国，路远西归安可得？"（《梁园吟》）他熟读阮籍的作品，《古风》五十九首中的有些诗，直承阮籍《咏怀》的思路而来。

> 倚剑登高台，悠悠送春目。苍榛蔽层丘，琼草隐深谷。凤鸟鸣西海，欲集无珍木。鸒斯得所居，蒿下盈万族。晋风日已颓，穷途方恸哭。
>
> ——《古风》其五十四

太白"这诗明为同情阮籍身世而发，实则借他人之酒杯，浇胸中的块垒，抒发相似的感受就是了。李白的这一古风，风格亦近阮籍《咏怀》。又李白《古风》其五十九开端曰：'恻恻泣路歧，哀哀悲素丝。路歧有南北，素丝易变移。万事固如此，人生无定期。'阮籍《咏怀》其二十开端曰：'杨朱泣歧路，墨子悲素丝。'李诗明从阮诗化出，于此亦可证知李白《古风》与阮籍《咏怀》的继承关系。"（周勋初《李白评传》，第307页）

跨越西晋与东晋两朝的郭璞，博学多才，才高位卑，在文学写作上以一组《游仙诗》闻名于世。郭璞的《游仙诗》，以仙游表达企图摆脱人世间的束缚而进入自由境界的幻想，受到太白的喜爱。太白的一些游仙之作的思路，都是直承郭璞的游仙诗而来。著名的《古风》其十九"西上莲花山"中说："邀我登云台，高揖卫叔卿。恍恍与之去，驾鸿凌紫冥。"就明显从郭璞《游仙诗》之三"赤松临上游，驾鸿乘紫烟"两句化出，只不过太白有所发展，从云端回到了人间，直面安史之乱的现实。再看下面两首诗：

  神仙排云出，但见金银台。……姮娥扬妙音，洪崖颔其颐。升降随长烟，飘飘下九垓。
        ——郭璞《游仙诗》其五
  登高望蓬瀛，想象金银台。天门一长啸，万里清风来。玉女五六人，飘飖下九垓。
        ——李白《游泰山》其一（节录）

这两首诗也可以看出太白对郭璞游仙诗的传承与发展。太白的游仙诗中融入了自己登泰山的现实感受，写出了"天门一长啸，万里清风来"的自然境界。

李白喜爱东晋诗人陶渊明，因为在人生态度上有类似之处。陶渊明"不为五斗米折腰"的傲然骨气，与李白"安能摧眉折腰事权贵，使我不得开心颜"的铮铮誓言，其精神是一脉相承的。陶渊明是著名隐逸诗人、田园诗人，他的诗重在描绘田园风光，表现个人归隐心情，也不时抒写壮志未酬的悲愤和生命易逝的焦虑。太白主张功成身退,并不完全赞成陶渊明的做法,因而对他的态度随着个人思想状态的变化而变化。他不得志想隐居时,俨然仿效陶渊明的生活情趣,写诗也颇有陶氏风味,如《安陆白兆山桃花岩寄刘侍御绾》。他想积极有所作为时,又非议陶渊明:"龌龊东篱下,渊明不足群。"(《九日登巴陵置酒望洞庭水军》)不过总的说来他对陶渊明是欣赏的,当他见到一些具有风雅情趣的友人时就会联想到陶渊明,予以称许:"吾爱崔秋浦,宛然陶令风。门前五杨柳,井上二梧桐。"(《赠崔秋浦》其一)太白欣赏陶渊明崇尚自然的诗风,对其诗也刻意学习。他的不少诗作,不仅词语上学陶,而且能得其风致神韵。如长安追梦隐居终南山时所作的《下终南山过斛斯山宿置酒》一诗,放在陶渊明诗集中也难分甲乙。

南朝诗人谢灵运、鲍照、谢朓,都是太白推崇并执意学习的对象。他从这三位诗人富有生机活力的作品中,发现了对抗齐梁绮靡诗风的力量,看到了唐诗发展的前景。

谢灵运是我国山水诗的开创者。他在江西和浙东任职期间,在两地游山玩水,写下不少山水诗,也留下不少后人追慕的踪迹。太白前往这两地时,都会寻访谢灵运的遗踪。他到庐山时,有诗云:"闲窥石镜清我心,谢公行处苍苔没。"(《庐山谣寄卢侍御虚舟》)他到彭蠡时,有诗云:"谢公之彭蠡,因此游松门。余亦窥石镜,兼得穷江源。将欲继风雅,岂徒清心魄。"(《从彭蠡经松门观石镜缅怀谢康乐题诗书游览之志》)在这首诗中太白还明确表示要继承谢灵运写作山水诗的风雅传统。对于谢灵运在浙东的游览踪迹,太白不仅多次寻访,甚至还形之于梦寐:"康乐上官去,永嘉游石门。江亭游孤屿,千载迹犹存。"(《与周刚清溪玉镜潭宴别》)"谢公宿处今尚在,渌水荡漾清猿啼。脚着谢公屐,身登青云梯。半壁见海日,空中闻天鸡。"(《梦游天姥吟留别》)

太白对谢灵运的诗作十分赞赏,他曾说:"我乘素舸同康乐,朗咏清川飞夜霜。"(《劳劳亭歌》)他对《登池上楼》中的名句"池塘生春草,园柳变鸣禽"念念不忘,曾数次致意:"梦得池塘生春草,使我长价登楼诗"(《赠从弟南平太守之遥》其一);"他日相思一梦君,应得池塘生春草"(《送舍弟》);"谢公池塘上,春草飒已生"(《游谢氏山亭》)。太白学习谢灵运山水诗,受其影响的作品不少。

  昏旦变气候,山水含清晖。……林壑敛暝色,云霞收夕霏。

——谢灵运《石壁精舍还湖中作》

  故人赠我我不违,着令山水含清晖。顿惊谢康乐,诗兴生我衣。襟前林壑敛暝色,袖上云霞收夕霏。

——李白《酬殷明佐见赠五云裘歌》(节录)

这是明显的一例。太白对谢灵运诗的继承,自然不限于意境、词句、手法的效仿,主要在于他继谢灵运开创山水诗之后,发山水之奇蕴,寄豪情于其中,进一步开拓了我国山水诗的境界。

太白对鲍照评价很高,将其和陈子昂比为凤与麟:"梁有汤慧休,常从鲍照游。峨眉史怀一,独映陈公出。卓绝二道人,结交凤与麟。"(《赠僧行融》)太白与鲍照,气质与风格比较相近,都有一股豪气,杜甫曾以"俊逸鲍参军"(《春日忆李白》)称赞太白诗,说明他们两人的诗在俊逸风格方面有传承关系。

鲍照在诗赋写作上有多方面的成就,而他的乐府诗《拟行路难》十八首表现了建功立业的愿望、怀才不遇的痛苦和报国无门的愤懑,最容易引发太白的共鸣。这些作品感情奔放,气势非凡,意象奇异,语句参差自由,最能代表鲍照诗的风格,对太白的启发、影响也最为明显。

十八、继往开来

> 对案不能食,拔剑击柱长叹息。丈夫生世会几时,安能蹀躞垂羽翼。弃置罢官去,还家自休息。朝出与亲辞,暮还在亲侧。弄儿床前戏,看妇机中织。自古圣贤尽贫贱,何况我辈孤且直!
>
> ——鲍照《拟行路难》其六

鲍照这首诗,以一种突破七言整齐句式的新形式,抒写世道的艰难和个人的怨愤,表现了诗人独特的个性,诗的风格俊逸苍劲。鲍照的这类诗,从内容到形式都得到太白的继承和弘扬。太白的名作《行路难》(其一)的内容、构思和词语显然都受到鲍照诗的影响。"金樽美酒斗十千,玉盘珍馐值万钱。停杯投箸不能食,拔剑四顾心茫然。"(《行路难》其一)激越的情绪与音调,都与鲍照诗一脉相承,而又有所发展,诗的最后两句"长风破浪会有时,直挂云帆济沧海",表达对前途的憧憬,境界更为开阔,彰显了大唐时代精神。

太白对于谢朓非常推崇,有着一种特殊的感情。谢朓曾担任宣城太守,在那里留下许多遗迹,写下许多诗篇,太白曾几次到宣城,安史之乱前曾长时间居住在那里。他遍访谢朓居住、游览过的地方,写诗抒发怀念之情。《秋登宣城谢朓北楼》云:"谁念北楼上,临风怀谢公。"《谢公亭》云:"谢亭离别处,风景每生愁。……今古一相接,长歌怀旧游。"《新林浦阻风寄友人诗》云:"明发新林浦,空吟谢朓诗。"《秋夜板桥泛月独酌怀谢朓》云:"独酌板桥浦,古人谁可征?玄晖难再得,洒酒气填膺。"新林浦、板桥都是谢朓游历过的地方,作有《之宣城出新林浦之板桥》一诗,因而令太白寻踪追怀。太白之所以对谢朓特别推崇景仰,不是无缘无故的。清人方东树《昭昧詹言》指出:"玄晖别具一副笔墨,开齐梁而冠乎齐梁,不第独步齐梁,直是独步千古。盖前乎此,后乎此，未有若此者也。"谢朓在齐梁绮靡之风盛行之时，出污泥而不染，一枝独秀，以清新自然的诗风，推动我国诗歌的发展。因此太白纵观诗歌发展史，以"蓬莱文章建安骨，中间小谢又清发"（《宣州谢朓楼饯别校书叔云》）的著名诗句，给谢朓以很高的评价，表达了对谢朓的崇敬之情。他非常欣赏谢朓清新的诗风，他说过："诗传谢朓清。"（《送储邕之武昌》）"我吟谢朓诗上语，朔风飒飒吹风雨。"（《酬殷明佐见赠五云裘歌》）"解道澄江静如练，令人长忆谢玄晖。"（《金陵城西楼月下吟》）太白俨然以谢朓诗歌的继承者自居："我家敬亭下，辄继谢公作。相去数百年，风期宛如作。"（《游敬亭寄崔侍御》）他要跨越时空，思接千载，直接继承谢朓的诗风。

太白学习谢朓，接受他的影响，主要在山水诗方面。谢朓的山水诗继承谢灵运又有所发展，甩掉了玄学的尾巴，克服了情景隔离的缺点，做到了情景交融，神韵流畅，语言清新自然。如《之宣城出新林浦向板桥》，其中的名句"天际识归舟，云中辨江树"，景中有人，情景融为一体。太白的山水诗又在情景交融方面有长足进步，如《蜀道难》《梦游天姥吟留别》《横江词》《早发白帝城》《黄鹤楼送孟浩然之广陵》《望庐山瀑布》《月夜江行寄崔员外宗之》等，或寓情于景，或借景抒情，或赋情于景，山水诗中的主观感情色彩和诗人个性色彩都比谢灵运、谢朓的作品更为鲜明，更为浓郁。

> 飘飘江风起，萧飒海树秋。登舻美清夜，挂席移轻舟。月随碧山转，水合青天流。杳如星河上，但觉云林幽。归路方浩浩，徂川去悠悠。徒悲蕙草歇，复听菱歌愁。岸曲迷后浦，沙明瞰前洲。怀君不可见，望远增离忧。
>
> ——《月夜江行寄崔员外宗之》

太白这首诗，描写月夜江行所见到的秋天景色，抒发怀念亲人

十八、继往开来

故友的惆怅之情,融情于景,与谢朓开创的情景交融的境界一脉相承。而抚景怀友,远望千里,情感的真挚浓郁,境界的开阔壮美,又自有太白的特色。再看"像《蜀道难》和《梦游天姥吟留别》这样的山水诗,不但展现出了神奇壮伟的景色,而且倾泻着诗人的情思,展现着诗人的胸怀,把奇伟雄壮的山川风物和超凡脱俗的精神气概融为一体。"(《莫砺锋讲唐诗课》,第38页)这是谢灵运、谢朓以来的山水诗从未有过的崭新境界,也是李白对山水诗的重大发展。

太白对前代诗人的广收博采,远远不止我们所列举的这几位诗人。清人刘熙载《艺概·诗概》指出:"太白诗以庄、骚为大源,而于嗣宗之渊放,景纯之俊上,明远之驱迈,玄晖之奇秀,亦各有所取,无不遗美焉。"刘熙载虽然也只列举了几位诗人,但"无不遗美"一语做了全面概括。正由于太白荟萃前人,无不遗美,才使他在继承中发展,形成自己豪放、飘逸、清新多元一体的独特风格,登上诗歌艺术的高峰。

太白能够登上诗歌艺术的高峰,还有一个重要原因,那就是他善于汲取各种地域文化的精华,认真学习各地古今民间歌谣,为自己的诗歌创作不断注入源头活水。

太白在蜀中时期,就对民歌、民谣感兴趣。而巴蜀地区民歌、民谣盛行城乡。流寓巴蜀的杜甫曾经说过:"万里巴渝曲,三年实饱闻。"(《暮春题瀼西新赁草屋五首》其二)太白在蜀中生活二十多年,长期耳濡目染,对当地民歌很熟悉,在学习写诗时自然受其影响。他辞亲远游船行途中写的《巴女词》,用女子口吻抒发离别之苦,就是采用巴地民歌的传统手法写成的,显示了他学习民歌的初步成绩。

太白在全国各地漫游过程中,都很注意当地风土民情,学习当地民歌，努力从中汲取养分，丰富自己的诗歌创作。

在吴越地区，太白"混游渔商"（《与贾少公书》），广泛与民众交往，接触民俗风情。这个地区是南朝乐府《子夜》《读曲》的产生地，有着悠久的民歌传统。乐府民歌《大子夜歌》云："歌谣数百种，子夜最堪怜。慷慨吐清音，明转出天然。"（《乐府诗集》卷第四十五）这些美好动人的民歌，一直流传在民间，也深深吸引着经常在这一带流连忘返的太白。他学习古今吴越民歌，汲取它们的丰富养分，先后创作出许多乐府民歌，如《越女词五首》《浣纱石上女》《渌水曲》《采莲曲》《杨叛儿》《白纻辞三首》《子夜吴歌四首》《长干行》等，生动反映吴越的民情风俗，描绘吴越的山川风光，呈现出一种清新自然的艺术风格。

耶溪采莲女，见客棹歌回。笑入荷花去，佯羞不出来。
——《越女词五首》其三

渌水明秋日，南湖采白蘋。荷花娇欲语，愁杀荡舟人。
——《渌水曲》

这两首词，都是诗人即景生情之作，具有吴越民歌韵味。前一首描写采莲女天真娇羞的动作和情态，逼真如画。后一首被前人评为"风神摇荡，一语百情"（马位《秋窗随笔》）。其好处在于后两句传神之笔墨，"愁杀"一词直接采用口语入诗，如出肺腑之音。这种细致传神的描写源于民歌又高于民歌，具有诗人自己的特色。在这方面，最为杰出的作品当数名篇《长干行》。

太白在荆楚地区漫游和居留的时间比较长，他的思想和诗歌都受到荆楚文化的深刻影响。荆楚地区有悠久的民歌传统。《诗经·国风》中的《汉广》《江有汜》等篇就是江汉一带的民歌。楚地巫祝文化发达，民间祭祀歌曲盛行，屈原的《九歌》就是在民间祭歌的基础上产生的。到六朝时，这里又是西曲的产生地。太白继承荆楚民歌传统，汲取其中养分，创作了不少具有地方色彩的民歌。他刚离蜀到荆州，就学习当地民歌，写了《荆州歌》：

> 白帝城边足风波，瞿塘五月谁敢过？荆州麦熟茧成蛾，缲丝忆君头绪多，拨谷飞鸣奈妾何。

这首诗描写荆州思妇在缲丝时节思念在巴蜀经商的丈夫。思妇陈情痛快淋漓，而又波澜迭出，情韵明转自然，语言朴茂，格调浑厚，有汉谣之风味。

太白到了江夏，仿民歌写了《江夏行》，咏唱商人妇怨别之情，从内容到形式都源出西曲一类乐府民歌。

他漫游襄阳，采集当地传说和民谣，写了《大堤曲》《襄阳曲四首》。

> 襄阳行乐处，歌舞《白铜鞮》。江城回渌水，花月使人迷。（其一）
>
> 山公醉酒时，酩酊高阳下。头上白接篱，倒着还骑马。（其二）
>
> 岘山临汉江，水绿沙如雪。上有堕泪碑，青苔久磨灭。（其三）
>
> 且醉习家池，莫看堕泪碑。山公欲上马。笑杀襄阳儿。（其四）
>
> ——《襄阳曲四首》

《襄阳曲四首》，诗人运用民谣形式，歌咏襄阳的风光和羊祜、山简的事迹，寄托自己的感慨。他同时写的《襄阳歌》中，也化用了关于山简的传说与歌谣。

太白先后到了长安、洛阳、幽州等地，看到了北方地区不同于南方的民情风俗，也听到了与南方柔美格调不同的民间歌谣，大大加深了对产生于北方地区古乐府的理解。他陆续写了《结袜子》

《君马黄》《幽州胡马客行》等一大批乐府诗，在这些作品中汲取了北方古今民歌的养分，彰显了北方民俗文化的阳刚之美。

燕南壮士吴门豪，筑中置铅鱼隐刀。感君恩重许君命，太山一掷轻鸿毛。

——《结袜子》

君马黄，我马白。马色虽不同，人心本无隔。共作游冶盘，双行洛阳陌。长剑既照曜，高冠何赩赫。各有千金裘，俱为五侯客。猛虎落陷穽，壮士时屈厄。相知在急难，独好亦何益？

——《君马黄》

《结袜子》属于古乐府《杂曲歌辞》，《君马黄》属于古乐府《鼓吹曲辞》，都是产生于北方地区的传统乐府民歌。太白学习、借鉴这些乐府民歌，推陈出新，赋予其现实的思想内容，保持了北方民歌的艺术精髓，出色地处理了继承与创新的关系。

太白在随时随地学习当代民歌的同时，又上溯汉魏六朝乐府，学习古代乐府民歌。他用乐府古题写了许多作品，反映当代生活，抒写自身情怀。他在学习古代乐府的基础上，还大力进行推陈出新的工作。在这方面最为突出的成绩，就是写了《蜀道难》《行路难》《将进酒》《梁甫吟》《战城南》《北风行》等一系列歌行佳作。这些作品，有的将乐府古题的意蕴写深、写透，发挥到淋漓尽致、无以复加的境地，有的从古题本义中夺换而出，别开生面，变古为新，赋予抒情言志的新内容，都呈现出崭新的艺术风貌。这样，就使古题乐府获得了新的生命。明人胡震亨在《唐音癸签》卷九中指出："太白于乐府最深，古题无一弗拟，或用其本意，或翻案另出新意，合而若离，离而实合，曲尽拟古之妙。"该书卷三十二中又说："（李白乐府）从古题本辞本义妙用夺换而出，离合变化，显有源流。"都很好地说明太白乐府诗源流清晰，变化有度。安旗指出："李白在学习乐府民歌方面成就最大的是歌行。歌行者……它是李白从乐府民歌中发展起来的一种新体裁、新形式。"（《论李白》）

太白学习民歌，写作歌词，发展了诗歌体裁。他的七言绝句语近情遥，风神潇洒，声韵和美，就是在学习民歌基础上有了创造性的发展而被后人推为绝句圣手。不少的七言绝句是可以入乐歌唱的。此外，他还学习民间曲子词，写作长短句歌词。如《三五七言》：

秋风清，秋月明。落叶聚还散，寒鸦栖复惊。相思相见知何日？此时此夜难为情。

宋人杨齐贤在《分类补注李太白诗》中说："古无此体，自太白始。"这明显是太白学习当时民歌写作的歌词，只是没有标题，编集者就给它冠以《三五七言》。太白的《菩萨蛮》《忆秦娥》二词，为文人词开山之作，被宋人黄昇称之为"百代词曲之祖"（《花庵词选》卷一），就是根据故乡的旧调、俗曲写成的。

太白把乐府视为诗学之入门。他晚年看到好友韦冰的儿子韦渠牟喜好作诗，有培养前途，就"授以古乐府"（《唐诗纪事》卷四十八）。他自己一生始终重视学习古今乐府民歌，借鉴南北各地歌谣，从中汲取创作的源头活水，这就大大丰富了他作品的内容和形式，提升了他作品的艺术表现力和艺术魅力，使他的乐府诗和五、七言绝句达到很高的艺术造诣。这也就从一个方面造就了他成为一代诗歌宗师，为我国的诗歌发展做出伟大的贡献。

李白是一位集前代诗歌大成的诗人，他博采各家之长，汲取民歌精华，推陈出新，纵横开拓，结果精品纷呈，大放异彩，以其鲜明的个性风格和卓越的艺术成就，造就我国古代诗歌的一个高峰。他的诗歌崇尚本真，张扬人性，突出自我个性，并且以壮观天地的视野、直冲云霄的气势、天马行空的想象和收放自如的形式抒情言志，极具个性风度和浪漫色彩，富有感染力和鼓动性。这就为我国诗歌艺术拓展了自由驰骋的天地，引导了一条诗风个性化、浪漫化发展的道路，对后代产生深远的影响。

唐代韩愈、李贺、李益等诗人都从不同方面接受李白诗风的熏陶和影响。韩愈高度评价李白和杜甫的诗："李杜文章在，光焰万丈长。"（《调张籍》）自称"昔年因读李白杜甫诗，长恨二人不相随。"（《醉留东野》）韩愈在创作上有一类奇险作品，具有天马行空、不可拘勒的浪漫主义精神，追求雄伟、神奇的意象，气势豪迈，汪洋恣肆，诗句散文化，都有似太白，韩愈七言古诗最能体现其奇险诗风，更酷似太白，诗评家指出"退之七言古有绝似太白处"（马位《秋窗随笔》）。李贺诗富有奇思异想，被视为受李白影响的诗人，诗评家指出："贺诗乃李白乐府中出，瑰奇谲怪则似之，秀逸天拔则不及也"（张戒《岁寒堂诗话》卷上）。李益是中唐一位优秀诗人，其诗作有刻意学习李白之处。他的《登天坛夜见海》，很像李白的《梦游天姥吟留别》，《长干行》则因为像李白诗，竟被误编入李白集中。诗评家指出："李益五古，得太白之深，所不能者澹荡耳。"（陆时雍《诗镜总论》）晚唐诗人温庭筠，其五言律诗多受李白影响。《钝吟杂录》卷七载冯班与瞿邻凫书云："温全学太白，五言律多名句，亦李法也。"

宋代苏轼、陆游的诗，苏轼、辛弃病、陈亮的豪放词，抒发豪情逸气，个性风格突出，显然受到李白诗歌的影响。苏轼曾为李白画像作赞，歌颂李白。他到庐山游赏，因有人把徐凝的瀑布诗与李白的瀑布诗并举，大不以为然，立即作一绝句为李白鸣不平："帝遣银河一派垂，古来唯有谪仙词。飞流溅沫知多少，不为徐凝洗恶诗。"（《东坡诗话录》）他对李白诗评价极高："李太白、杜子美以英玮绝世之姿,凌跨百代,古今诗人尽废。"(《苏轼文集》卷六十七《书黄子思诗集后一首》)至于他在诗词写作上学习李白,宋人陈师道早就指出:苏轼"晚学太白,至其得意,则似之矣"(《后山诗话》)。陆游喜爱李白的诗歌,他在《读李杜诗》中说:"明窗数编在,常与物华新。"他以光景常新评李杜诗歌,道出其不朽的生命力。南宋词人陈亮写了一篇《谪仙歌》,向冥冥苍空的太白星乞灵,与李白对话。其序说:"清夜独坐,天地无声,星斗动摇,欣观李白集,高吟数篇,皆古今不经人道语。……寥寥数百年间,扬鞭独步。吾所起敬起慕者,太白一人而已。"其歌结尾说"会须乞我乾坤造化儿,使我笔下光焰万丈长虹飞。"可见其崇拜李白,是为了使自己写作上追随李白。陈亮的词作磊落豪纵,显然受了李白诗的影响。

金元时期的元好问、萨都剌、方回、赵孟頫、范德机、王恽等,多效仿李白的飘逸风格。萨都剌对李白极为倾慕,有《过池阳有怀李翰林》和《采石怀李白》两首诗,表达深深的倾慕之情。他的诗"天马行空而步骤不凡"(明刘子钟《萨天锡诗集序》),诗风接近李白。

明代的刘基、宋濂、高启、李东阳、高棅、沈周、杨慎、宗臣、王稚登、李贽等人,都非常仰慕李白、推崇李白。高棅编选的《唐诗品汇》中标举盛唐,以李杜为宗,特别推重李白。此书影响了有明一代诗风。著名诗人高启,其诗明显接近李白诗风。清代诗评家赵翼说:"青莲(李白)诗,未有能学之者,唯青丘(高启)与之相上下,不唯形似,而且神似。"(《瓯北诗话》)

清代的屈大均、黄景仁、龚自珍等人,都对李白非常仰慕,努力学习他的创作经验。黄景仁明确以李白为师,他在《李白墓》诗中称:"我所师者非公谁?"其诗风受李白影响最为明显。

"李白诗歌对后世的深远影响,不仅表现在后世诗人吸收、学习他的诗歌,形成自己的诗风;还表现在他的诗歌中敢于面对现实,进行批判揭露的斗争勇气以及乐观进取精神,给后人的启迪。唐代诗人齐己说:'铿金锵玉千余篇,脍吞炙嚼万口传,须知一二丈夫气,不是绮罗女儿言。'方孝孺则说:'斯文之雄,实以气充。'都指李白诗歌中包藏着傲岸不屈的傲然之气。他是我们民族的骄傲。"(乔象钟、陈铁民主编《唐代文学史》,第466页)

李白的影响广及民间,诗仙的美名世代传扬。关于他的一些故事传说,诸如铁杵磨针、太白醉酒、御手调羹、贵妃捧砚、力士脱靴、醉草吓蛮书、捉月而死等,有些被写入戏曲小说,有些口耳相传广泛流行于民间,经久而不绝。李白一生漫游四方,足迹几乎遍及神州大地,凡是他到过的地方,后人都建有纪念他的亭台楼阁。李白以喜欢饮酒闻名,许多地方都有太白酒楼遗址,酒店"太白遗风"之类的牌子,更是遍布城乡各地。所有这些,都说明广大民众一直没有忘记李白这位伟大的诗人。

李白还是一位具有国际影响的诗人,日本学者笕久美子在《李白》一书中说:"李白诗歌不仅给中国文学很大的影响,而且他也是最早被介绍到欧洲的诗人,因而,他的诗歌也给世界文学以很大的影响。"他举了这样一个例子:"活跃在德国、奥地利的浪漫主义作曲家玛拉(1860—1911),为李白诗歌的艺术魅力所感发,在公元1908年创作出了著名的交响乐曲《大地之歌》。"可见李白诗歌在德国的影响已超出了文学的范围。

李白诗歌在日本的影响更为巨大。自古以来李白就受到日本广大人民的欢迎。关于李白诗集的介绍、研究著作很多,全译注本就有久保天随的《李太白诗集》(国民文库刊行会,1928年)和大野实之助的《李太白诗歌全解》(早稻田大学出版社,1980年),后者还采用编年体。花房英树还编有《李白诗歌索引》（汲古书院，1997年）。在日本的中学教科书中，就选载了李白的《静夜思》《玉阶怨》《秋浦歌》《客中行》《早发白帝城》《赠汪伦》《黄鹤楼送孟浩然之广陵》《送友人》《子夜吴歌》《月下独酌》《山中问答》等作品。日本中学生往往都能流利地背诵其中的若干首。可见李白诗歌超越国界的影响力。

李白的杰出作品，千秋流传万代传诵。

诗仙的可爱形象，永远活在人们心中。

参考文献

王琦注：《李太白全集》，中华书局，1977 年。

瞿蜕园、朱金城校注：《李白集校注》，上海古籍出版社，1980 年。

詹锳主编：《李白全集校注汇释集评》，百花文艺出版社，1996 年。

安旗主编：《新版李白全集编年注释》，巴蜀书社，2000 年。

管士光编注：《李白诗集新注》，上海三联书店，2014 年。

郁贤皓校注：《李太白全集校注》，凤凰出版社，2015 年。

金涛声、朱文彩编：《李白资料汇编（唐宋之部）》，中华书局，2007 年。

裴斐、刘善良编：《李白资料汇编（金元明清之部）》，中华书局，1994 年。

林东海：《李白游踪考察记》，人民文学出版社，2021 年。

黄锡珪：《李太白年谱》，作家出版社，1958 年。

詹锳：《李白诗文系年》，人民文学出版社，1984 年。

安旗、薛天纬：《李白年谱》，齐鲁书社，1982 年。

［日］筧久美子：《李白年谱》，见王辉斌《李白求是录》附编。

吕华明、程安庸、刘金平：《李太白年谱补正》，中华书局，2012年。

周勋初：《李白评传》，南京大学出版社，2005年。

［日］松浦友久：《李白的客寓意识及其诗思——李白评传》，中华书局，2001年。

李长之：《李白传》，百花文艺出版社，2003年。

王瑶：《李白》，生活·读书·新知三联书店，2013年。

林庚：《诗人李白》，古典文学出版社，1956年。

安旗：《李白传》，文化艺术出版社，1984年。

安旗：《李太白别传》，人民文学出版社，2004年。

安旗：《李太白别传（增订本）》，西北大学出版社，2005年。

郁贤皓、张启超：《谪仙诗豪李白》，凤凰出版社，2021年。

韩作荣：《天生我材：李白传》，作家出版社，2020年。

（美）哈金著、汤秋妍译：《通天之路：李白传》，北京十月文艺出版社，2020年。

安旗：《李白纵横探》，陕西人民出版社，1981年。

朱宗尧主编：《李白在安陆》，华中师范大学出版社，1986年。

常秀峰、何庆善、沈晖：《李白在安徽》，安徽人民出版社，1980年。

李子龙：《李白与马鞍山》（1-4册），安徽文艺出版社，1999年。

胡大宇、杨隆昌：《谁说李白没到过夜郎》，中国文史出版社，2009年。

童章回：《山海兼优话宁海》，中国文联出版社，2005年。

李秋弟：《诗仙游踪》（三册），清华大学出版社，2011年。

郭沫若：《李白与杜甫》，人民文学出版社，1971年。

裴斐：《李白十论》，四川人民出版社，1981 年。

胥树人：《李白和他的诗歌》，上海古籍出版社，1984 年。

杨海波：《李白思想研究》，学林出版社，1997 年。

杨栩生：《李白生平研究匡补》，巴蜀书社，2000 年。

王辉斌：《李白求是录》，江西人民出版社，2000 年。

葛景春：《李白研究管窥》，河北大学出版社，2002 年。

葛景春：《李白与唐代文化》，安徽大学出版社，2009 年。

葛景春：《李杜之变与唐代文学的转型》，大象出版社，2009 年。

葛景春：《文化盛唐的诗仙李白》，安徽大学出版社，2013 年。

葛景春：《李白传》，天地出版社，2020 年。

张瑞君：《李白精神与诗歌艺术新探》，上海古籍出版社，2012 年。

王运熙：《汉魏六朝唐代文学论丛》，上海古籍出版社，2014 年。

薛天纬：《唐代歌行论》，人民文学出版社，2006 年。

薛天纬：《李白唐诗西域》，上海古籍出版社，2011 年。

［日］冈井繁：《陶渊明李白新论》，上海古籍出版社，2009 年。

袁行霈、丁放：《盛唐诗坛研究》，北京大学出版社，2012 年。

吕蔚：《安史之乱与盛唐诗人》，中华书局，2010 年。

蒋志：《李白与地域文化》，巴蜀书社，2011 年。

卢燕平：《李白诗路管窥》，中国社会科学出版社，2012 年。

李从军：《李白考异录》，齐鲁书社，1986 年。

王辉斌：《李白求是录》，江西人民出版社，2000 年。

张炜：《也说李白与杜甫》，中华书局，2014 年。

刘学锴：《唐诗选注评鉴》，中州古籍出版社，2019年。

安旗、薛天纬、阎琦：《李诗咀华——李白诗名篇赏析》，北京十月文艺出版社，1984年。

裴斐主编：《李白诗歌赏析集》，巴蜀书社，1998年。

《李白诗歌鉴赏辞典》，上海辞书出版社，2020年。

毛水清：《李白诗歌赏析》，广西人民出版社，1986年。

马玮主编：《李白诗词赏析》，商务印书馆国际有限公司，2014年。

［日］松浦友久：《李白——诗歌及其内在心象》，陕西人民出版社，1983年。

复旦大学中文系古典文学教研室：《李白诗选》，人民文学出版社，1961年。

郁贤皓：《李白丛考》，陕西人民出版社，1983年。

郁贤皓：《李白选集》，上海古籍出版社，1990年。

郁贤皓：《李白集》，凤凰出版社，2006年。

郁贤皓解读：《李白集》，国家图书馆出版社，2020年。

薛天纬选注：《李白诗选》，人民文学出版社，2017年。

薛天纬：《李白诗解》，中国社会科学出版社，2016年。

钱志熙、刘青海：《李白诗选》，商务印书馆，2016年。

赵昌平：《李白诗选评》，上海古籍出版社，2002年。

阎琦：《李白诗选评》，三秦出版社，2010年。

葛景春：《李白诗选》，中华书局，2009年。

沈文凡、孙千淇：《李白诗》，中华书局，2014年。

阮堂明、阮文娜：《李白诗文选》，中州古籍出版社，2011年。

詹锳等译注：《李白诗选译》，凤凰出版社，2016年。

傅璇琮主编：《唐五代文学编年史》，辽海出版社，1998年。

乔象钟、陈铁民主编：《唐代文学史》，人民文学出版社，1995年。

吴相洲：《中国诗歌通史·唐五代卷》，人民文学出版社，2012年。

章培恒、骆玉明主编：《中国文学史新著》，上海文艺出版总社、复旦大学出版社，2007年。

周先慎：《中国文学十五讲》，北京大学出版社，2014年。

王志清：《唐诗十家精讲》，商务印书馆，2013年。

顾随：《中国古典诗词感发》，北京大学出版社，2012年。

中华书局编辑：《李白研究论文集》，中华书局，1964年。

刘昫等：《旧唐书》，中华书局，1986年。

欧阳修、宋祁：《新唐书》，中华书局，1986年。

韩昇：《盛唐的背影》，北京出版社、海峡书局，2013年。

蒙曼：《唐玄宗》，陕西师范大学出版总社有限公司，2013年。

萧涤非主编：《杜甫全集校注》，人民文学出版社，2014年。

刘开扬：《高适诗集编年笺注》，中华书局，1981年。

后 记

我在编好《李白资料汇编（唐宋之部）》之后，就有意写一本李白传记，可是真正动笔还是近三年的事。我感到像李白这样雅俗共赏的大诗人，应该有一本便于大众阅读的传记，让人们对他有一个比较全面具体的了解。目前社会上流行的李白传记已经不少，李长之的《李白传》、王瑶的《李白》虽适合一般人阅读，但它们成书于20世纪40年代和50年代，近几十年李白研究的许多成果无法得到反映，未免使人感到美中不足。周勋初先生的《李白评传》、安旗的《李太白别传》和日本学者松浦友久的《李白评传》都具有相当高的学术价值，可是由于它们的学术考证性比较强，一般人读起来比较费劲。因此我就想写一本雅俗共赏的李白传记。

写诗人传记，我以为应该着重反映诗人的心路历程，而通过作品解读来展示诗人的思想性格和情感世界，比较容易接近当年的真实状况，也比较容易深入展开诗人的内心活动，活现人物的个性风貌，从而可以避免人物传记概念化、空泛化的弊病。我写这本李太白诗传，就试图以李白诗文为纲，通过诗文解读，展示李白一生的心路历程。我确定的写作宗旨是：发掘诗文意蕴，探究诗人心迹，不求行踪详细，但求形象清晰，力求再现一个真实、可信的李白。

关于李白思想和创作发展道路的研究，前人已有不少成果。郁贤皓先生的论文《论李白思想的形成和发展》（载《中国李白研究》1991年集，江苏古籍出版社，1993年）、安旗先生的《论李白》（载《新版李白全集编年注释》卷首）、赵昌平先生的《李白诗选评》等，都有精彩的论述。我在前人研究成果的基础上，以诗文为依据，对李白的思想历程和创作历程，予以具体的展示和深入的阐释，以期让诗人形象活生生地站立起来，展现其精神风采。李白终生为实现"济苍生，安社稷"的伟大理想而不息奋斗，虽历尽坎坷，却九死不悔；他主动为国为民分忧，关切国家命运和民生疾苦，虽势单力薄，却坚定不移，其精神可敬可佩。他自信自负，狂放飘逸；虽不拘小节，不无缺憾，仍觉得可亲可爱。我觉得李白精神值得传承和弘扬，希望我这本"太白诗传"能够在这方面发挥一定的作用。

　　写诗人传记，我以为应该反映历来已有的研究成果，尽可能采取为学界共识的见解，才能达到雅俗共赏的目的。必须说明的是，因为诗传体例关系，本书对前人研究成果，就某个具体问题而言，只能采用一种意见而不能罗列众说，也不宜作辩证和说明。近几十年来关于李白的研究取得了重大进展，有许多成果，也有许多不同意见。我一般采用为学界公认的说法，以李白诗文加以演绎与阐释。但也有少数地方感到通行的见解未必符合诗人诗作的实际状况，我采取了个别同志的一家之言而没有随从众说，下面举出几个例子略做说明。

　　(1) 李白初游吴越是否实现了"东涉溟海"的计划到达东海之滨呢？对这个问题几乎所有研究者均没有做出明确回答，而从作品系年看，没有人把李白任何一篇登山观海之作列入初游吴越的行程之中。李白初游吴越的最终目的地十分明确，他在《秋下荆门》中就宣布:"此行不为鲈鱼鲙,自爱名山入剡中。"在《别储邕之剡中》中又说:"借问剡中道,东南指越乡。舟从广陵去,水入会稽长。竹色溪下绿,荷花镜里香。辞君向天姥,拂石卧秋霜。"剡中,在今浙江省东北部嵊州市和新昌县一带,这一带有天台山、天姥山和剡溪等胜景,汉、晋以来一直是高人名士隐居修身之地。正因为如此,剡中令李白向往已久,出蜀后列入首游之地。那么他这次剡中之行除了游览会稽(今浙江绍兴)之外,是否到过天台山、天姥山呢?是否曾登华顶观东海呢?浙江宁海有一位童章回先生对李白"东涉溟海"做了详细考证,并对李白相关游览线路做了步行考察,写了《诗仙的台岳情缘》《诗仙李白"东涉溟海"考》等文(见《山海兼优话宁海》一书),论述李白有五次"东涉溟海"的行迹,并认为他第一次入剡中、登天台、涉溟海之行,可能写下《天台晓望》和《早望海霞边》。我以为李白目标如此明确的剡中之旅不可能无缘无故就半途而归,因此同意童章回先生的意见,确认李白此次到过天台华顶观海,把《天台晓望》作为李白初次东涉溟海之行的作品,并肯定他此行也曾登临天姥山,为日后写作《梦游天姥吟留别》积累了印象。

(2)关于李白天宝十载(751)幽州之行的动机,研究者各家说法不尽相同。有的说:"此行实欲'探虎穴'以'得虎子'也。即不惜冒生命危险,亲至安禄山盘踞之幽州,探其真相,以上奏朝廷,以期戡祸乱于未发。"〔安旗《李太白别传》(人民文学版),第142页〕有的说:"特别是朝廷内外盛传安禄山在北方招兵买马,阴谋叛乱时,他更不顾安危,深入虎穴探看事实。"(郁贤皓《李白选集前言》,第6页)有的说:"李白从'安社稷''济苍生'的理想出发,带着'怀恩报明主'的心情,'投佩向北燕'。"(詹锳《李白全集校注汇释集评前言》,第6页)有人在评析李白《赠何七判官昌浩》一诗时说："李诗借赠友以摅写东山再起以报国留芳之志。""他拂剑而起，决意远赴边场，建立盖世奇勋。"（赵昌平《李白诗选评》，第171页）有人说："李白天宝十年（751），北上燕蓟"，是因为"李白久滞江南，既与'辅弼'无缘，于是想投笔从戎，另寻建功出路"（卢燕平《李白诗路管窥》，第210页）。以上各家说法，归纳起来基本上是两种意见，一种意见认为李白从幽州之行一开始就企图深入虎穴探明安禄山谋逆真相，另一种意见认为李白开始是抱着武功报国的意愿去幽州入幕的。我再三斟酌李白作品内容，认同了后一种意见。从《赠何七判官昌浩》一诗看，李白开始确实是想武功报国，沙场建奇勋的。他到汴梁时，于邈和裴十三也许在酒席上提醒他如今到幽州可能有风险，他却说："且探虎穴向沙漠，鸣鞭走马凌黄河。"决心不畏风险，果敢前行。他到幽州之后，看到边地实际情况，才明白安禄山企图谋逆的真相，担忧国家安危，心急如焚，自己又一筹莫展，只好独自跑到燕昭王黄金台遗址呼天痛哭，然后毅然离开幽州。我认为这样理解比较切合李白当年的思想历程。

（3）李白《菩萨蛮》《忆秦娥》两首词，明代以后学界有真伪之争，众说纷纭，但我认为有《景宋咸淳本李翰林集》版本依据，又有诸多名家鉴评，大可不必再去质疑宋人就推为"百代词曲之祖"（黄昇《花庵词选》卷一）的作品。关于这两首词的思想内涵，清人刘熙载首先独具慧眼地指出："太白《菩萨蛮》《忆秦娥》两阕，足抵少陵《秋兴八首》。想其情境，殆作于明皇西幸后乎？"（《艺概·词概》）安旗主编《李白全集编年注释》进一步做了阐释："细玩此二词意内言外之旨，长吟远慕之情，确如刘熙载《艺概》所云，当作于长安陷敌，玄宗奔蜀之后。是时，白在庐山忧心如焚，而无可奈何，故借远望以抒孤臣之怀，托闺怨以寄故国之思。"

安旗《李太白别传》把这两首词称为盛唐挽歌，逐句做了阐释。我以为这种分析论断符合李白避乱庐山时的思想情绪，也就采用了她的见解。

（4）李白长流夜郎问题，一般都说流放途中遇赦放还。但一个流放犯人在长江上舟行一年多时间还没有到达流放地，总让人难以理解。"夜郎天外怨离居"（《南流夜郎寄内》）之类的诗也无法解释。有的学者为破解这个难题做了许多工作。王辉斌先生先后写了《李白长流夜郎新探》和《李白长流夜郎的历史真实考述》两篇论文，详细考证李白流放到过夜郎，贵州的胡大宇、杨隆昌两位先生专门汇编出版了《谁说李白没有到过夜郎》一书，收集有关论文和资料，证明李白流放到过夜郎。李白妻子宗氏同行与妻弟宗璟送行千里在乌江辞别的问题也得到了相应的论证，他们分别的地点在四川涪陵，这里是乌江之尾，即乌江汇流入长江的地方。我认为他们以史实和唐律为依据的考证是可以相信的，也可以从李白的诗作中得到印证而无须再曲求其解。以往对《窜夜郎于乌江留别宗十六璟》等诗，一些注家往往曲求其解，难以令人信服。我原打算按王辉斌先生的考述来写这一段传记，但后来发现也有问题，如若李白上元元年（760）四月还在夜郎，那他乾元二年（759）因襄州、荆州叛乱滞留洞庭期间所作的《荆州贼乱临洞庭言怀作》等诗就无法解释。于是我采用了许嘉甫先生考证的意见：太白于乾元二年（759）二月由《以春令减降囚徒敕》而得赦，三月离开谪居四个多月的夜郎，溯綦江至渝州，经万县至夔州（白帝城），然后乘舟东下江陵（许嘉甫《李白四渡峡江考辨》，见《谁说李白没有到过夜郎》第320页）。这样一切都顺理成章了。

我以为写诗传要在传主诗作的解读方面深入开掘，彰显特色。为此，我参考了诸家的李白作品赏析。但写诗传不同于一般的诗文赏析，它解读作品主要服务于为诗人立传的传记写作宗旨，着重阐发作品的思想内涵和感情意蕴，展示诗人的心路历程，而不好做一般性的艺术技巧鉴赏与分析。对于诗文典故词句，也不宜详做训解诠释，以免枝蔓横生，影响传记的完整与文字的流畅。

本书所引李白诗文，以安旗主编《新版李白全集编年注释》为依据，仅在个别地方采用宋本李太白文集的文字。诗文编年，主要参考詹锳、安旗、郁贤皓三家意见，有分歧之处，根据本书写作宗旨和思路，斟酌诗文内容，择善而从，或以自己的见解另行编排，但因体例关系不在行文中进行辩证和说明。

写作雅俗共赏的传记是一项带有集成性质的工作，因此本书吸收前人研究成果的地方很多。对前人成果一般参考引用的，列入参考文献，引用论断性原文的，另行注明出处。在此一并致以谢忱。

由于本人对李白及其作品研究不够深入，文字表达能力也不尽如人意，因此深入浅出的工作就不易做好，雅俗共赏的夙愿也就难以完全实现。书中的不当之处与不足之处，敬请专家学者与广大读者多多批评指正。

感谢巴蜀书社老领导黄葵先生对本书出版的关心，感谢责任编辑康丽华女士为本书出版付出的辛勤劳动。

金涛声
2014 年 10 月于宁大高知楼

修订后记

《李太白诗传》于 2015 年 6 月出版以来，已重印了两次。此后，我又相继写作、出版了《杜甫诗传》《白居易诗传》《韩愈诗传》《柳宗元诗传》，形成了"唐代诗文五大家"诗传系列。在写作过程中，以诗文解读为基础为诗人立传的指导思想，越来越明确，体例也不断完善，我在《柳宗元诗传》后记中已做了概括说明。因此，我感到有必要对初创的《李太白诗传》做必要的修订，以便更完善地体现指导思想，力求把书稿质量提高一步，对广大读者有一个更好的交代。

我这次对此书做了一次全面、认真的修订，再次梳理诗人的人生历程和每个阶段思想的起伏变化，该补充的补充，该订正的订正，该细化的细化，该删节的删节，力求使诗人形象更加鲜明突出、丰姿多采。大致做了以下几方面的工作：

首先，对所有引用诗文的解读再做一次推敲，使之更加准确、细致。我参看先前未见到的一些重要著述，如郁贤皓的《李太白全集校注》、薛天纬的《李白诗选》与《李白诗解》、刘学锴的《唐诗选注评鉴》、林东海的《李白游踪考察记》等，检查自己的解读有无疏漏之处，有何可改进之处，进行了必要的修改和补充。

其次，加强情景化的描写笔墨，在"力求重返现场情景，再现诗人情思"方面，再做一次努力，使情景更加具体可感，让诗人形象更加有血有肉，形神俱现。

再次，补充解读一些诗文，如《明堂赋》《效古二首》其一、《君子有所思行》《惧谗》《送贺宾客归越》《初出金门寻王侍御不遇咏壁上鹦鹉》《鸣皋歌送岑征君》《出自蓟北门行》《古风》其五十一（殷后乱天纪）、《古风》其五十四（倚剑登高台）、《戏赠杜甫》《走笔赠独孤驸马》《书情赠蔡舍人雄》《流夜郎闻酺不预》《望木瓜山》《天马歌》《游谢氏山亭》等，共有二十多篇，使诗人形象更加丰满一些，情节也更为丰富生动。

部分章节也有调整和删改。增补"三入长安"一章，主要吸取安旗、薛天纬、李从军等专家的研究成果，突出太白思想的新高度。另外，把长流夜郎返回后，徘徊湖湘一带寻求东山再起的内容，从"长流夜郎"一章中划出来，单列"老骥伏枥"一章，增加《天马歌》等诗的解读，使这一时期诗人的思想轨迹更加清晰。"传承风雅"一章，分为"千载独步"和"继往开来"两章，补写了对后代影响的内容。

这次增加的东都献赋、三入长安等情节，都是根据一些专家的研究成果。此类问题虽未必成为公论，但我以为只要有诗文作品根据、符合诗人思想轨迹的，把它们都吸收进来，对于突出诗人形象是有补益的。长流夜郎问题，生卒年问题，同样如此。凭作品说话，应该是最为可信的。李白的生平资料，连唐书正史之所载，也真假混杂，不可尽信，因此我认为以诗文解读为基础为诗人立传，乃至辨别有关是非，都是最为可靠的办法。

这次修订之后，全书篇幅增加了近三分之一，细心的读者会发现在质量上比原版也有了不少改进和提高。但学无止境，文无完文，书中肯定还会有疏漏不足之处，恳请专家和读者继续批评指正。

十分感谢巴蜀书社慷慨同意出版修订本。

金涛声

2023 年 3 月于康桥风尚公寓